四川大學
中國俗文化
研究所叢書

俞理明｜著

# 漢魏六朝佛道文獻語言論叢

中國社會科學出版社

圖書在版編目(CIP)數據

漢魏六朝佛道文獻語言論叢/俞理明著. —北京：中國社會科學
出版社，2016.8
ISBN 978 - 7 - 5161 - 8204 - 8

Ⅰ.①漢… Ⅱ.①俞… Ⅲ.①佛教—文獻—語言學—中國—漢代—
魏晉南北朝時代—文集②道教—文獻—語言學—中國—漢代—魏晉南
北朝時代—文集 Ⅳ.①H109.2 - 53②B948 - 53③B958 - 53

中國版本圖書館 CIP 數據核字(2016)第 109523 號

| | | |
|---|---|---|
| 出 版 人 | 趙劍英 |
| 選題策劃 | 郭曉鴻 |
| 責任編輯 | 武興芳 |
| 責任校對 | 李 莉 |
| 責任印製 | 戴 寬 |

| | | |
|---|---|---|
| 出 版 | 中國社會科學出版社 |
| 社 址 | 北京鼓樓西大街甲 158 號 |
| 郵 編 | 100720 |
| 網 址 | http://www.csspw.cn |
| 發 行 部 | 010 - 84083685 |
| 門 市 部 | 010 - 84029450 |
| 經 銷 | 新華書店及其他書店 |

| | | |
|---|---|---|
| 印 刷 | 北京君昇印刷有限公司 |
| 裝 訂 | 廊坊市廣陽區廣增裝訂廠 |
| 版 次 | 2016 年 8 月第 1 版 |
| 印 次 | 2016 年 8 月第 1 次印刷 |

| | | |
|---|---|---|
| 開 本 | 710 × 1000 1/16 |
| 印 張 | 22.75 |
| 插 頁 | 2 |
| 字 數 | 363 千字 |
| 定 價 | 86.00 元 |

# 總　序

　　這套叢書是四川大學中國俗文化研究所部分同仁的學術論文自選集。

　　四川大學中國俗文化研究所成立於 1999 年 6 月，2000 年 9 月被批準成為教育部人文社會科學重點研究基地，是 "985 工程" 文化遺產與文化互動創新基地的主要依託機構，也是 "211 工程" 重點學科建設項目的重要組成部分。研究所下設俗語言、俗文學、俗信仰、文化遺產與文化認同四個研究方向，涵蓋文學、語言學、历史學、宗教學、民俗學、人類學等多個學科，現有專、兼職研究人員 20 餘人。

　　多年來，所内研究人員已出版專著百餘種；研究所成立以來，也已先後出版 "俗文化研究"、"宋代佛教文學研究" 等叢書，但學者們在專著之外發表的論文則散見各處，不利於翻檢與參考。為此，我們決定出版此套叢書，以個人為單位，主要收集學者們著作之外已公開發表的單篇論文。入選者既有學界的領軍人物，亦不乏青年才俊；研究内容以中國俗文化為主，也旁及其他一些領域；方法上既注重文獻梳理，亦注重田野考察；行文或謹重嚴密，或議論生新；在一定程度上展示出了我所的治學特色與學術實力。

　　希望这套叢書能得到廣大讀者和學界同仁的關注與批評！

四川大學中國俗文化研究所

# 目 錄

## 下篇　基於佛道文獻的詞匯語法研究

# 自　序

　　一九八三年，有幸進入四川大學漢語史專業，在向熹先生的指導下學習。先生專致於漢語史研究，視野開闊，仁厚寬容，積極支持學生投身研究實踐，探索創新。在先生的鼓勵和首肯下，我選擇了佛經材料作為漢語代詞研究的基本語料。這一選擇，首先與當時學界熱議的句末"為"有關。在漫讀語料時，無意間發現佛經中有不少句末"為"的用例，跟時賢討論的相類，但用語氣詞或動詞來解釋，都不妥當，更像一個代詞。同時，發現佛經中其他的一些代詞，比之外典用例更豐，變化更早，是一個可以深入拓展的話題。

　　當年川大的學術氣氛對這個選題十分有利。當時，項楚先生利用《大正藏》的材料研究敦煌文獻語言，取得突破性進展，改變了"敦煌在中國，敦煌學不在中國"的局面，令人振奮，成為我們這些新學的榜樣。同時，張永言先生大力倡導中古漢語研究，鼓勵後學投身其中。作為漢語史的一個部分，當時中古漢語研究非常薄弱，而佛經材料的時間跨度恰好覆蓋了中古時期，為這個選題提供了支撐。當然，障礙也是有的。首先，漢文佛經是翻譯的產物，這樣的材料適宜作漢語史的語料嗎？其次，部分早期佛經翻譯的時間和譯人存在不可靠因素，需要解決。第三，歷來以魏晉南北朝作為漢語史的中古時期，而佛經翻譯起於漢末，如何處理二者關係？頗費斟酌。因此，工作首先從文獻入手，借助於呂澂先生的《新編漢文大藏經目錄》以及歷代經錄，對漢魏六朝的佛經，按譯人和時代作了梳理，列出資料搜尋的基本順序和範圍。其次，為證明佛經材料作為漢語史語料的價值，需要與同時的漢語語料進行對比，即在查尋佛經文獻材料的同時，廣泛地翻閱同時代的漢語文獻，查找材料以相印證，避免祗用佛經材料"自說自話"。佛經翻譯最早出現在桓靈之世，距漢末有五十年，通過對從東漢到隋朝佛經的考察，發現漢魏六朝時期漢譯佛經用語的性質基本一致，因此，不應該把漢末的佛經材料歸入上古，而與魏晉之後的材料作強行的分割。恰恰相反，應該尊重材料的一貫性，把漢語史的中古時期向前推到東漢後期，把這一時期的佛經作為中古漢語的基本語料。這樣，1986 年春完成了碩士學位論文《漢魏六朝佛經代詞探新》。本書第一單元各篇文章，大多是在此基礎上陸續寫成的。

在為佛經材料搜集佐證的時候，也接觸了道教的《太平經》等文獻。當時漢語史研究者尚很少涉及道教文獻，立足於共時窮盡的原則，萌發了對道教文獻語言研究的念頭。1991 年，承魏啟鵬先生介紹，在卿希泰、蔡叔先等先生的支持下，獲得了中華基金青年項目"道教典籍文獻語言研究"。這個課題，最初的計劃是從東漢的《太平經》以及《參同契》《老子想爾注》等文獻開始，對漢魏六朝道教文獻語料作一考察，再作展開。但道教文獻的梳理要比佛經更難，加上其他一些原因，最後，這方面的工作，止步於《太平經》的語言文字研究。此後，自己的關注點發生偏移，逐漸離開中古佛道文獻語言這塊寶地，關於道教文獻研究的一些想法，後來都由周作明具體落實，深入鑽研。《太平經》雖然篇幅有限，但課題進行中，前期的文獻研讀費時頗多，包括文字校正、句讀標點以及文本的核訂等，產生了許多想法，形成了本文集第二單元諸文，它們也是拙作《〈太平經〉正讀》的基礎。

在此過程中，也有一些兼涉佛道文獻語言研究的其他想法，包括以《太平經》為主幹語料討論語法的一些論文，匯集在本文集的第三單元。

回想起來，從當年進入川大在向熹先生指導下，同時聆聽張永言、趙振鐸、經本植、李崇智、張清源諸先生的教誨，一步一步走入漢語史的研究領域，這些年來，時或把先生們的教導付諸實踐，偶有寸進，感恩非淺。祇是自顧資質愚鈍，且時有懈怠，加之才疏學淺，未能盡窺先生治學之深奧，得其精華，闡揚光大，未免慚愧。

這次結集，大體是自己前二十年工作的回顧，也有少數的近年作品，是當年努力的餘留。文集中諸文主要根據論文的內容編排，沒有嚴格按照文章發表的順序。文章中原有的疏失，這次趁機作了補正。但學力所限，文集中或有其他錯謬，尚祈海內方家不吝賜正。

　　在此，感謝多年來各刊物編者的青目和提攜，感謝四川大學中國俗文化研究所提供了出版機會，感謝責任編輯武興芳的認真負責，為本書出版做了辛勤而卓有成效的工作。

俞理明

2014 年末

上　篇

漢譯佛經文獻語言和
代詞稱謂詞研究

# 漢魏六朝佛經在漢語研究中的價值

　　漢代，佛教隨着中西交通傳入中國，隨之而來的是佛經翻譯事業的興起。現存材料證明，在桓靈之世就出現了一些著名的翻譯家，如安世高、支婁迦讖（簡稱支讖）。其後譯經者輩出，像東吳的支謙、西晉的竺法護等都翻譯了大量佛經，十分著名。東晉以後，翻譯大家更多，譯經的水準和規模也更大，許多經文都長達數十卷。歷來研究佛學的專家多肯定東晉以後的佛經，如方立天先生說："直到道安的時候，我國佛教徒對印度佛學還是處在生吞活剝的牽強附會的階段，並沒有真正理解和領會。當時譯經雖多，但疑偽雜出，而且翻譯沒有一定規則，草率粗糙，結果往往或因拘泥於直譯而譯理未盡，義難通曉，或因注重意譯而失其本旨，義多曖昧，還有因原文疏脫而前後矛盾，義不連貫。"① 這樣從佛學的角度認識佛經，無疑是正確的，但是從語言研究的角度來看，漢魏六朝的譯經正因為"草率粗糙"而保存了許多對語言研究極有價值的材料，值得重視。

　　佛子譯經有兩個目的，一是為了僧侶信士學道修行，二是為了擴大佛教影響，度化眾生。在佛教剛傳入漢地的時候，擴大影響是主要的任務。湯用彤先生說："佛教在漢世，本視為道術之一種，其流行之教理行為，與當時中國黃老方技相通。其教因西域使臣商賈以及熱誠傳教之人，漸布中夏，流行民間。上流社會，偶因好黃老之術，兼及浮屠，如楚王英、明帝及桓帝皆是也。"② 佛教最初流行於民間，作為宣傳品的佛經也自然傾向於通俗。漢代，漢語的言文已經分化，佛經由於它獨特的內容和通俗要求，使它不便因襲一般的書面用語來表達，這與宋元詞曲、話本小說等來

---

　　① 參見《魏晉南北朝佛教論叢・道安評傳》，中華書局 1982 年版。
　　② 《漢魏兩晉南北朝佛教史》上冊，中華書局 1983 年版，第 83 頁。

源於民間的文學形式興起時大量採用當時口語的情形相似。

翻譯者的文化素養也使譯經傾向於採用通俗口語。當時譯經，多數是以西域僧人為主、漢人為輔進行的。梁僧祐《出三藏記集》卷七《般舟三昧經記》說：

> 《般舟三昧經》，光和二年十月八日天竺菩薩竺朔佛於洛陽出，菩薩法護（此四字疑衍）時傳言者月支菩薩支讖，授與河南洛陽孟福字元士，隨侍菩薩張蓮字少安筆受。

可以看出，當時譯經主要靠西域僧人口述、翻成漢語，然後由漢人筆錄。唐智昇《開元釋教錄》載東漢譯經僧人十二，曹魏、東吳各五，其中袛有嚴佛調一人是漢人。今傳佛經中，沒有嚴佛調主譯的篇目，袛有他和安玄合譯的《法鏡經》。《開元釋教錄》卷一說：

> 玄以光和四年辛酉與沙門嚴佛調共出《法鏡》等經，玄口譯梵文，佛調筆受。

在二十一位祖籍西域的譯經者中，袛有東吳的支謙和康僧會從小生長在漢地，受漢文化薰陶較深，另外的西域譯經者都不是在漢地長大的。如安世高“以桓帝建和二年，振錫來儀，屆於洛邑。少時習語，便大通華言，慨法化猶微，廣事宣譯”。[①] 大多數西域譯經者都是這樣，到了漢地，利用他們學會的漢語，把佛教作為一種新的方術介紹給漢人，翻譯一些他們自己比較熟悉的佛經。但是像安世高那樣“少時習語，便大通華言”，沒有什麼正規的教育，顯然是通過與漢人交往，在短期內掌握漢語的，這樣學會的漢語當然是俚俗口語。另一方面，佛教當時還不登大雅之堂，牟子《理惑論》說“俊士之所規，儒林之所論，未聞修佛道以為貴，自損容以為上”，參與譯經的應該是些下層知識份子，他們自然要近俗些。

佛經的翻譯，北方早期主要以洛陽為中心，其後由於戰亂等原因，北方譯經地點時有變動，但新的譯經地點也多是政治重鎮，語言上受當時以

---

① 唐道宣：《大唐內典錄》卷一。

洛陽話為基礎的雅言（民族共同語）影響較深。在南方，率先大量譯經的
是在洛陽附近長大的支謙。支謙在洛陽受學，後因避亂到江南，他譯經的
地點大約在建業、揚都（約今南京、揚州一帶）。後來在南方譯經的西域
僧人，基本上也是從北方過來的，地點多在長江中下游地區，祇有比支謙
略晚的康僧會情況比較特殊。康僧會自幼生長在交阯，學道出家以及譯經
也都在南方，但他師承的是安世高所傳的小乘佛教，也曾與北方人有過密
切的交往，他在《大安般守意經序》中說："宿祚未沒，會見南陽韓林、
穎川皮業、會稽陳慧。此三賢者，通道篤密，執德弘正，烝烝進進，志道
不倦。余從之請問，規同矩合，義無乖異。"因此，康僧會譯經用語與其
他人譯經大體是相同的，少數地方比較特殊，可能有南方方言的影響。

西晉時出了個譯經大師竺法護，《開元釋教錄》卷二說：

> 其先月支人，世居敦煌郡……（法護）貫綜詁訓，音義字體無不
> 備曉。自敦煌至長安，後到洛陽及江左，沿路傳譯，寫為晉文。起武
> 帝太始二年丙戌至潛帝建興元年癸酉，出經一百七十五部。清信士聶
> 承遠及子道真、竺法首、陳士倫、孫伯虎、虞世雅等，皆共承護旨，
> 執筆詳校。

竺法護一生主要在敦煌到洛陽一帶傳教譯經，在他的周圍一直聚集有
一批信徒作為助手，其中聶承遠、聶道真父子"從武帝太康初至懷帝永嘉
末，其間稟諮法護"[1]，協助竺法護譯經前後約三十年，這樣，竺法護譯經
一方面有前人的經驗可以參考，另一方面又有一個穩定的翻譯班子和長期
翻譯經驗，使他的譯經在數量和品質上都達到了空前水準，佛經用語作為
一種文學語言趨於成熟、定型了。

按傳統分法，所有佛典可以分為經藏、律藏、論藏三大類，合稱"三
藏"。最早譯成漢文的是經藏中的一部分佛經，主要介紹一些基本的佛學
理論，多採用問答形式，如安世高、支讖的譯經大都屬於此類。其中安世
高的譯經文辭簡樸，毫無修飾，反映了草創時期譯經的簡單粗糙；支讖的
譯文比較注意修飾，有頭有尾，有些地方還有聲有色，很有文采。律藏可

---

[1] 唐智昇：《開元釋教錄》卷二。

分兩部分，一類是關於佛本人身世的傳說、故事和一些說教性的寓言等，稱作“本緣”，這一部分佛經文學性強，涉及的生活面廣，是佛經語言材料中最有價值的部分。這類經典的翻譯，起於漢末，在整個六朝時期都疊出不衰，其中較早的如東漢曇果、康孟詳的《中本起經》，題為東吳支謙的《太子瑞應本起經》《菩薩本緣經》《撰集百緣經》，東吳康僧會《六度集經》，西晉竺法護《生經》以及稍後元魏吉迦夜、曇曜《雜寶藏經》，蕭齊求那毗地《百喻經》等，都包括了許多生動有趣的小故事，其中行文也因為內容廣博不像其他經文那麼單調。律藏中另一類是戒律，即為修行的僧人制定的日常生活和精神修養等各方面的行為準則，包括僧尼的衣食住行以至七情六欲，涉及生活的每一個角落。為了說明制定戒律的理由，還穿插了許多比喻和舉例性的小故事，其中反映日常事物、行為的詞匯尤其豐富，也是很有價值的語言材料。戒律的翻譯，主要在晉宋之際，篇幅多很大，主要有苻秦竺佛念《鼻奈耶》十卷、姚秦鳩摩羅什等譯《十誦律》六十一卷，姚秦佛陀耶舍譯《四分律》六十卷，東晉佛陀跋陀羅共法顯譯《摩訶僧祇律》四十卷、劉宋佛陀什譯《五分律》三十卷。論藏的內容主要是後學僧人對佛理的闡發，多採用逐段逐句講解的方式，其中包括許多詞義解釋，這些解釋有許多是從宗教角度闡明佛理的微言大義，但也有不少簡單的詞義詮釋，可供研究。論藏諸經的翻譯，雖然東漢已見，但主要還是在南北朝之後，像梁、陳時期的真諦就翻譯了大量的論藏經文。

　　由於漢譯佛經反映了漢末以後四百餘年間漢語的實際情況，彌補了這一時期其他典籍中口語材料的不足，為我們研究漢語實際語言變化提供了寶貴的材料，對中古漢語研究有很大的價值，近年來，國內學者利用佛經材料作為佐證，對一些文獻中的疑難詞語進行了成功的訓釋。① 我們在閱讀佛經時也發現，有些一般典籍中不常見而歷來學者爭議較大的詞語，在佛經中不僅用例多，而且意義顯豁。《漢書·趙后傳》“今故告之，反怒為”一句中的“為”，許多學者認為是語助，而《三國志·魏書·臧洪傳》“汝非臧洪儔，空復爾為”一句，許多辭書，如《辭源》（修訂本）都把“爾為”作為一個詞條，訓作“如此”，“為”也被看作語助，但用這個解

――――――――――――――

　　① 如獲 1985 年度青年語言學家一等獎的四川大學中文系項楚老師對敦煌變文詞義訓釋，獲 1986 年度青年語言學家二等獎的南京師大中文系吳金華對《三國志》詞義的訓釋，都利用了大量的佛經材料。

釋去讀《三國志·魏書·劉放傳》"問曰：'燕王正爾為？'"一句就不通了，原來這些句末的"為"是"何為"的意思，"反怒為"是說"反怒何為"，"爾為"則是"如此何為"，這種"為"在佛經中很常見，如《六度集經》中的幾個例子：

> 問太子為乎？
> 斯怪甚大，吾用果為？
> 開士問曰："爾以水為？"答曰："給王女浴。"
> 爾不殺為乎？
> 天授余祚，今以子（指養子）為？
> 王曰："龍等來為？"
> 佛時難值，經法難聞，爾還為乎？
> 女曰："爾等將以吾為？"

句中"為"也有訓作"何為"的，也舉兩個東吳康僧會譯的《六度集經》中的例子：

> 時夫人言："王為相棄，獨自得便，不念度我？"
> 王聞哀聲，下馬問曰："爾為深山乎？"

佛經材料在研究漢語發展變化中也有很高的價值。比如代詞"他"在先秦指"別的"，後來可指"別人"，又指第三人稱，但"他"到底是怎樣完成這一變化過程的，學者之間分歧很大，佛經的用例可以提供一些有力的證據。"他"在先秦主要指物，也可指人，都可理解成"別的"，但下面一例就不同了：

> 王覺求諸妓女，而見坐彼道人之前。王性妒害，惡心內發。便問道人："何故誘他妓女著此坐為？"（東漢康孟詳譯：《中本起經》）

"他妓女"不是"別的妓女"，而是"別人的妓女"，"他"在這裡祇能解作"別人"，成了一個人稱代詞。"他"表示"別人"指代對象本來是不確定的，但有時也可以定指，如：

世間之人亦復如是。見他頭陀苦行山林曠野塚間樹下，修四意止
及不淨觀，便強將來於其家中，種種供養，毀他善法，使道果不成。
（蕭齊求那毗地譯：《百喻經》）

"他頭陀"不是說"別的頭陀"或"別人的頭陀"，而是說"人家頭
陀"，"他"就指"頭陀"，二者同位，到了下文就單用"他"來指"頭
陀"了。"他"就是這樣，從不定指到定指，從意念上的定指到語言形式
上的定指，常被用來指稱第三人稱，到了唐代，終於成了一個真正的第三
人稱代詞，而"別人"一義反而被排擠了。

總之，對漢魏六朝佛經語言材料的研究是中古漢語研究的一個重要方
面，也是漢語史研究的一個重要環節。這一方面研究的進展，將有助於整
個漢語史的研究。

還需要說明一點，就是佛經在流傳中有不少訛誤，特別是早期譯者、
譯經中不可靠的地方更多，需要我們加以甄別，去偽存真。在這一方面，
我們可以利用前人的經錄，如梁僧祐的《出三藏記集》、隋法經的《眾
經目錄》、唐智昇的《開元釋教錄》等加以考訂，也可以根據今人在前
人經錄的基礎上的研究成果，如呂澂先生《新編漢文大藏經目錄》等。
從實際的情況來看，這些經錄，特別是較早的《出三藏記集》是比較可
靠的。比如早期譯經大師安世高在六朝以後是一個被神化了的人物，他
名下偽託、誤題的篇目特別多，呂澂先生根據經錄記載剔除了三十多部，
剩下的二十二部經文在內容和行文風格上就很一致了。因此，利用佛經
時須對今本佛經所題的譯者作一核訂工作，選擇可靠的經文，這是十分
必要的。

（原載《四川大學學報》1987 年第 4 期）

《文匯報》1988 年 2 月 14 日第四版刊出據本文編寫的文摘，題目
為：《漢魏六朝佛經有助漢語研究》。內容如下。

俞理明在《四川大學學報》1987 年第 4 期發表《漢魏六朝佛經在漢語

研究中的價值》一文，提出對漢魏六朝佛經語言材料的研究，是中古漢語研究的一個重要方面，也是漢語史研究的一個重要環節。文章認為，在漢代，佛教傳入中國，佛經翻譯事業隨之興起，而漢魏六朝的譯經草率粗糙，保存了許多對語言研究極有價值的材料。佛教剛傳入，流行於民間，作為宣傳品的佛經也自然傾向通俗。漢代，漢語的言文已經分化，佛經由於它獨特的內容和通俗要求，使它不便因襲一般的書面用語來表達，這與宋元詞曲、話本小說等來源於民間文學形式興起時大量採用當時口語的情形相似。翻譯者的文化素養，也使譯經傾向於採用通俗口語。另一方面，佛教當時還不登大雅之堂，參與譯經的是些下層知識份子，他們自然要近俗些。（周摘）

《人民日報》1988 年 2 月 21 日第八版刊出文摘：《漢魏六朝佛經對漢語研究的價值》。內容如下：

漢代，佛教傳入中國；繼之，佛經翻譯事業興起。桓靈之世就出現了著名翻譯家如安世高、支讖。東吳的支謙、西晉的竺法護等都十分著名。東晉以後，翻譯大家更多。

漢魏六朝的譯經保存了許多對語言研究極有價值的材料。

佛教最初流行民間，佛經也傾向於通俗。漢代，漢語的言文已經分化，佛經由於通俗，不便因襲一般的書面用語。翻譯者的文化素養也使譯經傾向於採用通俗口語。當時譯經，多數是靠西域僧人口述，翻成漢語，然後由漢人筆錄。參與譯經的是些下層知識份子，他們自然要近俗些。

佛經的翻譯，早期以洛陽為中心。其後，新的譯經地點也多是政治重鎮。譯經受當時以洛陽話為基礎的雅言（民族共同語）影響較深。西晉譯經大師竺法護一生主要在敦煌至洛陽一帶傳教譯經，周圍一直聚集有一批信徒作為助手：一面有前人的經驗可以參考，一面又有一個穩定的翻譯班子和長期翻譯經驗，使他的譯經在數量和品質上都達到空前水準。佛經用語作為一種文學語言趨於成熟、定型。

漢譯佛經反映了漢末以後 400 餘年間漢語的情況，為我們研究漢語變化提供了寶貴的材料。近年來，國內學者利用佛經材料作為佐證，對一些文獻中的疑難詞語進行了訓釋。比如《漢書·趙后傳》："今故告之，反怒為"的"為"，許多學者認為是語助。《三國志·魏書·臧洪傳》"汝非臧洪儔，空復爾為"，《辭源》（修訂本）把"爾為"訓作"如此"，"為"
也被看作語助。但用這個解釋去讀《三國志·魏書·劉放傳》"問曰：'燕
王正爾為?'"就不通了，原來這些句末的"為"是"何為"的意思，"反
怒為"是"反怒何為"，"爾為"是"如此何為"。這種"為"在佛經中常
見。[摘自《四川大學學報》（社會科學版）1987 年第 4 期俞理明文]

# 從漢魏六朝佛經看代詞"他"的變化

"他"（或作"它"）見於先秦，在《漢書》《論衡》中還是個無定的指示代詞，[①] 專門稱人的"他"最早見於東漢曇果、康孟詳於建安十二年（207）翻譯的《中本起經》,[②] 有兩例：

（1）王覺求諸妓女，而見坐彼道人之前。王性妒害，惡心內發，便問道人："何故誘他妓女著此坐為？"（4—148/3）

（2）眾人問佛："向者一女，並舞至此，瞿曇豈見之耶？"佛告眾人："且自觀身，觀他何為？色欲無常，合會有離，如泡如沫，愚者悉著。"（4—149/3）

"他妓女"不是"別的妓女"，而是指"別人的妓女"；"觀他何為"與"且自觀身"相對，"他"也是別人、人家的意思。

漢語言文分家始於漢代，但是漢譯佛經用語比較接近口語。我們利用佛經材料，可以看出"他"在當時口語中的發展情況。為便於說明問題，本文對一部分敘事性強、內容比較一致而翻譯時間地點不同的佛經中的"他"作了統計。我們發現，稱人的"他"見於東漢，但東晉以前"他"仍多作指示代詞，意思是"別的"，東晉以後才以稱人為常（詳見下表）。

---

① 參見郭錫良先生《漢語第三人稱代詞的起源和發展》，載《語言學論叢》第六輯，商務印書館 1980 年版。

② 本文選用佛經材料參考了呂澂先生《新編漢文大藏經目錄》（齊魯書社 1980 年版），有關佛經的引文據《大正大藏經》，並用數字表示該例見於《大正大藏經》的卷、頁、欄次。

| 經名 | 中本起經 2 卷 | 六度集經 8 卷 | 生經 5 卷 | 須賴經 2 卷 | 僧伽羅刹所集經 3 卷 | 摩訶僧祇律 3 卷（5—7 卷） | 雜寶藏經 10 卷 | 百喻經 4 卷 | 佛本行集經 4 卷（11—14 卷） |
|---|---|---|---|---|---|---|---|---|---|
| 翻譯年代 | 東漢（207） | 東吳（252） | 西晉（285） | 前涼（373） | 符秦（384） | 東晉（416） | 元魏（472） | 蕭齊（492） | 隋（587—592） |
| 他 別的 | 3 | 11 | 34 | 1 | 5 | 20 | 19 | 12 | 0 |
| 他 別人 | 2 | 1 | 3 | 5 | 2 | 59 | 41 | 30 | 16 |

稱人的"他"是無定的，在使用中，無定的"他"由泛指發展為專指，呂叔湘先生認為這是"他字轉變成第三身代詞的關鍵"①，例如：

（3）世尊告曰："若比丘聞他與作衣，先未許，便往經營，教令極好作與我而取者，捨墮。"（符秦·竺佛念譯《鼻奈耶》，24—876/1）

這裡的"他"是指某一個沒有明說出來的人，雖然仍然是"別人"的意思，但並不是指比丘之外的任何一個別人。再進一步，稱人的"他"可以與一個稱人名詞連用，同指某個人或某些人：

（4）受苦心不移，猶安明不動。息意甚牢固，故拜首神仙。為他眾生故，功德無有量。（符秦·僧伽跋澄譯《僧伽羅刹所集經》，4—136/1）

（5）時諸離奢皆共譏嫌言："諸比丘尼不知慚愧，皆是賊女。外自稱言我知正法，云何度他賊女？"（姚秦·佛陀耶舍譯《四分律》，22—719/2）

（6）昔有二估客共行商賈，一賣真金，其第二者賣兜羅棉。有他買真金者，燒而試之。（蕭齊·求那毗地譯《百喻經》，4—548/1）

"他眾生""他賊女""他買真金者"中的"他"都是"別人"（或

---

① 參見呂叔湘先生《近代漢語指代詞》，學林出版社 1985 年版，第 5 頁。

"人家")的意思，與"眾生""賊女""買真金者"指同一對象。這樣的"他"不僅是專指的，而且連專指的對象是誰也附在後面說出來了，"他"的無定意味大為減弱。

由於"他"後面稱人名詞的作用，原來指稱對象是無定的"他"有了定指的意味，再進一步，單獨用"他"稱人也是定指的了。例如：

（7）施越言："賈客不與，詐取他油。"（姚秦·鳩摩羅什譯《十誦律》，23—7/1）

（8）云何尊者在姑前為他兒婦耳語說法耶？（姚秦·佛陀耶舍譯《四分律》，22—640/1）

（9）時有比丘嫌彼比丘，便移他食著不淨地，作如是念："使彼不得淨。"（同上，22—876/3）

（10）（世尊）問跋難陀："汝愚癡人，實淨施與不可信人不？"答言："實爾，世尊。"復問達摩："汝愚癡人，他實淨施汝，汝不肯還不？"答言："實爾，世尊。"（劉宋·佛陀什譯《五分律》，22—69/1）

（11）雄鴿見已，方生悔恨："彼實不食，我妄殺他。"（蕭齊·求那毗地譯《百喻經》，4—557/2）

在大多數情況下，"他"定指稱人是指代第三人稱，但也有指代其他人稱的"他"。例如：

（12）是比丘尼常憶念是男子，不得從意故，生病羸疲，在房內臥……是男子即往，到比丘尼房中，摩觸抱捉作是言："汝病小差不？可忍不？苦惱不增長耶？"答言："病不差，不可忍，苦惱增長。"爾時比丘尼口出惡不淨語，作是言："此是我分。他不愛念我，我便愛念他。"（姚秦·鳩摩羅什譯《十誦律》，23—302/3）

"他不愛念我，我便愛念他"是比丘尼對心愛的男子說的話，意思是"你不愛念我，我卻愛念你"，直譯則作"人家不愛念我，我卻愛念人家"。

用"他"指代一個確定的、已知的對象，這種用法與現代口語中用無

定的 "人家" "別人" 來指代某些人稱（如自稱或稱第三人稱）是一樣的，這樣的 "他" 還不是第三人稱代詞，而祇是意為 "別人" 的 "他" 的變異。我們統計了定指的 "他" 用得較多的部分佛經，情況如下：

| 經名 | | | 四分律·三十捨墮法（卷6—10） | 摩訶僧祇律·三十尼薩耆波夜提法（卷8—11） | 百喻經（全4卷） |
|---|---|---|---|---|---|
| 他 | 別的 | | 2 | 3 | 12 |
| | 別人 | 無定 | 31 | 4 | 24 |
| | | 有定 | 4 | 2 | 6 |

可見，南北朝時 "他" 主要還是一般地用指 "別人"，定指的 "他" 既不專指第三人稱，又是少數。當時指稱第三人稱的代詞主要還是用 "其" "之" 以及 "彼"，在有些話中，這些代詞和定指的 "他" 雖然都指第三人稱，但又各有所指，不能互換，例如：

（13）世間之人亦復如是。見他頭陀苦行山林、曠野、塚間、樹下，修四意止及不淨觀，便強將來，於其家中，種種供養。毀他善法，使道果不成。（蕭齊·求那毗地譯《百喻經》，4—548/2）

這段話中 "其" 指 "世間之人"，"他" 指 "頭陀"，分別指兩個不同的第三者。其中的 "其" 和 "他" 不能對換作 "於他家中……毀其善法"，因為這話本來是說 "在他的家裡……敗壞了別人的道行"，對換之後就成了 "在別人的家裡……敗壞了他的道行"。這也正說明 "他" 還不是一個真正的第三人稱代詞。但是 "他" 由一個無定代詞向第三人稱代詞轉化的主要變化過程，至此都已完成了，剩下的問題是這種處於萌芽狀態的 "他" 的新用法能不能被使用者普遍接受，並進一步與第一、二人稱代詞相配。

由於漢語當時還缺乏一個完備的第三人稱代詞，[①] 用 "他" 定指第三人稱的用法獲得了有利的發展條件，唐代以後，"他" 在上述基礎上發展成為一個真正的第三人稱代詞。

（原載《中國語文》1988 年第 6 期）

---

① 參見呂叔湘先生《近代漢語指代詞》，學林出版社 1985 年版，第 5 頁。

# 漢魏六朝的疑問代詞"那"及其他

疑問代詞"那"至遲在漢末已經出現，呂叔湘先生《近代漢語指代詞》中列舉了一些魏晉以後"那"問事理的例子，並推斷說"我們不妨假定它的起源在漢魏之際或更早"（216頁）。呂先生所論甚是，這裡補充幾個漢魏時期的用例：

（1）何等為無有？是亦無有，是素行殃福無有，死中亦無有。已無有中當那得住？已不得住當那得老病死？生死如流水，不行生死業便止。（東漢·安世高《道地經》，《大正藏》15—235/2①）

（2）持何等行為斷愛？萬物皆從因緣生，斷因緣不復生。當那得斷因緣？持意念道。（東漢·安世高《阿毗曇五法行經》，《大正藏》28—998/2）

（3）當那得分別知因緣所從起盡？（東漢·支曜《小道地經》，《大正藏》15—236/3）

（4）（太子入山修道，其母哭曰）坐亡我所天，為在何許，當那求之？（東吳·支謙《太子瑞應本起經》，《大正藏》3—475/1）

《近代漢語指代詞》沒有明確指出問處所的"那"出現的時代，但看來是認為問處所的"那"與問事理的"那"不同源，並且產生的時代也晚得多（254、260、262頁）②，其實，"那"問處所在漢魏六朝佛經中就有

---

① 本文引用佛經材料，譯者和年代參考呂澂先生《新編漢文大藏經目錄》進行了甄別，引文均據《大正新修大藏經》，簡稱《大正藏》，並用數字標出引文所見的卷、頁、欄次。

② 王力先生《漢語史稿》也認為中古問處所用"何所"，反詰則用"那"代替"安、惡、焉"（295頁）。

不少用例：

 （5）道人咒願："諸妹那來？"（東漢·康孟詳《中本起經》，《大正藏》4—148/3）

 （6）間者那行，今從何來？（同上，4—151/3）

 （7）樹神人現，問諸梵志："道士那來，今欲何行？"（西晉·法炬、法立《法句譬喻經》，《大正藏》4—591/3）

 （8）是婦出外，見是比丘，問言："善人那去？"答言："向維耶離。"（姚秦·鳩摩羅什《十誦律》，《大正藏》23—115/3）

 （9）家在何處，在何里巷，門為那向，父為是誰？（姚秦·佛陀耶舍《四分律》，《大正藏》22—606/1）

 （10）汝等今欲那去？（東晉·佛陀跋陀羅《摩訶僧祇律》，《大正藏》22—302/1）

 （11）彼家在何處何巷，門戶那向？示我標相。（同上，22—320/3）

在西晉以前的佛經中，有用"如、若"問處所的，可能跟"那"有密切聯繫：

 （12）若千萬人無有前導，欲有所至。若欲入城者，不知當如行。（東漢·支讖《道行般若經》，《大正藏》8—440/3）

 （13）優吁問佛："瞿曇如行？"（東漢·康孟詳《中本起經》，《大正藏》4—148/1）

 （14）吾子如之，當如行求乎？（東吳·康僧會《六度集經》，《大正藏》3—10/1）

 （15）王問道士："獸跡歷茲，其為如行乎？"（同上，3—26/1）

 （16）使睹兄曰："弟如之乎？"（同上，3—26/1）

 （17）今當如行，何所施作？（西晉·竺法護《普曜經》，《大正藏》3—494/2）

"若"的用例比"如"要少見：

（18）樹神人現，問梵志曰："道士那來，今若行耶？"（東漢・康孟詳《中本起經》，《大正藏》4—157/1）

（19）昔者外國婆羅門事天作寺舍，好作天像，以金作頭……明日婆羅門失頭："天頭若去？眾人聚會，天神失頭，是為無有神。"（西晉・竺法護《生經》，《大正藏》3—108/3）

"如、若"和"那"一樣，問處所位於動詞之前。漢魏時期還有用"那所"或"如所"問處所的：

（20）"當那所聞？"即時言："有佛名釋迦文，在祇洹，當從是聞。"（舊題東漢・支讖《文殊師利問菩薩署經》，《大正藏》14—438/3）

（21）菩薩從提和竭佛受決，得無所從生法忍。時今怛薩阿竭如所得法樂忍？（舊題東漢・支讖《伅真陀羅問如來三昧經》，《大正藏》15—366/1）

（22）我棄家學道作沙門無家，我當那所得家？（東吳・支謙《賴吒和羅經》，《大正藏》1—870/1）

從發展來看，"那"最初是"奈何"的合音，《左傳・宣公二年》："牛則有皮，犀兕尚多，棄甲則那？"顧炎武《日知錄》卷三十二："直言曰那，長言之曰奈何，一也。"由於"那"是個口語詞，漢末以前文獻中極少見，到漢末比較經常地出現在通俗讀物佛經中時，已經發生了很大的變化，成了一個新詞。"那"的前身"奈何"問事理與先秦問事理、處所的疑問代詞"安、惡、焉"是比較接近的，用現代漢語解釋，都是"怎麼"的意思，到漢末，"那"受"安、惡、焉"的影響，已經不能作謂語而主要用於動詞前作狀語，並產生了問處所的用法，"那所"也是受問處所的"安所（惡所、焉所）"的影響產生的。值得注意的是，"安、惡、焉"在譯成現代漢語時，除了可作"怎麼"或"什麼地方"之外，還可以作"哪裡"，這正是"那"取代這三個詞的明證。現代一般人都認為"哪"是"哪裡"的簡略，但從歷史來看，無論是問處所還是問事理，"哪裡"反而是從"哪（那）"發展來的。

漢魏時期，"那"還處於不穩定的發展階段，一方面"那"受它的來源影響，可以跟"奈"同用作"那何""那……何"（這裡的"那"當然不是疑問代詞，但它是這個固定詞組的一個成分），另一方面，"那"的一些用例超出了"奈何"和"安、惡、焉"的使用範圍，而與"何"相當：

（23）我後把國政者，當云那治諸釋？（東吳·支謙《義足經》，《大正藏》4—188/1）

（24）文殊師利復報言："是事云那，當說何等？"（失譯，一說支謙《惟日雜難經》，《大正藏》17—608/2）

（25）我母臨飯淚出，念我言："子在者當與我共飯，為那棄我死去？"（失譯，一說支謙《五母子經》，《大正藏》14—907/2）

"那"的這些罕見用法，是新詞發展中由於詞義擴展引起的不規範現象，在魏晉之後就被淘汰了。

與此相關的還有一個"若為"。《近代漢語指代詞》認為"若為"中的"若"是疑問代詞作前置賓語（265頁），是問處所"哪裡"的來源，"為"是個動詞。"若為"見於南北朝文籍中，比問處所、方位的"那"晚得多，所以不會是"哪裡"的來源。另外，從漢語語法發展的實際來看，先秦疑問代詞賓語前置的規律到漢代已經不起作用了，所以產生於六朝的、述賓結構的"若為"一語中，"為"才是疑問代詞。這個"為"本是"何為"的簡略，始見於西漢：

（26）帝曰："今故告之，反怒為？殊不可曉也。"（《漢書·趙后傳》）

漢魏之際，"為"就很常見了，語法地位跟"何為"一樣，在句中可作狀語和謂語：

（27）今我入山，當用寶衣為？（舊題東漢·竺大力、康孟詳《修行本起經》，《大正藏》3—469/1）

（28）於是世尊問維摩詰："汝族姓子，欲見如來為？以何等觀

乎？"（東吳·支謙《維摩詰經》，《大正藏》14—534/2）

（29）王聞哀聲，下馬問曰："爾為深山乎？"（東吳·康僧會《六度集經》，《大正藏》3—24/3）

（30）時夫人言："王為相棄，獨自得便，不念度我？"（同上，3—7/2）

（31）問："爾何人，為道側乎？"（同上，3—48/1）

（32）道路行者來問此人："為持果坐此悲耶？"（失譯，一說康僧會《舊雜譬喻經》，《大正藏》4—521/2）

（33）紹慚，左右使人牽出，謂曰："汝非臧洪儔，空復爾為？"（《三國志·魏書·臧洪傳》）

（34）若徒守江東，修崇寬政，兵自足用，復用多為？（《三國志·吳書·吳主傳》）

（35）汝死當共死，汝無我活為？寧使我身死，不能無汝存。（姚秦·佛陀耶舍《長阿含經》，《大正藏》1—63/1）

（36）孫策欲渡江襲許，與于吉俱行……見將吏多在吉許，策因此激怒，言："我為不如吉耶？而先趨附之！"（《搜神記》卷一）

（37）比店人見，語言："汝賣店上物不得活耶？乃復作販鉢人為？"（劉宋·佛陀什《五分律》，《大正藏》22—83/3）

（38）古樂府歌百里奚詞曰：百里奚，五羊皮。憶別時，烹伏雌，吹〔炊〕扊扅。今日富貴忘我為？（《顏氏家訓·書證》）

"為"到六朝後期就很少見了，許多地方都改用"何為"，但在漢末魏晉之際，"為"確實風靡一時，並產生了新的組合，先是"用為"：

（39）如是，用為問母？（失譯，一說支謙《佛開解梵志阿颰經》，《大正藏》1—260/2）

（40）甥告女曰："用為牽衣？可捉我臂。"（西晉·竺法護《生經》，《大正藏》3—78/3）

（41）有人報言："用為見此養身滿腹之種？"（同上，3—103/1）

（42）善男子，用為學此般若波羅蜜？用為學此禪波羅蜜、惟逮波羅蜜、羼波羅蜜、尸波羅蜜、檀波羅蜜？何為奉行？（西晉·竺法

護《光贊經》,《大正藏》8—177/1)

(43) 佛告迦葉:"用為專心而問此誼?"(西晉·竺法護《如幻
三昧經》,《大正藏》12—136/2)

(44) 或有人言:"此兒無聲,用為育養?"(西晉·竺法護《無
言童子經》,《大正藏》13—522/3)

(45) 譬如有人立梯空地,餘人問言:"立梯用為?"(姚秦·佛陀
耶舍《長阿含經》,《大正藏》1—105/3)

(46) 時六群比丘所至村落,見酪乳酥、魚肉脯輒乞自入。諸長
者見,自相謂言:"沙門釋子大乞魚肉脯用為?"(苻秦·竺佛念《鼻
奈耶》,《大正藏》24—885/1)

(47) 人答蛇言:"汝身毒惡,喚我用為?我若近汝,儻為傷害。"
(元魏·慧覺《賢愚經》,《大正藏》4—369/2)

"用為"的意義同"用何",大致相當於現代漢語中的"幹嗎(幹什
麼)"。與"用為"相似的是"若為",見於南北朝,意義與"若何"相當:

(48) 可憐誰家郎,緣流乘素舸,但問情若為?月就雲中墮。(謝
靈運《東陽溪中贈答二首》)

(49) 關情出眉眼,軟媚著腰肢。語笑能嬌美,行步絕逶迤。空中自
迷惑,渠傍會不知。懸念猶如此,得時應若為?(蕭綸《車中見美人詩》)

(50) 僧遠向僧紹曰:"天子若來,居士若為相對?"(《南齊書·
高逸傳》)

(51) 帝曰:"將安朕何所?復若為而去?"(《魏書·孝靜紀》)

(52) 兄在城中弟在外,弓無弦,箭無栝,食糧乏盡若為活?
(《隔穀歌》)

關於這個"為"的來歷,日本學者太田辰夫認為是"何……為"結構
中省去"何"而來的,① 但這無法解釋作狀語的"為"〔見例(30)(31)

---

① 參見太田辰夫《中古(魏晉南北朝)漢語的特殊疑問形式》,江藍生譯,載《中國語文》
1987 年第 6 期。

(32)（36）]，也無法解釋直接與主語連接作謂語的"為"[例（39）]。我
們認為"為"是緊密相連的"何為"簡略而來的。這種把一個由"何"
組成的雙音節詞語中的"何"略去，讓另一個音節（字）來代替這個詞語
的做法，以漢魏時期的口語裡十分流行，同類的例子還有"所（何所）"
"緣（何緣）""等（何等）""奈（奈何）"等。

"何所"簡略作"所"，但"所"在運用中，意義超出了"何所"，可
以問處所，也可以問其他事物，有的例子中祇能解釋為"何"，不能還原
作"何所"。① 但受"何所"的影響，"所"基本上都用在介詞或動詞的前
面，在我們見到的幾十個例子中，祇有兩個例外[見例（55）、（61）]：

（53）王孺見執金吾廣意，問帝崩所病，立者誰子，年幾歲。
（《漢書·武五子傳》）

（54）即問："是學當所從聞、當所從學？"（舊題東漢·支讖
《文殊師利問菩薩署經》，《大正藏》14—438/3）

（55）復問佛："當從所聞？"其佛言："當從釋迦佛所聞。"（同
上，14—439/3）

（56）阿難歎佛："……天上天下而特尊，所因緣笑？故唯願欲
聞。"（舊題東漢·支讖《阿闍世王經》，《大正藏》15—404/3）

（57）道士何來，今欲所之？（東漢·康孟詳《中本起經》，《大
正藏》4—157/1）

（58）慰勞之曰："所由來乎？苦體如何？欲所求索？以一腳住
乎？（東吳·康僧會《六度集經》，《大正藏》3—8/1）

---

① 太田辰夫《中古（魏晉南北朝）漢語的特殊疑問形式》一文指出，"所"可以詢問場所。
其實"所"雖然用於問處所，但並不限於問處所，如本文的多數引例。至於"所"的來源，太田
辰夫先生認為是代詞性的"所"發展來的，我們認為不然，"何所"這一形式在結構上有兩種分
析法，問處所時是偏正結構，"所"是名詞；問其他時"所"是代詞，"何"則是前置的謂語。但
因為它們是同形的，並且問處所和問其他事物之間的界限也不是絕對的（如"何所在"可以理解
為"在何所"，也可以理解為"所在何"），因此在簡略過程中合二為一了，看來問其他事物的
"何所"勢力要大一些，所以，簡略為"所"以後，問處所的"所"也以放在動詞或介詞前面為
常[我們祇發現一例後置的，見本文例（55）]，並且不與其他詞類，如名詞結合。反過來，由於
這種混同的影響，不是問處所的"何所"也形成為一個詞，太田辰夫先生發現了一些用例，但認
為它祇用於動詞之前，其實不然，"何所"問事物的用途比"所"廣，可以作動詞後的賓語，也
可以作主語、定語、狀語。例略。

（59）卿至何所，而所從來？（西晉·竺法護《生經》，《大正藏》3—78/1）

（60）諸比丘尼問："所由得衣？"答："迦留陀夷見施。"（符秦·竺佛念《鼻奈耶》，《大正藏》24—882/1）

（61）復次依世尊住，隨時請問：此法云所？義何所趣？（姚秦·佛陀耶舍《長阿含經》，《大正藏》1—54/3）

（62）超怒詰廣曰："危須王何故不到？腹久等所緣逃亡？"（《後漢書·班超傳》）

（63）固入，前問："陛下所患所由？"（《後漢書·李固傳》）

（64）斌問所以來，亦不自知也。（《宋書·五行志》）

（65）時淨飯王復問國師婆羅門言："所以知然？"（隋·闍那崛多《佛本行集經》，《大正藏》3—690/2）

"何緣"簡作"緣"主要見於東吳兩個譯者的幾部佛經中，其中"緣"都沒有新變化：

（66）若見是闍士皆供養如恒沙佛衣食、臥具、醫藥，具足受法問慧，當所行所求悉學，如法住如法求，皆入中作斯學行，常不得佛，汝緣得乎？（東吳·支謙《大明度經》，《大正藏》8—495/1）

（67）爾為無惡，緣獲帝位乎？（東吳·康僧會《六度集經》，《大正藏》3—3/1）

（68）吾貧，緣獲給使乎？（同上，3—9/2）

（69）王呼欲抱，兩兒不就。王曰："何以？"兒曰："昔為王孫，今為奴婢。奴婢之賤，緣坐王膝乎？"問梵志："緣獲斯兒？"（同上，3—10/3）

（70）吾本乞兒，緣致斯賄乎？（同上，3—14/1）

"何等"簡略作"等"，顏師古《匡謬正俗》中舉《後漢書·彌衡傳》"死公等道"和應璩《百一詩》"用等稱才學"二例，為歷來論者引用，這裡補充幾個《太平經》①中的例子：

---

① 引文據王明先生《太平經合校》，中華書局 1960 年版。

（71）今當名天師所作道德書字名為等哉？（卷四十一）

（72）其罪過不可名字也，真人乃言何一重者，等也？（卷六十七）

（73）天封人以等，地封人以等，人封人以等，豈可聞耶？曰：天封人以道，地封人以養德，人封人以祿食。（卷一百三十七至一百五十三）

"奈何"簡略作"奈"，如：

（74）唯無形者不可奈也。（《淮南子·兵略》）

（75）飯佛奈得薪草、釜灶、器皿及人力？（符秦·竺佛念《鼻奈耶》，《大正藏》24—883/1）

至今仍有"無奈"一語偶見使用。

除上述例子外，在東吳康僧會《六度集經》中，還有把"何從"簡略為"從"的：

（76）太子好喜佛道，以周窮濟乏、慈育群生，為行之元首，從得禁止？（《大正藏》3—8/2）①

（77）菩薩存想，吟泣無寧，曰："吾從得天師經典玩誦執行以致為佛？"（《大正藏》3—32/1）

這種簡略現象後代也常見，比如"若為"在唐代以後可以說成"若"，"能爾"說成"能"，"爾許多"說成"許多"等，略去的都是指代性成分，而讓本來沒有指代作用的成分來代表這個詞語，使之具有指代作用。

詞語的這種簡略，是由語言本身的符號性所決定的。詞語作為語言這個符號系統的一部分，就是用一定長度的語音（音節）來表示一定的概念，即使有約定俗成作用的影響，一個概念用多長的語音來表示還是有一定的任意性的，比如說"最最重要"就不見得比"最重要"更重要，因為

---

① 此例中"從"字高麗本作"縱"，但其他諸本皆作"從"。可參《中華大藏經》卷十八，第337頁下欄，及校勘記。

“最"和“最最"一樣能表示比較之後的某一極限。另一方面，一個複雜的概念雖然往往由幾個不同意義的成分（語素）組成，由幾個音節分別表示，但隨着人們對這個詞語（概念）的熟悉程度的增強，這個詞語中各成分的差異被人忽視，而由它的整體性來代替。當這種熟悉程度增強到一定程度，借助於一定的語言環境，就可能祇說出其中的一部分便使人聯想到這個整體所代表的意義，使這部分的語音（音節）具有全息性，即用一個詞語中有個性的成分來代替這個詞語的整體，由此產生了“為、所、緣、等、奈"一類的簡略形式。就最初的情況而論，簡略的形式與原來的完整形式是等義的，但由於頻繁使用，簡略形式可以擺脫完整形式的約束，獨立發展，如“為、所"，當然也有絲毫不變的，如“緣、奈"。

（原載《古漢語研究》1989 年第 3 期）

# 從佛經材料看中古漢語人己代詞的發展

漢語的人稱代詞，根據說話者對涉及的人從不同的角度進行區分，形成各自相對又彼此相關的兩組。一是三身代詞，這是從說話人（第一人稱）、對話人（第二人稱）、交談雙方之外的人（第三人稱）這一角度區分而形成的；另一組是人己代詞，這是從話題所強調的中心人物（己稱，如"自己"）和非話題強調的人物（旁稱，如"人家、別人"）這一角度區分而形成的。

己稱代詞也叫反身代詞、複指代詞、複稱代詞、重指代詞、表己身代詞等，它的作用主要是指代說話人想要強調的人物。先秦漢語中，表己稱的有"己、身、躬、自"等，其中"自"祇能用在動詞或介詞之前，漢代以後，"自"逐漸擺脫了語法地位上的局限，可以不直接依附在動詞和介詞之前：

(1) 其人自不好善。(《太平經》卷一百十)[1]

(2) 是為可知人自不能力為善，而自害之。(《太平經》卷一百十四)

(3) 仙歎即還，從王貸金五百兩，市藥以療，病者悉瘳。自與商人入海采寶，所獲弘多。(東吳·康僧會《六度集經》,《大正藏》3—3/3)[2]

(4) 菩薩行般若波羅蜜……自學須陀洹道慧，復教人令學須陀

① 本文引用《太平經》，均據王明先生《太平經合校》，中華書局 1966 年版。

② 本文引用漢魏六朝佛經，譯經時代和譯者參考呂澂先生《新編漢文大藏經目錄》加以甄別，引文根據《大正新修大藏經》，簡稱《大正藏》，並標出時代、譯者、經名及在《大正藏》中的卷、頁、欄次。

洹，自不於中有所欲。自於羅漢法中取慧，亦教他人學阿羅漢辟支佛法。(西晉·無羅叉《放光般若經》，《大正藏》8—131/3)

(5) 然彼長者，自既不食，又不施人，自不為己者，慳嫉是也。(符秦·竺佛念《出曜經》，《大正藏》4—631/3)

進而"自"可以作名詞或名詞性詞語的定語：

(6) 如是先坐三昧寂定，以自威神生和耶越致天。(東漢·支讖《阿閦佛國經》，《大正藏》11—759/1)

(7) 於時仙人扶接摩納，使之令坐。將詣自所頓處，勸之安心。(西晉·竺法護《生經》，《大正藏》3—89/3)

(8) 云何衣？觀衣如自皮，不得著僧伽梨擔草木。(劉宋·僧伽跋摩《摩得勒伽經》，《大正藏》23—602/1)

同一時期的史籍中也有這樣的用例：

(9) 遼被甲持戟……大呼自名，衝壘入，至權麾下。(《三國志·魏志·張遼傳》)

(10) (原平)每行來，見人牽埭未過，輒迅楫助之，已自引船，不假旁力。若自船已渡，後人未及，常停住須待，以此為常。(《宋書·孝義傳》)

南北朝時，"自"作定語很常見，在當時的佛經中還有自意、自心、自欲心、自善根、自業果、自光明、自界、自色、自氣力、自父、自父母、自夫、自妻、自眷屬、自所生子、自兒、自子、自兄弟、自姓名、自腳、自住處、自房、自家、自店舍、自寺、自國、自城、自物等，其中"自"都是"自己的"意思。

隨着"自"的獨立性增加，它可以跟旁稱的"他"組合為並列詞組"自他"，在句中作主語、定語和賓語等：

(11) 歌舞令他樂，凡夫二乘等，能說及能行，自他無是處。(北

涼·曇無讖《合部光明經》,《大正藏》16—362/1)

(12) 了知法相,得大智慧,能令自他財命增長。(北涼·曇無讖《優婆塞戒經》,《大正藏》24—1045/3)

(13) 為利自他,造作諸業,是名為學。能利他已,是名學果。(同上,24—1042/3)

(14) 猶如熾火猛風吹,炎著林野皆焚燒。瞋恚如火燒自他,此名極惡之毀害。(元魏·吉迦夜、曇曜《雜寶藏經》,《大正藏》4—462/3)

"自"也可以單獨作賓語,不過往往與"他"對舉:

(15) (人王)為自為他,修正治國。(北涼·曇無讖《合部金光明經》,《大正藏》16—391/1)

(16) 住家者常為他,出家者常為自。(梁·僧伽婆羅《文殊師利問經》,《大正藏》14—505/3)

(17) 願彼捨離外邪執,為自及他得實義。(陳·真諦《阿毗達磨俱舍釋論》,《大正藏》29—310/3)

(18) 所謂二空故能了知自他平等,由得平等,不愛自憎他。(陳·真諦《攝大乘論釋》,《大正藏》31—227/3)

現代有些地方,還偶有"自"作賓語的用法:

(19) "有些地方,本來單用皂莢子是洗不乾淨的。"她自對自的說。(魯迅《肥皂》)

在先秦就有了一些己稱的複合形式,如"躬身、己身、身自"等,漢代以後又產生了幾個對後代影響較大的複合己稱代詞,主要是"自身、自己(自己身)、自我"等。

自身

(20) 王遣人澡浴梵志,具設肴饌,自身供養。(東吳·康僧會《六度集經》,《大正藏》3—30/2)

（21）自知止足，勸人止足；自身少求，勸人少求；自身寂然，勸人寂然；自身精進，勸人精進；自身制心，勸人制心。（西晉·竺法護《生經》，《大正藏》3—81/2）

（22）自身者，自己也。（東晉·佛陀跋陀羅《摩訶僧祇律》，《大正藏》22—277/3）

（23）佛言：“莫求欲樂、極下賤業、為凡夫行，亦莫求自身苦行、至苦非聖行，無義相應。”（東晉·僧伽提婆《中阿含經》，《大正藏》1—701/2）

（24）若比丘為自身乞作房舍，當應量作。（姚秦·鳩摩羅什《十誦律》，《大正藏》23—385/1）

可能是受“自身”的影響，漢代以前祇作狀語意為“親自”的“身自”，後來也可有“自己”的意思：

（25）扞士受賞賜者，守必身自致之。（《墨子·號令》）

（26）其人每行，出入四輩，常宣三寶，身自歸命，並化一切。（西晉·竺法護《生經》，《大正藏》3—95/1）

（27）為惡者苦，身自陷苦，何能安餘？（西晉·無羅叉《放光般若經》，《大正藏》8—137/3）

（28）時婆羅陀即將軍眾至彼山際，留眾在後，身自獨往。（元魏·吉迦夜、曇曜《雜寶藏經》，《大正藏》4—447/2）

“身自”作“自己”解的用例並不多，也不像“自身”那樣可作定語、賓語。

自己（自己身）

（29）佛請賢者善業：“此眾菩薩集會，樂汝說菩薩大士明度無極，欲行大道當由此始。”於是秋露子念：“此賢者說明度道，自己力耶？乘佛聖恩耶？”（東吳·支謙《大明度經》，《大正藏》8—478/2）

（30）察於外死身，內省自己軀，彼爾我如是，計本皆虛無。（西晉·竺法護《五百弟子自說本起經》，《大正藏》4—193/2）

（31）猶如有人生於王家，乃為王子，有殊異德，為諸群臣所見奉敬，不以自己而放恣行。（西晉·竺法護《漸備一切智德經》，《大正藏》10—480/2）

（32）"世尊，我知制戒，謂為制他，不謂自己。"佛言："於自己行欲，亦犯波羅夷。"（東晉·佛陀跋陀羅《摩訶僧祇律》，《大正藏》22—234/1）

（33）歎自供養身者，歎自己身也。（同上，22—270/2）

（34）此菩薩若得種種飲食、香華、衣服、資生之具，若自己受用則快樂長壽，若盡以施人則窮苦夭命。（東晉·佛陀跋陀羅《大方廣佛華嚴經》，《大正藏》9—476/2）

（35）夫婦二人在寺中宿，自相勸喻而說偈言："告喻自己身，慎勿辭病勞，汝今得自在，應當盡力作，後為他所策，作用不自在，徒受眾勞苦，無有毫釐利。"（同上，4—342/2）

（36）是菩薩施能一切捨，不見自己，離慳垢行，安住於戒不見我，能離破戒業。（劉宋·曇摩蜜多《象腋經》，《大正藏》17—782/3）

（37）問曰："何謂為食？"答曰："食者，自己身於五欲中共相娛樂。"（蕭齊·僧伽跋陀羅《善見律毗婆沙》，《大正藏》24—711/3）

（38）婢取者，自己婢還取為婦。（同上，24—764/1）

（39）若自己身出家入道者，功德無量。（元魏·慧覺《賢愚經》，《大正藏》4—376/2）

（40）彼善男子，於諸佛所深種善根，能護法藏，能利自己，亦能利他。（元魏·菩提留支《大薩遮尼乾子所說經》，《大正藏》9—365/3）

（41）若於自己若他人，二處皆應作利益，既知己被他瞋罵，當使自瞋轉得消。（隋·闍那崛多《起世經》，《大正藏》1—350/3）

（42）自己得心多種利，復能向他作法饒，彼得自益利眾生，是故名為大智者。（隋·闍那崛多《佛本行集經》，《大正藏》3—802/3）

自我

（43）夫我之自我，智士猶嬰其累；物之相物，昆蟲皆有此情。夫以自我之量而挾非常之勳，神器暉其顧眄，萬物隨其俯仰，心玩居

常之安，耳飽從諛之說，豈識乎功在身外，任出才表者哉！（《晉書·陸機傳》）

（44）阿梨耶識我愛所縛故，不曾願樂滅除自我。（陳·真諦《攝大乘論釋》，《大正藏》31—161/3）

（45）復次正法內人，雖復願樂無我，違逆身見，於阿梨耶識中亦無有自我愛。（同上，31—162/1）

"自身"和"自己"出現較早，而"自我"受"自身"和"自己"的排斥，有點先天不足，反映在現代漢語中，"自己"是最常用的己稱代詞，"自身"主要見於書面語，而"自我"則見於一些詞組，如"自我批評、自我鑒定、自我感覺"等，這種格局，在南北朝就已基本形成了。

旁稱代詞也可叫作他稱代詞，它的作用是與己稱相對，表示涉及的對象是說話人所不強調或有意淡化、被排除在某一範圍之外的人，帶有泛指意味。漢語旁稱代詞，先秦用"人"或"他人"。"他"本是指示代詞，表示"別的"，到漢魏六朝時可以用來作旁稱表示"別人"：

（46）眾人問佛："向者一女，並舞至此，瞿曇豈見之耶？"佛告眾人："且自觀身，觀他何為？色欲無常，合會有離，如泡如沫，愚者悉著。"（東漢·康孟詳《中本起經》，《大正藏》4—149/3）

（47）盡仁不殺，守清不盜，執貞不犯他妻，奉信不欺，孝順不醉，持五戒，月六齋，其福巍巍。（東吳·康僧會《六度集經》，《大正藏》3—12/2）

（48）善哉善哉，大迦葉，樂在閒居，勸他閒居，以十二事，常自修身，亦勸他人。（西晉·竺法護《生經》，《大正藏》3—82/1）

唐代，"他"由旁稱代詞發展為第三人稱代詞，繼起的是"別人"。"別"本是支別（分支、次要的）意思，魏晉以後發展為指示代詞，表示"別的"，可以指事物處所，也可以指人：

（49）吾身不臭穢，流出戒德香，云何欲捨我，遠遊在別處？（西晉·竺法護《生經》，《大正藏》3—74/2）

（50）有女人柯羅邏墮，有別女人即取安置產門中。此人以何女為母？（陳·真諦《阿毘達磨俱舍釋論》，《大正藏》29—248/2）

（51）遠客悠悠任病身，謝家池上又逢春，明年各自東西去，此地看花是別人。（唐·張籍《感春詩》）

"別人"又可作"他別人"：

（52）就中今時後生，才入眾來，便自端然拱手，受他別人供養，到處菜不擇一莖，柴不搬一束，十指不沾水，百事不干懷。雖則一時快意，爭奈三塗累身？（宋·普濟《五燈會元》卷十二）

（53）僧問："楊廣失橐駝，到處無人見。未審是什麼人得見？"師以拂子約曰："退後退後，妨他別人所問。"（同上卷十八）

既然"別人"在宋代還能說成"他別人"，可見它在當時還處在由詞組凝固為詞的過程中。"人"作為旁稱代詞，從先秦以來一直很有生命力，到宋代，詞尾"家"廣泛使用，出現了"別人家"的說法：

（54）公又以南泉斬貓兒話問曰："某看此甚久，經未透徹，告和尚慈悲。"燈曰："你祇管理會別人家貓兒，不知走卻自家狗子。"（同上卷二十）

（55）汝全不救護丈人，看取別人家女婿。（宋·洪邁《夷堅志乙》卷四）

由於人己代詞與三身代詞是從不同的角度指稱談話涉及的人物，所以二者的關係可以交叉重合。三身代詞所指的對象，對談話的雙方來說是確定的，而人己代詞所指的對象卻有相當的任意性。在己稱與旁稱對舉時，如"己欲立而立人，己欲達而達人"（《論語·雍也》）中，"己"可以是任何一個或一些人，而"人"則可以指"己"以外的任何人。人己代詞也可以承指或與某一稱人名詞（代詞）連用，從而由任指轉化為定指，如：

（56）若王瓶沙顧視從者似已無異，懼佛不識，頭面禮足，右繞三匝。禮畢自陳："我是摩竭提王瓶沙身也。"（東漢·康孟詳《中本起經》，《大正藏》4—152/2）

（57）佛告比丘："欲知爾時國王者，則吾身是。爾時梵志則今梵志身是，其妻今梵志妻是，子則子，女則女，奴則奴，婢則婢是。"（西晉·竺法護《生經》，《大正藏》3—97/3）

（58）令偷身長掃街路，久之乃令舉舊偷自代。（《南齊書·王敬則傳》）

（59）受苦心不移，猶安明不動，息意甚牢固，故拜手神仙。為他眾生故，功德無有量，如父愛其子，誰不拜手者。（符秦·僧伽跋澄《僧伽羅刹所集經》，《大正藏》4—136/1）

（60）世間之人亦復如是，見他頭陀苦行山林、曠野、塚間、樹下，修四意止及不淨觀，便強將來於其家中，種種供養，毀他善法，使道果不成。（蕭齊·求那毗地《百喻經》，《大正藏》4—548/2）

（61）大丈夫行事當磊磊落落，如日月皎然，終不能如曹孟德、司馬仲達父子，欺他孤兒寡婦，狐媚以取天下也。（《晉書·石勒傳》）

與之相應，也可以不用稱人詞語提示而直接用人己代詞定指某一人物：

（62）（婦人）持制夫為婦德，以能妒為女工。自云不受人欺，畏他笑我。（《魏書·臨淮王傳》）

"人"與婦人自己相對，指丈夫，"他"泛指別人（主要應指別的婦人）。

定指的人己代詞往往與某個人稱代詞相當，雖然從語意上講可以理解為現代的"我、你、他"，但實際上是用"自己"或"人家（別人）"來代替三身代詞。

人己代詞指稱第一人稱，在六朝很風行，主要是用"身"和"人"①，也可用"己"：

（63）融謂使者曰："冀罪止於身，二兒可得全不？"（《世說新語·言語》）

（64）身南土寒士，蒙先帝殊恩，以愛子見托，豈得惜門戶百口？其當以死報效。（《宋書·鄧琬傳》）

（65）君是身家舊人，今銜此使，當由事不獲已。（《南齊書·武十七王傳》）

（66）慕容氏謂侍婢曰："我聞忠臣不事二君，貞女不更二夫。段氏既遭無辜，己不能同死，豈復有心於重行哉！"（《晉書·列女傳》）

（67）亮答以為："己等三人，同受顧命，豈可相殘戮……"（《宋書·傅亮傳》）

（68）高祖曰："僧祐身居東海，去留任意，來則有位，去則他人，是故賞之。卿父被圍孤城，已是己物，所以不賞。"（《魏書·房法壽傳》）

（69）時王莽殺其子宇，萌謂友人曰："三綱絕矣！不去，禍將及人。"即解冠掛東都城門，歸，將家屬浮海，客於遼東。（《後漢書·逸民傳》）

（70）及疾篤，堅親臨省病，問以後事。猛曰："晉雖僻陋吳越，乃正溯相承。親仁善鄰，國之寶也。臣沒之後，願不以晉為圖。鮮卑、朝鮮、羌虜，我之仇也，終為人患，宜漸除之，以便社稷。"（《晉書·苻堅傳》）

（71）今若緩兵相守，彼將知人虛實，涪軍忽并來力距我，人情既安，良將又集，此求戰不獲，軍食無資，當為蜀子虜耳。（《宋書·

---

① 有些學者認為六朝時自稱的"身"是第一人稱代詞，但從先秦以來"身"的用例來看，"本人、自身"是它的基本意義，這在六朝前後都很常見，用"本人"一義釋自稱的"身"也很合文義。同時，漢語第一、二人稱代詞從先秦以來一直很穩定，從情理上講，也不該半中間有一段時間突然用"身"作第一人稱代詞，然後又廢棄。其實，不喜歡用人稱代詞稱人是六朝人的一種風氣，第一人稱用"身"或者"己""人"，第二人稱用"卿"都是一時的時尚，用"身"自稱尤為當時上層社會人物所好，而在同時期用語通俗的佛經中，這類用例就很少見了。另外，"身"可稱第二、三人稱（見下文）也可輔證它不是一個第一人稱代詞。

劉鍾傳》)

（72）當爾之時，吾導卿端緒，何故不從人言，怒帝如此？每一念之，使人心悸。（《魏書·高允傳》）

人己代詞指稱第二人稱的用例，如：

（73）割身存國，理為遠矣。但汝以我親，乃減己助國。（《魏書·彭城王傳》）

（74）太祖又問曰："卿祖父及身官悉歷何官？"（《魏書·李先傳》）

（75）（明預）乃輿病諫晞曰："……閭亨美士，奈何無罪一旦殺之！"晞怒曰："我自殺閭亨，何關人事，而輿病來罵我！"（《晉書·苟晞傳》）

（76）初，纂嘗與鳩摩羅什棋，殺羅什子，曰："斫胡奴頭。"羅什曰："不斫胡奴頭，胡奴斫人頭。"超小字胡奴，竟以殺纂。（《晉書·呂纂傳》）

（77）是比丘尼常憶念是男子，不得從意故，生病羸疲，在房內臥……是男子即往，到比丘尼房中，摩觸抱捉作是言："汝病小差不？可忍不？苦惱不增長耶？"答言："病不差，不可忍，苦惱增長。"爾時比丘尼口出惡不淨語，作是言："此是我分。他不愛念我，我便愛念他。"（姚秦·鳩摩羅什《十誦律》，《大正藏》23—302/3）

人己代詞指稱第三人稱，例如：

（78）攸之稟性空淺，躁而無謀，濃湖土崩，本非己力，彭城、下邳，望旗宵遁……而攸之始奉國諱，喜形於顏，普天同哀，己以為慶。（《南齊書·柳世隆傳》）

（79）（房氏）訓導一子，有母儀法度。緝所交遊有名勝者，則身具酒飯，有不及己者，輒屏臥不餐，須其悔謝乃食。（《魏書·列女傳》）

（80）設使世祖之子男於今存者，既身是戚藩，號為重子，可得賓於門外，不預碑鼎之事哉？（《魏書·禮志三》）

（81）駿欲討亮，亮知之，問計於廷尉何勖。勖曰："今朝廷皆歸心於公，公何不討人而懼為人所討！"（《晉書·汝南王亮傳》）

（82）蒙遜謂男成曰："段業愚闇，非濟亂之才，信讒愛佞，無鑒斷之明。所憚惟索嗣、馬權，今皆死矣，蒙遜欲除業以奉兄何如？"男成曰："業羇旅孤飄，我所建立，有吾兄弟，猶魚之有水。人既親我，背之不祥。"（《晉書·沮渠遜傳》）

（83）燾初聞汝陽敗，又傳彭城有係軍，大懼，謂其眾曰："但聞遺軍，乃復有奇兵出。今年將墮人計中。"即燒攻具，欲走。（《宋書·索虜傳》）

（84）慕容雲，字子雨，寶之養子也。祖父和，高句驪之支庶，自云高陽氏之苗裔，故以高為氏焉……馮跋詣雲……逼曰："……公自高氏名家，何能為他養子！……"（《晉書·慕容雲傳》）

（85）婦見打比丘故，語夫言："何以打他？此比丘不將我來，我自向維耶離。"（姚秦·鳩摩羅什《十誦律》，《大正藏》23—115/3）

（86）云何六群比丘伺十七群比丘經行背向時，取他衣缽、坐具、針筒藏耶？（姚秦·佛陀耶舍《四分律》，《大正藏》22—675/3）

（87）爾時六群比丘掉臂入白衣家，撥觸檀越面，破他手中酥油瓶器，為世人所譏。（東晉·佛陀跋陀羅《摩訶僧祇律》，《大正藏》23—401/2）

（88）有長者子，早喪父母，孤窮伶俜，客作自活。聞有人說："忉利天上，極為快活。"又聞他說："供養佛僧，必得往生。"即問他言："用幾許物，可得供佛及以眾僧？"時人語言："用三十兩金，可得作會。"（元魏·吉迦夜、曇曜《雜寶藏經》，《大正藏》4—469/2）

呂叔湘先生《近代漢語指代詞》（92頁）中指出："人或人家指別人，大率是指你我以外的第三者……但也可以拿'你'作主體，指你以外的別人，那麼'我'也在內；有時候，意思就指的是'我'。"從本文所舉的例子來看，第一、二、三人稱都可以作話題中心人物（主體），所以可用己稱代詞稱呼，如上列65—69，75—76，80—82，可以分別譯為現代漢語的"我（自己）""你（自己）""他（自己）"，與此相對，旁稱代詞也可以分別稱第一、二、三人稱，而不祇是第一、三人稱。己稱代詞指稱三身有強調所稱對象的意味，而用旁稱代詞則相反，它始終與己稱相對，不論己稱所指的對象在話語中或隱或現，它都有襯托強調己稱所指對象、淡化本身所指對象的作用，如例 75 "我自殺閻亨，何關人事"，用 "人" 指對方，強調殺閻亨是 "我" 自己的事，你（別人）管不着。例 83 "今年將墮人計中"，用 "人" 指敵方，強調的是未現的 "我" 陷入困境。所以，人己代詞指稱三身，不僅己稱代詞的作用與旁稱代詞不同，而且它們與三身代詞也不同：己稱代詞在語義上比三身代詞要加強些，旁稱代詞比三身代詞要弱些但又有襯托強調它的對立一方的含義。

（原載《四川大學學報》1989 年第 4 期；《人大複印資料·語言文字》1990 年第 2 期全文轉載）

# 漢語稱人代詞內部系統的歷史發展

　　漢語的代詞根據指稱對象的不同，可以分成兩大類：泛指事物的指示代詞和專門指稱人的稱人代詞。在現代漢語中，漢語的稱人代詞包括兩個部分：指稱第一、二、三人稱的三身代詞；指稱話題中心人物、非話題中心人物和遍指的話題人物代詞。

　　三身代詞所表示的是對話時人與人之間的客觀關係，交談時以說話人為基點形成三身關係：第一人稱指說話人，第二人稱指聽話人，第三人稱指對話雙方以外的人，第一、第二人稱表示對話雙方相對立，對話雙方又與第三人稱相對。無論什麼時候、什麼人說話，這種關係都是明確的、不言而喻的。（利用修辭上的移情手段，或者由於說話人思維跳躍而在用詞上未作相應的調整，導致直接引語和間接引語混用，改變三身關係的用例，是一種修辭行為，並未影響三身代詞的基本意義，這裡不討論）話題人物代詞，表示主觀的指稱對象，在交談時，這類代詞指稱的人隨說話人的主觀願望（話題）而任意選定，可任意改變。說話人所強調的、在話題中處於中心位置的人，就用己稱，如"自己"；與此相反，處於陪襯地位、不被強調或被故意淡化的人，就用旁稱，如"別人"；遍指話題涉及的所有的人，就用統稱，如"大家"。統稱代詞的使用有兩種情況：在無對立關係情況下，它沒有任何偏重，是指意義的；有時，統稱代詞指稱的是一個限定範圍，和某一對象相對，這時它和一個三身代詞或者己稱代詞處於對立狀態，作用近似旁稱代詞，但是它沒有旁稱代詞的淡化陪襯的意義，卻有己稱代詞那樣的強調意義；和統稱代詞相對的一方，是處於被排除的個別、單獨的人物，統稱的一方處於話題中心地位。比較：

　　　　大家都很高興。（無對立關係，意思是沒有人不高興）

大家都很高興，就你不高興。（"你"和"大家"對立，被排除在"大家"之外）

總之，漢語稱人代詞的內部，存在着一個互相影響、相對的對應關係：

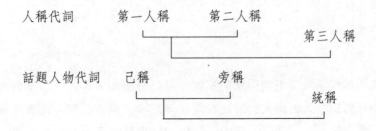

三身代詞和話題人物代詞的發展有密切的關係。在漢語發展史上，三身代詞的發展領先於話題人物：先有三身代詞中的第一人稱和第二人稱代詞的對立，後有己稱和旁稱代詞的對立；有了第一、第二人稱和第三人稱的對立，再有己稱、旁稱代詞和統稱代詞的對立。

先秦漢語中，第三人稱代詞和統稱代詞還沒有產生，當時的稱人代詞，可以按邢公畹先生《〈論語〉中的對待指別詞》（原載《國文月刊》開明版 1949 年第 75 期；收入邢公畹《語言論集》，商務印書館 1983 年版）一文中所描寫的分成兩兩對立的兩組：

汝我對待指別詞：吾、我、予——女、爾、子、而
人己對待指別詞：人——己、自

這兩類稱人代詞是這樣分工的：第一、第二人稱代詞指稱對話中的雙方，表示己稱和旁稱的代詞指稱非對話環境中的話題人物。但第一人稱代詞可以表示己稱：

子絕四：毋意，毋必，毋固，毋我。（《論語·子罕》）
老吾老以及人之老，幼吾幼以及人之幼，天下可運於掌。（《孟子·梁惠王上》）

第三人稱關係雖然客觀存在，但是正如呂叔湘先生指出的：“嚴格地說，文言沒有第三身指稱詞，‘之’‘其’‘彼’三字都是從指示詞轉變過來的。這本是很合理的，可是這三個字沒有一個是發育完全的，合起來仍然抵不了白話裡一個‘他’字，雖然另有勝過‘他’字的地方。”（《中國文法要略》十章）漢語的指示代詞，從古到今，都可以稱三身，不僅指稱第三人稱，也可指稱第一、第二人稱。由於當時漢語缺乏第三人稱代詞，指示代詞指稱第三人稱自然很常見，但是指示代詞有它本身的特點，在意義和語法作用、語法功能上跟第一、第二人稱代詞有不少差異，隨着漢語代詞格位限制的消失，一個與第一、第二人稱代詞相配的第三人稱代詞自然成為必須。第三人稱代詞的起源，可從三個方面來考察，一是指稱第三人稱的指示代詞的發展，二是新的第三人稱用詞的出現，三是旁稱和己稱代詞指稱第三人稱。

在漢語第三人稱代詞孕育過程中，原來指稱第三人稱的指示代詞，有了新的發展，主要表現在“彼”用於指稱第三人稱的用例增加；“其”不再局限作定語，也可以作主語、兼語、賓語，特別是句末賓語，十分活躍。但是，由於它們廣泛使用的指物含義和單純的指示意義，阻止了它們向專門指人的方向發展，祇有個別方言用“其”作為第三人稱代詞。

漢魏六朝，出現了“渠”“伊”指稱第三人稱的用例，主要見於記錄南方用語的文獻中。這兩個詞稱人，在六朝至唐宋時期都很常見。但是，它們並不單純指稱第三人稱，還可指稱其他人稱。呂叔湘先生認為“渠”“跟‘其’字該是同源”（《近代漢語指代詞》）。向熹先生指出：“‘渠’最初也有指示作用。如《古詩為焦仲卿妻作》：‘雖與府吏要，渠會永無緣。’不過到了唐代，‘渠’就專門用作人稱代詞了。也可活用於第二人稱，相當於‘你’。”（《簡明漢語史》下冊）在唐代作品《遊仙窟》中，“渠”和“君”並用，指稱第二人稱：

> 遂喚奴曲琴取相思枕，留與十娘以為紀念。因詠曰：“南國傳椰子，東家賦石榴。聊將代左腕，長夜枕渠頭。”十娘報以雙履，報詩曰：“雙鳧乍失伴，兩燕還相屬。聊以當兒心，竟日承君足。”

“渠”還有泛指的用例，意思是“人”“他人”，用法同“其”：

　　十娘詠（岸柳山楊）曰："映水俱知笑，成蹊竟不言。即今無自在，高下任渠攀。"

　　《遊仙窟》中，"渠"有 6 例指稱第二人稱，4 例泛稱，8 例指稱第三人稱。不過"渠"指稱其他人稱並不普遍，我們尚未在其他文獻中發現同類現象。

　　"伊"在先秦本是一個指示代詞，用例不多，六朝時用指第三人稱。"伊"指稱第二人稱的用例始見於宋金時期，明清時仍然流行。在大量使用"伊"字的《董西廂》和《張協狀元》中，指第三人稱各有 9 例和 15 例，指第二人稱分別是 14 例和 33 例，指稱第二人稱的用例大大超出了指第三人稱，這是耐人尋味的。三身代詞不應該有兼類的現象，一個三身代詞如果兼指三身中的多方，就會失去區別三身的作用。對於"伊"兼指第二人稱的問題，呂叔湘先生認為："口語中不會既拿伊字當他講，又拿伊字當你講。曲文裡何以會用伊字來代你呢？這祇能有一個解釋：利用伊字的平聲來協律，因為你字沒有一個平聲的同義字，不像我字可以利用咱字。""伊""渠"表示第二人稱應該有聲律以外的原因（當時文獻中有以平聲的"仁""賢"指稱對方的用例），它們原來的意義和用法，妨礙了它們作為一個專門的第三人稱代詞的使用，"渠"可能受了"其"的直接影響，"伊"的指示代詞用法在文言中一直殘存。這兩個詞指稱第三人稱最初是方言性的，後來流行範圍由南向北推廣，但是由於本來意義的影響，其他地區人們在理解和運用時，受語言經驗的影響，可能傾向於把這種用法作為指示代詞指人的用法來認識，而指示代詞指人並不局限在某一人稱，可以根據需要隨文變化。這或許可以解釋為什麼這兩個詞在早先是單一意義的第三人稱用詞，並且在現代南方方言中仍有作第三人稱代詞使用的；而從唐宋以來，隨著它們的廣泛使用，在一些文獻中指稱對象出現了混亂。

　　漢魏六朝北方的漢譯佛經用語中，有用"子"指稱第三人稱的，可以用在句子的主、定、賓、介賓、兼語等各個位置上：

　　王問憂陀："悉達在國，旃檀蘇合，以塗子身。今者為道，為有何物？"（漢康孟詳《中本起經》卷上。子，指"悉達"）

　　天帝釋自念言："是仁者戒行純備，恐子將奪我處。當下試知審求何道。"（三國魏白延《須賴經》。子，指"是仁者"）

　　時持和夷鐵便飛於虛空，見炎焵然可畏，但使梵志等見耳。適現，子曹便大恐怖戰慄，衣毛皆豎，各各走。（三國吳支謙《義足經》卷上。子曹，指"梵志等"）

　　據我們的粗略調查，這類用例至少布及近十個譯者的十多種經文。（參見俞理明《佛經文獻語言·從佛經用語研究中古代詞》，巴蜀書社 1993 年版）"子"的這種用法主要集中在漢末西晉，東晉以後很少見了。所以我們揣測，它可能是"是子"或"此子"的省說，是因為漢語缺乏第三人稱代詞使譯經者感到不便而採用的，隨着漢語第三人稱代詞雛形的出現，加上"子"在古代本有一個第二人稱敬稱的用法，指第三人稱的"子"就很自然地被排斥了。

　　六朝時期，雖然第三人稱用詞形式繁多，但是"其"始終佔據了主導地位，如《世說新語》中，"其"320 例，"之"596 例，"伊"15 例，"己"9 例，"彼"5 例（據張萬起先生《世說新語詞典》，商務印書館1993 年版），在稍後的《百喻經》中，"其"105 例，"他"6 例。這種情況，唐代以後才逐漸發生變化，在寒山詩中，指第三人稱的"他"7 例，"伊"4 例，"渠"9 例，"其"2 例；《遊仙窟》中，"他"6 例，"渠"8 例，"其"2 例。"其"已不再佔有優勢，大體上被新的第三人稱用詞取代。在敦煌變文中，"他"的用例略多於其他的第三人稱用詞，如《王陵變文》中"他"9 例，"其"1 例；《捉季布傳文》中"他"6 例，"伊"1 例，"其"4 例；《廬山遠公話》中"他"28 例，"伊"1 例，"其"7 例；但是《伍子胥變文》中"他"4 例，"伊"1 例，"其"15 例，"其"又佔了多數，可見"他"的優勢並不是很明顯的。到宋金時的《西廂記諸宮調》《張協狀元》中，"他"才佔有了絕對的優勢，如《西廂記諸宮調》中，"他"102 例，"伊"9 例，"其"14 例；《張協狀元》中"他"186例，"伊"15 例，"渠"1 例，"其"0 例，情況正與南北朝時相反。考慮到書面記載相對口語變化要慢一些，所以，我們認為，確定"他"在唐代取代古來的第三人稱用詞"其"，並且戰勝其他的第三人稱用詞，成為漢語通語中的第三人稱代詞，是比較可靠的，現代漢語三身代詞的格局也從此形成了。

己稱代詞和旁稱代詞在先秦還不太成熟，這表現在它們在意義上的對應而在語法作用和功能上的不對應，比如"自"和"己"在語法地位上互補，其中"自"限用於動詞之前，具有副詞性，與其他的稱人代詞不同；表示旁稱的代詞有一個"人"，但一般祇有"人"和"己"的對立使用，"人"不能和"自"對立使用。當時表示己稱和旁稱對立，還用其他代詞，比如"人我""彼我"。漢魏以後，己稱和旁稱代詞發展迅速，出現了許多複合的己稱代詞，如自己、自己身、自身、身自、己自、自我：

> 歟自供養身者，歟自己身也。（晉佛陀跋陀羅《摩訶僧祇律》卷五）
> 王遣人澡浴梵志，具設肴饌，自身供養。（三國吳康僧會《六度集經》卷五）
> 其人每行，出入四輩，常宣三寶。身自歸命，並化一切。（晉竺法護《生經》卷四）
> 見人牽埭未過，輒迅楫助之，己自引船，不假旁力。（《宋書·孝義傳》）
> 復次正法內人，雖復願樂無我，違逆身見，於阿梨耶識中亦有自我愛。（南朝陳真諦《攝大乘論釋》卷二）

"自己、自身、自我"沿用至今，其中"自己"是一個通用形式，"自身"多用於書面語，"自我"多用於一些詞組，如自我意識、自我感覺、自我鑒定等，組合能力最弱。

漢語的旁稱代詞，在這一時期也有了相應的變化，"他"本是一個旁指代詞，表示"別的"的意思，可以單獨或組成"他人"表示旁稱。漢魏時期，"他"由旁指代詞轉變為旁稱代詞，和己稱的"自、身"等相對：

> 佛告眾人："且自觀身，觀他何為？"（漢康孟詳《中本起經》卷上）
> 自己不殺，不教人殺，他不為殺。（北魏菩提留支《入楞伽經》卷八）

當時，用表示旁指的"餘、邊、旁、傍、別"等和"人"組合，作旁

稱也很常見:

> 但憂食飲臥起得安，而不念餘人，不念學問。（漢支讖《阿真陀
羅所問如來三昧經》卷下）
> 犯人婦女，或為夫主、邊人所知，臨時得殃，刀杖加刑。（三國
吳支謙《八師經》）
> 玄應聲慟哭，酸感傍人。（南朝宋劉義慶《世說新語·夙惠》）
> 心自有所存，旁人那得知。（南朝宋鮑照《代別鶴操》）
> 但數人同照，各自見其影，不見別人影。（唐段成式《酉陽雜俎》
卷十）

其中，“別人”後來固化成為一個詞，專作旁稱，其他的衹是具有旁
稱意義的名詞性詞組而已。旁稱代詞也出現了一些複合的形式，如人家、
他人家、他別人、別人家等:

> 又人家治國，舟船城郭，何得不護？（《三國志·吳志·吳主傳》）
> 死得一棺木，一條衾被覆。妻嫁他人家，你身不能護。（唐王梵
志詩66）
> 若是別人家，買他此人不得。（《敦煌變文集·廬山遠公話》）
> 才入眾來，便自端然拱手，受他別人供養。（宋普濟《五燈會元》
卷十二）

漢魏以後，一些己稱代詞還可以和稱人名詞或三身代詞結合表示同指:

> 我是摩竭提王瓶沙身也。（漢康孟詳《中本起經》卷上）
> 世間之人亦復如是。見他頭陀苦行山林、曠野、塚間、樹下，修
四意止及不淨觀，便強將來，於其家中，種種供養，毀他善法。（南
朝齊求那毗地《百喻經》卷二）
> 童子者，吾身是也；舅者，調達是也。（三國吳康僧會《六度集
經》卷三）
> 何須殺他命，將來活汝己。此非天堂緣，純是地獄滓。（唐寒山

詩95）

瑤琴是你咱撫，夜間曾挑鬥奴。（金董解元《西廂記諸宮調》卷七）

呂叔湘先生說："‘咱’字不見於宋以前的字書，但是宋詞之近於語體者裡頭已經有這個字，這分明是個俗字。從字形上看，‘口’旁往往是俗字的符號，右邊從‘自’，跟‘自’該有關係；從語音方面說，又恰好是自家的切音。"（《近代漢語指代詞》）現代漢語中"咱"是第一人稱代詞，但是這裡的"咱"字相當於"自家"，是己稱代詞和三身代詞同指。

六朝時期己稱和旁稱代詞的用法向三身代詞的使用範圍擴展，它們不再限於稱述，可以直接指稱對話中的某一方，在對話中，代替三身代詞以滿足特定的修辭需要：

鮮卑、羌虜，我之仇也，終為人患，宜漸除之。（《晉書·符堅載記》。人＝我）

融謂使者曰："冀罪止於身，二兒可得全不？"（《世說新語·言語》。身＝融）

兒答母言："先若不許，不敢正意。母已許我，那得復遮，望以此身立信而死。許他已定，不復得住！"（北魏吉迦夜《雜寶藏經》卷三。他＝我）

景王欲誅夏侯玄，意未決間，問安平王孚云："己才足以制之否？"（《殷芸小說》卷五。己＝景王。以上第一人稱）

我自殺閻亨，何關人事，而輿病來罵我！（《晉書·苟晞傳》。人＝對話人）

是男子即往，到比丘尼房中，摩觸抱捉作是言："汝病小差不？可忍不？苦惱不增長耶？"……爾時比丘尼口出惡不淨語，作是言："此是我分。他不愛念我，我便愛念他。"（後秦鳩摩羅什《十誦律》卷四十二。他＝是男子）

太祖又問："卿祖、父及身官悉歷何官？"（《魏書·李先傳》。身＝卿）

似你恁般才貌，等閒的料也不敢相扳。無非是王孫公子，貴客豪門，也不辱莫了你一生。風花雪月，趁着年少受用，二來作成媽兒起

個家事，三來使自己也積趲些私房，免得日後求人。（《醒世恒言‧賣
油郎獨佔花魁》。自己＝你。以上第二人稱）

今朝廷皆歸心於公，公不討人而懼為人所討！（《晉書‧汝南王亮
傳》。人＝他）

云何尊者在姑前為他兒婦耳語說法耶？（後秦佛陀耶舍《四分律》
卷十一。他＝姑）

人所應有，其不必有；人所應無，己不必無。（《世說新語‧賞
譽》己＝其）

設使世祖之子男於今存者，既身是戚蕃，號為重子，可得賓於門
外，不預碑鼎之事哉？（《魏書‧禮志二》。身＝世祖之子男。以上第
三人稱）

話題人物代詞指稱三身，具有明顯的修辭意義。當時時尚，為了講求
高雅脫俗、顯示自身修養，文人避免使用人稱代詞，對話中使用三身代詞
被認為是不尊重的表示，說話人常用話題人物代詞自稱以表示謙抑，“身”
自稱的用例尤其常見。有人認為“身”是一個第一人稱代詞，但是“身”
又可以稱第二、第三人稱，也可以和稱人名詞或三身代詞組合使用，具
有話題人物代詞的特點。所以我們認為用“身”自稱並非一個中性的第一
人稱用詞，它具有禮貌意義；對對話人的稱呼，古人歷來多用敬稱，在六
朝時尤其有一個被用濫了的“卿”（“卿”作為對人的敬稱，由於大量使
用，失去了對人的特殊禮敬作用，以至有人認為它是一個狎昵不敬的用
詞，但“卿”和第二人稱代詞仍明顯不同，含有客套意味）。所以用話題
人物代詞的機會比較少；第三人稱由於缺乏專門的代詞，它的指稱用詞五
花八門，紛繁多樣，如果我們採用過於寬泛的標準來討論當時的三身代
詞，那麼，“身、己、人、他”等都要被列入三身代詞，並且兼作第一、
第二或第三人稱代詞，而一個真正的三身代詞不可能兼指三身；另外，三
身代詞屬於基本詞匯，具有高度的穩定性，不能想象，在歷史上有這麼一
批三身代詞，它們既與話題人物代詞密切相關，作為三身代詞又曇花一
現。所以，我們不否認這些詞指稱三身的作用，但不認為它們是三身代
詞。從現代口語來考察，話題人物代詞如“自己、人家”等至今仍保持着
指稱三身的用法，比如說“自己不小心，反而怪人家”，可能是他自己不

小心而責怪你或我，也可能是你自己不小心而責怪我或他等。"自己"和"人家"都有指稱三身的能力，但是它們在指稱對象的清晰度上遠不如真正的三身代詞，我們必須根據語境，才能知道說的是對話中的哪一方。話題人稱代詞指稱三身是一種活用，多數情況下並不改變它們的性質，衹有從旁指代詞發展為旁稱代詞的"他"通過這個途徑成了第三人稱代詞。（參見俞理明《從漢魏六朝佛經看代詞"他"的變化》，載《中國語文》1988 年第 6 期）

在這一時期，還有一個代詞"儂"值得討論。"儂"是南方方言詞，一般認為是第一人稱代詞，對此，有必要再加斟酌。戴侗《六書故·人一》："儂，吳人謂人儂。按：此即人聲之轉。""儂"作名詞指人，在六朝以來的文獻和現代南方方言中有大量材料可以證實。但是，"儂"又有指稱三身的用例，先是稱第一人稱，後來又有了第二人稱和旁稱等用法：

道子頷曰："儂知儂知。"（《晉書·會稽王道子傳》。《玉篇·人部》：儂，吳人稱我是也）

勸郎莫上南高峰，勸儂莫上北高峰。（元楊維楨《西湖竹枝詞》。儂，稱對方）

儂，他也。（《正字通·人部》）

儂，人家。家己，自己。（《方言》1992 年第 3 期《漳州方言詞匯》）

"儂"還有一個特點，就是能附在其他稱人代詞之後：

許我不出門，冥就他儂宿。（《樂府詩集·清商曲辭三·讀曲歌》）

嘉定州去平江一百六十里，鄉音與吳城尤異，其並海去處，號三儂之地。蓋以鄉人自稱曰吾儂、我儂，稱他人曰渠儂，問人曰誰儂。（元高德基《平江記事》）

渠儂公子，你儂打渠，畢竟吃虧。（明陸人龍《型世言》二十七回）

"儂"的這些用法和己稱代詞同類，可用"身"替代。所以，我們認為，南方方言詞"儂"的本來意義是"人"，發展成了己稱代詞，在六朝多作自稱，也可以和其他稱人代詞連用；由於它是己稱代詞指稱三身，所以又被用指第二人稱，並保留在今吳方言中。而在有的方言中"儂"也作旁稱代詞指別人，則是由"儂"的"人"義和漢語通語中"人"的意義類化的結果。

遍指某一範圍之內的人物，漢語本來用名詞，如"眾""諸"和"等、曹、輩、儕、流"等，隨着漢語話題人物代詞的發展，統稱代詞出現了，它的主要形式是"大家"，後來又有了"大夥兒、大傢伙兒"等，最初也祇是敘述性的：

> 大家皆云：不還告身者，不留僧尼之謀樣。（唐圓仁《入唐求法巡禮行記》）
>
> 大夥兒說情，老太太還不依，何況是我一個人？（《紅樓夢》七十三回）
>
> 因這上頭，大家夥兒才商量着說，必得把這話先告訴你。（《兒女英雄傳》十九回）

後來也可用於直接的稱呼：

> 且待奴家先起。燒火、劈柴、打下水，且把鍋兒刷洗起。燒些臉湯洗一洗，梳個頭兒光光地。大家也是早起些，娶親的若來慌了腿！（《清平山堂話本·快嘴李翠蓮記》）

統稱代詞比起其他的稱人代詞來，產生得比較晚，至今還不夠成熟，它會有更進一步的發展。但現代漢語稱人代詞的系統，至此已經形成了。

（原載《古漢語研究》1999 年第 2 期）

# 從佛經材料看六朝時代的幾個三身稱謂詞

　　漢民族從來講究禮節，接人待物，要態度恭謙，開口稱呼，要禮敬對方，謙抑自己，所以，本來是中性的三身代詞，在對話中若使用不當，便會有不禮貌的意味。因此，漢語中除了有三身代詞指稱第一、二、三人稱外，還用一些其他詞語，主要是名詞、形容詞，作為三身稱謂詞指稱第一、二、三人稱，來適應這種交際禮節的需要。三身稱謂詞的禮貌意味主要體現在用詞的特殊性上，通過不同一般的稱呼來達到禮貌的目的。但是這樣的特殊稱呼廣泛使用之後，它的特殊性就轉化為普遍性，給人的特殊禮遇成了一般化的俗套，禮敬的意味便會大大減弱，甚至可能與三身代詞雷同，失去存在的價值。即使有些三身稱謂詞由於字面常用義有明顯的恭謙意味，能與三身代詞保持一定距離而長期使用，也會因為應用範圍擴大、使用頻率增高而削弱了原有的尊崇意味，促使人們另外再去尋找有特殊意味的詞作為三身稱謂，來滿足對人特殊禮敬的需要。因此，"此種禮貌式，歷代都有變更，都有新興形式"①，反映時俗風尚，具有時代特色，與三身代詞千年一貫的穩定性形成對比。本文主要依據佛經材料，討論六朝時期幾個三身稱謂詞。

　　鄙

　　第一人稱謙稱，始見於漢末佛經，可能是"鄙人"的簡略，多用於有地位、有身份的人（包括佛的高足弟子）對佛或尊長者自稱，以單數為常見，也有指複數的：

　　（1）世尊又曰："卿姓字何乎?"長者跪對曰："鄙字須達，侍養

---

① 王力：《漢語史稿》中冊，中華書局 1980 年版，第 277 頁。

孤老，供給衣食，國人稱我給孤獨氏。"（東漢·康孟詳、曇果《中本起經》，《大正藏》4—156/2）①

　　（2）時舍利弗以偈頌曰："樂慧聖大尊，久宣如是教……今鄙等懷疑，說道諸漏盡。"（西晉·竺法護《正法華經》，《大正藏》9—68/3）

　　（3）賢者須菩提、迦旃延、大迦葉、大目揵連等聽演大法，得未曾有、本所未聞……白世尊曰："……前者如來為鄙說法，已得於空……"（同上，9—80/1）

　　（4）太子至許，遺妃書曰："鄙雖頑愚，心念為善，欲盡忠孝之節，無有惡逆之心。"（《晉書·湣懷太子傳》）

　　（5）（王）顒謂光曰："前起兵欲作何策？"光正色答曰："但劉雍州不用鄙計，故令大王得有今日也。"（《晉書·張光傳》）

**奴**
第一人稱謙稱，敦煌變文中多用，但在六朝時已有用例，用於對尊貴者自稱：

　　（1）時有長者……來白王言："奴家多有金銀珍寶，恣王所用。"（舊題東吳·支謙《撰集百緣經》，《大正藏》4—207/2）

　　（2）（偷人）前白王言："願恕罪咎，聽奴出家。"（同上，4—244/1）

　　（3）虜群下於其主稱奴，獨中國稱臣也。（《宋書·魯爽傳》）

這個"奴"不是指自己的實際身份，祇表示謙抑。
**身**
本來是個反身稱代詞，表示"自己""本人"或"本身"的意思，可以單用，也可用在稱人詞語後（包括人名後）複指表示強調。"身"的這類用法源於先秦，但魏晉後用得更多、更廣：

① 本文引用佛經，均據《大正新修大藏經》，簡稱《大正藏》，譯經的年代和譯者，參考呂澂先生《新編漢文大藏經目錄》進行了甄別，各例後注明時代、譯者、經名和在《大正藏》中的卷、頁欄次，略去重複。

(1) 如有人過王所，財物悉沒，父母及身閉在牢獄。（東吳·支謙《大明度經》，《大正藏》8—504/1）

(2) 民之不善，咎在我身。（東吳·康僧會《六度集經》，《大正藏》3—2/1）

(3) 婆羅門言："我不用餘，欲得王身與我作奴，及王夫人為我作婢。"（同上，3—7/2）

(4) 令偷身長掃街路，久之乃令舉舊偷自代。（《南齊書·王敬則傳》）

"身"的這種用法再進一步，就可以單獨用來指稱某一人稱了（我們現在有時也用"自己"或"本人"代替"我、你、他"指稱某一人稱），其中多用來自稱。用"身"自稱可以避免直接用第一人稱代詞"吾、我"①，並且有強調說話人本身的作用。這種自稱沒有什麼謙下的含義，而多少有點高雅脫俗的味道，所以多出於有教養、有身份的人的口中：

(5) 融謂使者曰："冀罪止於身，二兒可得全不？"（《世說新語·言語》）

(6) 君非段中兵邪？身在此。（《宋書·武三王傳》）

有一種看法，認為"身"在六朝（或更早）時是一個第一人稱代詞②，但是，可稱第一人稱的詞語並不就是第一人稱代詞，與"身"同義的"己"在六朝時也有用來自稱的：

(7) 慕容氏謂侍婢曰："我聞忠臣不事二君，貞女不更二夫。段氏既遭無辜，己不能同死，豈復有心於重行哉！……"（《晉書·列女傳》）

_____

① 王力先生《漢語史稿》中冊，第 275 頁："漢族自古就以為用人稱代詞稱呼尊輩或平輩是一種沒有禮貌的行為。自稱為'余'、'我'之類也是不客氣的。"

② 呂叔湘先生《近代漢語指代詞》（10—12 頁）舉了許多"身"自稱的用例，並認為是第一人稱代詞。楊樹達先生《詞詮》、何融先生《談六朝時的幾個代詞》（載《中山大學學報》1961年第 4 期）、詹秀惠先生《〈世說新語〉語法探究》也都這麼認為。

（8）初，玄在宮中，恒覺不安，若為鬼神所擾，語其所親云："恐己當死，故與時競。"（《晉書·桓玄傳》）

用"己"自稱不如"身"常見，但也正反映了當時的風尚。正如現代用"自己"或"本人"指稱三身時並不限於第一人稱一樣，"己"和"身"在六朝也偶有指第二、三人稱的：

（9）（房氏）訓導一子，有母儀法度。緝所交遊有名勝者，則身具酒飯，有不及己者，輒屏臥不餐，須其悔謝乃食。（《魏書·列女傳》）

（10）割身存國，理為遠矣。但汝以我親，乃減己助國。（《魏書·彭城王傳》）

（11）太祖又問曰："卿祖父及身官悉歷何官？"（《魏書·李先傳》）

例（9）中"身"指房氏親自，"己"指其子緝，都是指第三人稱；例（10）中"己"與"身"同義，但"己"具體指"汝"，"身"泛指，無特定對象；例（11）中"卿祖父及身"等於說"卿祖父及卿（身）"，"身"指第二人稱。可見，"身"用作三身稱謂和"己"一樣，並不等於某一三身代詞，而是以它"本人""自己"的意思，依靠具體語境的幫助，暫時地取得某一人稱的資格，離開了具體的語境，儘管"身"還是"本人、自己"的意思，但它到底是指"我"還是"你、他"，有時就不好判定了，由此可能產生理解上的分歧。如：

（12）孟卯太息曰："……且王令三將軍為臣先，曰視卯如身，是重臣也。"（《呂氏春秋·應言》）高誘注："身，王身。"認為孟卯是轉述魏王的話，"身"指對話的魏王，第二人稱。楊樹達先生《詞詮》認為"身"是自稱人稱代名詞，即第一人稱，據楊樹達先生的分析，就該是孟卯援引魏王原話，標點當作"曰'視卯如身'，是重臣也"，兩種理解，大體意思相同，但"身"到底指哪一人稱呢？

從歷史上來看，"本人、自己"從先秦到唐代以後都是"身"的基本意義，現在成語中"以身作則、奮不顧身、身先士卒"等都用了"身"這一基本意義。六朝人好用"身"自稱，是利用"身"的"本人、本身"
一義，把它作為第一人稱稱謂詞使用，並沒有使它成為第一人稱代詞。

在漢語代詞系統中，"身"與"吾、我"有很大差別。自稱的"身"
不與"曹、輩、等、儕"一類名詞組合，祇表單數不指複數，與"吾、
我"不同，跟"爾、汝"也沒有明顯對應的共同特徵，祇是一個與三身代
詞關係密切的反身代詞。《爾雅·釋詁》中用"我"釋"身"，是因為
"我"有"自己"一義，如先秦楊子主張"為我"，實即為己，現代人說
"忘我"也是忘了自己的意思。至於《釋詁》中用"身"解釋"朕、余"
這兩個第一人稱代詞，就同現代一些詞典中用"自己"解釋"我"一樣，
也不足以證明"身"是第一人稱代詞。正因為"身"不是一個第一人稱代
詞，所以自稱的"身"祇流行一時就被淘汰了——而漢語中其他的三身代
詞都不是這樣曇花一現，而要穩定得多。

尊

第二人稱敬稱，用來稱尊長者，在佛經和六朝其他典籍中都有出現：

（1）叉手白佛言："願尊及比丘僧從我家飯七日。"（東吳·支謙
《義足經》，《大正藏》4—176/3）

（2）太子稽首泣涕（對父王）曰："不敢替尊誨。"（東吳·康僧
會《六度集經》，《大正藏》3—18/1）

（3）尊為我大師，我是尊弟子。（北涼·曇無讖《佛所行贊》，
《大正藏》4—33/3）

（4）問父曰："劉尹語何如尊？"（《世說新語·品藻》）

"尊"主要用來稱呼佛祖、仙人、帝王、父母、師長等，隨着"尊"
的普遍運用，也可以用來稱一般的比丘，或妻妾稱夫主，它的尊崇意味有
所減弱：

（5）妻復白曰："尊若能得者，我有活望，若不得者，必死無
疑。"（東晉·瞿曇僧伽提婆《中阿含經》，《大正藏》1—533/2）

（6）彼時婦人於電光中遙見比丘，謂為是鬼。見已驚怖，身毛皆
豎，失聲大呼，即便墮娠，而作是語："尊是鬼，尊是鬼！"（同上，

1—741/2）

（7）皆曰："尊若不諱，妾請效死。"（《晉書·列女傳》）

## 仁

第二人稱敬稱，可能是"仁者"的簡略。用"仁者"稱呼人，在漢魏時很常見：

（1）提無離則問："仁者已得是三昧……"（舊題東漢·支讖《伅真陀羅所問如來三昧經》，《大正藏》15—354/2）

（2）策曰："昔韓信定計於廣武，今策決疑於仁者，君何辭焉?"（《三國志·吳志·太史慈傳》注引《吳歷》）

在佛經中，"仁"常用來稱呼有道行或有地位的人，不拘男女，也可指複數：

（3）（四美人謂彌蘭）妾等四人，給仁使役，晚息夙興，惟命所之，願無他遊。（東吳·康僧會《六度集經》，《大正藏》3—21/1）

（4）兒語目連及舍利弗："願以我聲因請世尊、諸菩薩僧並及仁等。"（失譯，一說康僧會《舊雜譬喻經》，《大正藏》4—522/2）

（5）（五百貴比丘尼）白微妙曰："我等纏綿，系著淫欲不能自拔。今蒙仁恩導，得度生死。"（元魏·慧覺《賢愚經》，《大正藏》4—368/3）

"仁"的禮敬意味比"尊"少些，所以不用於稱呼特別尊崇的對象。另外，這種用法的"仁"在漢魏六朝祇見於佛經中，在當時的其他典籍中未有發現，很可能是個祇用於佛教徒之間的稱謂詞，甚至祇是一個用於譯經書面語的稱謂詞，唐宋時期，它才出現在世俗文獻中。

## 卿

六朝時運用十分普遍的第二人稱稱謂詞。"卿"本是官名，這一官位，在多數人面前是顯貴的，但對帝王公侯卻是卑下的，作為稱謂詞的"卿"意義也具有兩重性，一方面它有抬高（禮敬）對方的含義，另一方面它並

無絕對尊崇對方的意味,因此主要用於稱呼身份與自己相當或較低下的人,比"爾、汝"略具客氣或禮貌意味,可以稱自己敬重的人:

(1) 主人大驚,號曰:"……大恩久不報,天以此章卿德耳。"(《後漢書‧獨行傳》)

(2) 孫楚雅敬濟,而後來,哭之甚悲,賓客莫不垂涕。哭畢,向靈床曰:"卿常好我作驢鳴,我為卿作之。"(《晉書‧王濟傳》)

如果交談雙方不強調彼此在年齡、身份、地位等方面的差別,年幼卑下者也可以稱年長尊貴者為"卿":

(3) 三摩竭(太子之妻)告王、夫人、太子:"皆隨我後。今諸羅漢當先來至,佛在最後。卿曹慎莫驚怖,隨我所為。"(東吳‧竺律炎《三摩竭經》,《大正藏》2—844/3)

(4) 比丘問天帝:"卿等天上盡何所為?"(失譯,一說支讖《雜譬喻經》,《大正藏》4—500/1)

(5) 阮裕嘗戲之(指宰相何充)曰:"卿志大宇宙,勇邁終古。"(《晉書‧何充傳》)

由於"卿"的普遍使用,成為一個與第二人稱代詞"爾、汝"差不多的稱謂詞,有時用"卿"稱人,並無給對方特殊禮遇的意思,祇是說話人在習慣上不想用"爾、汝"稱人,以顯示自己知禮或不那麼粗俗而已。例如:

(6) 太子曰:"……蒺藜礫石,非卿所堪……"妻曰:"太子佈施,睹世稀有,當卒弘誓,慎無倦矣。百千萬世,無人如卿……"(東吳‧康僧會《六度集經》3—8/3)

(7) 女言:"我有重誓,願先見童子,還為卿婦。"(失譯,一說康僧會《舊雜譬喻經》,《大正藏》—515/2)

(8) 所欣釋子尋罵眾賢,出粗獷辭:"卿等無智,擾擾搖動,不能自安……"(西晉‧竺法護《生經》,《大正藏》3—80/2)

(9) 大司農楊音按劍罵曰:"諸卿皆老傭也!"(《後漢書‧劉盆子傳》)

（10）（嬀）憲與預書戒之曰："諺云'忍辱至三公'，卿今可謂辱矣，能忍之，公是卿坐。"（《晉書·列女傳》）

有人認為"卿"有親昵的含義，特別是妻稱夫為"卿"。在上述引例中，"卿"不僅可以用於夫妻、兄弟互稱，還可以用於叔嬀稱侄兒，嬀子與侄兒的談話，恐怕不該是親昵的吧？至於陌生男女之間用"卿"互稱，更不可能有親昵的含義。"卿"還用來稱呼囚犯、敵賊、盜劫等，甚至罵人也稱"卿"，可見"卿"並沒有專門表示親熱的含義，祇是一個比較隨便又略帶客氣的稱謂詞。由於"卿"的運用十分廣泛，男女老幼、尊貴卑賤都在使用，所以流於一般化，沒有特殊禮遇的意味，在需要講究禮節的時候，稱人為"卿"就被認為是不講禮貌：

（11）時五比丘呼我姓字及卿於我，我語彼曰："五比丘，我如來無所著正盡覺，汝等莫稱我本姓字，亦莫卿我。"（東晉·僧伽提婆《中阿含經》，《大正藏》1—777/3）

（12）王安豐婦常卿安豐。安豐曰："婦人卿婿，於禮為不敬，後勿復爾。"婦曰："親卿愛卿，是以卿卿；我不卿卿，誰當卿卿？"遂恒聽之。（《世說新語·惑溺》）

（13）（陸慧曉）未嘗卿士大夫，或問其故，慧曉曰："貴人不可卿，而賤者可卿。人生何容立輕重於懷抱！"終身常呼人位。（《南齊書·陸慧曉傳》）

社會場合中，朋友之間可以隨便稱呼，而對尊貴者或沒有交情的人要講客套以保持距離，因此，隨便用"卿"稱人可能被認為是唐突、怠慢，會引起反感。大家閨門之內，按禮法夫妻要相敬如賓，所以王安豐不讓妻子用"卿"稱他，可是王妻卻認為夫妻相親相愛，不要客套。"卿卿"一語後人以為男女之間昵稱，但在王妻口中並不具備這一含義（參例12）。應該肯定，關係親密的人之間可以隨便，不拘禮節，但不能反過來認為隨隨便便不拘禮節就是親熱的表示。在講禮講得迂腐的陸慧曉那裡，凡有官位的都不稱"卿"，就是因為用"卿"稱人過於隨便，不夠恭敬有禮。"卿"接近於"爾、汝"，用在無須行大禮講尊卑客套的場合，有時與

"爾、汝"沒什麼區別,但它到底還是一個帶一點客氣意味的稱謂詞,在六朝,用"爾、汝"稱人是更不客氣的:

> (14) 晉武帝問孫皓:"聞南人好作爾汝歌,頗能為不?"皓正飲酒,因舉觴勸帝而言曰:"昔與汝為鄰,今與汝為臣,上汝一杯酒,令汝萬壽春。"帝悔之。(《世說新語·排調》)

"爾、汝"毫無客氣意味,因此在講究禮節的場合稱人被認為具有侮辱性,而"卿"祇是一種隨便的稱呼,被認為是怠慢,它們是有所區別的。等到"卿"和"爾、汝"完全混同的時候,"卿"作為稱謂詞就失去了存在的價值了。

## 子

在漢末魏晉的佛經中,"子"可以指稱第三人稱,這個指稱第三人稱的"子"與產生於先秦的第二人稱稱謂詞"子"沒有直接的淵源關係,它所稱的對象多是卑下鄙陋者,可能是"是子"或"此子"的簡略,但可以兼指複數:

> (1) 我見流水,有一人而持一木作橋。我念子之所作甚何小矣,等作,可以廣大。所以者何?欲令一切悉可得度過。(舊題東漢·支讖《文殊師利問菩薩署經》,《大正藏》14—440/2)
>
> (2) 時持和夷鐵便飛於虛空,見炎炯然可畏,但使梵志等見耳。適現,子曹便大恐怖戰慄,衣毛皆豎,各各走。(東吳·支謙《義足經》,《大正藏》4—181/2)
>
> (3) 有客比丘來,應次受房舍。時知房舍比丘與客比丘先有嫌,便作是念:"我今得子,當與破房,令其必死。"(東晉·佛陀跋陀羅、法顯《摩訶僧祇律》,《大正藏》22—257/1)

"子"的這種用法祇見於翻譯佛經中,可能與當時漢語缺乏一個真正的第三人稱代詞有關,南北朝時就很少這類用例了。

(原載《中國語文》1990 年第 2 期。又載《中古漢語研究》,商務印書館 2000 年版,第 358—367 頁)

# 從早期佛經材料看古代漢語中的兩種疑問詞"為"

疑問詞"為"的詞性、意義和來源，有一段時間引起過熱烈的討論，眾說紛紜。本文以漢魏六朝佛經材料為主要依據，聯繫先秦以來的其他典籍中有關用例，力求對疑問詞"為"進行徹底的探究，來找到一個合理的解釋。

疑問詞"為"來源於固定詞組"何為"，可以分成兩類：一類產生於先秦，是語助；另一類產生於漢代，是疑問代詞。

## 一　語助"為"

"何為"是一個表疑問的固定詞組，詢問原因和目的，可以用在句末或句中：

> 師無成命，多備何為？（《左傳·宣公十三年》）
> 當在宋也，予將有遠行。行者必以贐，辭曰"饋贐"，予何為不受？（《孟子·公孫丑下》）

在先秦，用於反詰的"何為"跟介詞"以"結合後發生分離，形成"何以……為"句，意義與"以……何為"相當：

> 君子質而已矣，何以文為？（《論語·顏淵》）
> 蜩與學鳩笑之曰："我決起而飛，搶榆枋，時則不至，而控於地而已矣，奚以之九萬里而南為？"（《莊子·逍遙遊》）

"奚以"與"何以"同義。六朝時多用介詞"用"代替"以"，作

"何用……為":

  我今此身為諸龍王，若不能護，何用王為？（東吳·支謙譯《菩薩本緣經》卷下，《大正藏》3—68/3）

  何用是雜碎戒為？（姚秦·弗若多羅譯《十誦律》卷十，《大正藏》23—74/3）

  何用於孫陀河中洗浴為？（劉宋·求那跋陀羅譯《雜阿含經》卷四十四，《大正藏》2—321/1）

"何以（用）……為"句中，介詞賓語可以承前省略，作"何以為"（何用為）：

  且三代之亡，共子之廢，皆是物也。女何以為哉？（《左傳·昭公二十八年》）

  誦《詩》三百，授之以政，不達；使於四方，不能專對。雖多，亦奚以為？（《論語·子路》）

  天上惡之劇，於是地上尚憎惡之，天上何用為哉？（《太平經》卷一一七）

  大臣更遣使語跋難陀言："我先遣使送衣價與汝，竟不著我衣，何用為？今可送來。"（姚秦·佛陀耶舍共竺佛念譯《四分律》卷七，《大正藏》22—612/3）

  載是水草，竟何用為？近在前頭有好水草。（元魏·吉迦夜、曇曜譯《雜寶藏經》卷三，《大正藏》4—465/3）

  欲難得易壞如電，何用為？（元魏·瞿曇般若流支譯《正法念處經》卷四十六，《大正藏》17—271/2）

  汝雖窮榮極盛，光耀世間，汝何用為？（《北史·宇文護傳》）

"何以（用）……為"句中如果中間介入一個動詞，就排斥介詞"以"（用）形成"何……為"句：

  許由曰："而奚來為軹？"（《莊子·大宗師》）

由之者治，不由者亂，何疑為？（《荀子·成相》）

今以困苦，來見投造，一身孤單，竟何能為？（元魏·吉迦夜、曇曜譯《雜寶藏經》卷十，《大正藏》，4—499/1）

汝自獨往，何煩教他為？（劉宋·求那跋陀羅譯《雜阿含經》卷九，《大正藏》2—59/1）

在古漢語中，"何"本來就可以單獨問原因或目的，這使得"何……為"等句句末的"為"在表意方面處於可有可無的地位，"何以……為"句中本來不屬同一層次的"何以"在運用中被理解為介賓關係：

比丘便謂浣衣者言："何以高聲大喚？"浣衣者言："今我失衣，何以問我高聲喚為？"（東晉·佛陀跋陀羅共法顯譯《摩訶僧祇律》卷三，《大正藏》22—242/1）

何用如是久受苦為？……何用久受如是病苦而不自殺？（同上卷二，《大正藏》22—8/1）

何以樂父死為？（蕭齊·僧伽跋陀羅譯《善見律毗婆沙》卷十一，《大正藏》24—752/3）

"何以……為"中的"何以"，也可換用同義的"何故、何為、何須"等：

何故深思高舉自令放為？（《楚辭·漁父》）

王性妒害，惡心內發，便問道人："何故誘他妓女著此坐為？卿是何人？"（東漢·康孟詳共曇果譯《中本起經》卷上，《大正藏》4—148/3）

合皮可食，何故使我盡剝皮為？（東晉·佛陀跋陀羅共法顯譯《摩訶僧祇律》卷三十一，《大正藏》22—478/2）

汝但食果，何故棄地、復持來為？（同上，22—478/1）

兩君合好，夷狄之民何為來為？（《穀梁傳·定公十年》）

汝何為供養以花散是臺為？（西晉·無羅叉譯《放光般若經》卷二十，《大正藏》8—144/2）

卿為棄人，何為不自引罪穢，重坐此座為？（西晉·法炬譯《法

海經》，《大正藏》1—818/2）

　　卿等何為嚴飾兵杖、懷怒害心、苦戰諍為？（姚秦·佛陀耶舍譯
《長阿含經》卷二十一，《大正藏》1—142/1）

　　何須婆羅門作字為？此兒生日，多眾惡事出，即字之為惡行。（姚
秦·佛陀耶舍共竺佛念譯《四分律》卷四十六，《大正藏》22—911/2）

　　何須便爾自毀修梵行為？（同上卷四十九，《大正藏》22—929/1）

　　一衣便足，何須多為？（劉宋·佛陀什譯《五分律》卷四，《大正
藏》22—23/3）

　　何須我為？（同上卷二十六，《大正藏》22—170/3）

　　時大摩訶羅亦被驅逐，共歸房內，問小伴言："何以憂苦?"答
言："何須問為?"（梁·僧旻共寶唱撰《經律異相》卷十九）


　　把反詰句中的疑問代詞改成否定副詞，可以使疑問句變成陳述句，如
《詩·豳風·七月》"無衣無褐，何以卒歲"可以說成"無以卒歲"，《左
傳·昭公七年》"禮，人之幹也；無禮無以立"可以說成"無禮，何以
立"，把這種簡單的對換關係套用在"何以……為、何以為、何……為"
句中，產生了相應的否定句"無以……為、無以為、無……為"：


　　叔孫武毀仲尼。子貢曰："無以為也！仲尼不可毀也。"（《論語·
子張》）

　　揆吾家，苟可以僇劑貌辨者，吾無辭為也！（《呂氏春秋·知士》
高誘注："揆度吾家，誠可以足劑貌辨者，吾不辭也。"）

　　人臣之議或曰：皇太子亡以知事為也。（《漢書·晁錯傳》顏師古
注："言何用知事。"）


　　六朝時期，這類否定句多用"不"：


　　（四姓欲害養子，反殺親子）又生毒念曰："吾無嗣已，不以斯子
為，必欲殺之。"（東吳·康僧會譯《六度集經》卷五，《大正藏》
3—26/1）

　　夫人言："王不為說者，當自殺耳！"王言："汝能自殺，善。我

宮中多有婦女，不用汝為。"（舊題康僧會《舊雜譬喻經》卷上，《大正藏》4—514/3）

　　王言："我自有金銀寶物，不須是為，但欲見童子身耳。"（東晉·佛陀跋陀羅共法顯譯《摩訶僧祇律》卷三十，《大正藏》22—481/2）

　　總之，語助"為"就用在上述十種句式中，可以把它們分為二組：

（一）何以……為：（1）何以為、何……為。（2）何故……為、何為……為、何須……為。

（二）無（不）以……為、無以為、無（不）……為。

　　其中，第一組（1）"為"虛化為語助的開始，從來源看，其中的"為"是有實在意義的，但從發展的趨向來看，原來詞組"何為"的意義主要由"何"承擔了，"為"在句末處於依附的地位，與"何"若即若離。因此，在句式轉換中，"何以"或"何"與其他成分對換，使"為"失去了原有的依託，形成了後兩組句式。儘管這樣，這個"為"仍然有它的存在價值，它是這些有共同來源句式的一個標記。因此，語助"為"與其他語助不同，它的主要作用不是表示某種語氣，而是表示一種否定的態度，這種態度通過反詰或否定陳述兩種語氣來表示。語助"為"是一系列自然的句式演化中無意地產生的一個多餘成分，它緊緊地依附於這些固定句式，不能用到其他來源的句子中去。

## 二　疑問代詞"為"

　　漢代以後，產生了由"何為"直接簡略而成的疑問代詞"為"，形成"……為"句：

　　帝曰："今故告之，反怒為？殊不可曉也。"（《漢書·趙后傳》顏師古注："故以許美人產子告汝，何為反怒？"）

　　紹慚，左右使人牽（陳容）出，謂曰："汝非臧洪儔，空復爾為？"（《三國志·魏書·臧洪傳》）

　　其年，帝寢疾，欲以燕王宇為大將軍，及領軍將軍夏侯獻、武衛將軍曹爽、屯騎將軍秦朗共輔政。宇性恭良，陳誠固辭。帝引見放、資，入臥內，問曰："燕王正爾為？"放、資對曰："燕王實自知不堪

大任故耳。"（同上《劉放傳》）

　　汝不當來歸於家，好坐食美飯耶？而反於是間止，食臭豆羹滓為？（東吳・支謙譯《賴吒和羅陀經》，《大正藏》1—870/1）

　　王曰："龍等來為？"對曰："天王仁惠接臣等。王欲以貴女為吾王妃，故遣臣等來迎。"（東吳・康僧會譯《六度集經》卷五，《大正藏》3—29/1）

　　於是諸佛告諸侍者："諸族姓子，汝等默然，專問是為？此非聲聞緣覺之地所能及者。"（西晉・竺法護譯《如幻三昧經》卷上，《大正藏》12—135/1）

　　汝死當共死，汝無我活為？寧使我身死，不能無汝存。（姚秦・佛陀耶舍譯《長阿含經》卷十，《大正藏》1—63/1）

　　比店人見，語言："汝賣店上物不得活耶，乃復作販缽人為？"（劉宋・佛陀什譯《五分律》卷十二，《大正藏》22—83/3）

**與此相應，"以（用）……何為"句簡略作"以（用）……為"：**

　　今我入山，當用寶衣為？世間癡人，皆為財所危。（東漢・康孟詳共竺大力譯《修行本起經》卷下，《大正藏》3—469/1）

　　須賴復言："我自有蘊衣，著之甚悅，當用是憂衣為？"（曹魏・白延譯《須賴經》，《大正藏》12—55/2）

　　時有青衣出汲水，開士問曰："爾以水為？"答曰："給王女浴。"（東吳・康僧會譯《六度集經》卷八，《大正藏》3—46/1）

　　若徒守江東，修崇寬政，兵自足用，復用多為？顧坐自守可陋耳。（《三國志・吳書・吳主傳》）

　　是我導師，依怙如天，而棄我去，用復活為？（西晉・竺法護譯《普耀經》卷四，《大正藏》3—508/1）

　　佛言："止，止。用論此為？"（姚秦・佛陀耶舍譯《長阿含經》卷四，《大正藏》1—25/1）

　　汝欲持是缽居瓦肆耶，用爾許缽為？（東晉・佛陀跋陀羅共法顯譯《摩訶僧祇律》卷三十七，《大正藏》22—525/2）

　　此女端嚴，姿容可愛。汝等且觀，用聽法為？（姚秦・鳩摩羅什

譯《大莊嚴論經》卷四,《大正藏》4—277/1)

　　子言:"我今望得現世安樂、後世安樂。不用我語,用是活為?"(元魏·吉迦夜、曇曜譯《雜寶藏經》卷七,《大正藏》4—481/2)

　　又問:若無所得,用受記為?(陳·月婆首那譯《勝天王般若波羅蜜經》卷五,《大正藏》8—711/2)

　　三千世界毒滿中,世尊觀之無怖畏。三毒可畏彼滅盡,我等還宮用鬥為?(隋·闍那崛多譯《佛本行集經》卷二十七,《大正藏》3—780/1)

疑問代詞"為"用在句中作狀語或緊接主語的謂語,形成"為……"句,相當於"何為……":

　　(天化作婆羅門,乞王身及夫人作奴)王言:"我已許之作奴,未許卿耳。"時夫人言:"王為相棄,獨自得便,不念度我?"(東吳·康僧會譯《六度集經》卷二,《大正藏》3—7/2)

　　王聞哀聲,下馬問曰:"爾為深山乎?"答曰:"吾將二親,處斯山中,除世眾穢,學進道志。"(同上卷五,《大正藏》3—24/3)

　　曰:"獸跡歷茲而云不見。王勢自在,為不能戮爾乎?"(同上,《大正藏》3—25/2)

　　王號制勝,行國嚴界,睹女疲息,問:"爾何人,為道側乎?"(同上卷八,《大正藏》3—48/1)

　　佛未周旋,人坐跡旁,悲思淚出。道路行者來問此人:"為持果坐此悲耶?"(舊題康僧會譯《舊雜譬喻經》卷下,《大正藏》4—521/2)

　　見將吏多在吉許,策因此激怒,言:"我為不如吉耶?而先趨附之!"(《搜神記》卷一)

　　府君問主者:"禮(人名)壽命應盡?為頓奪其命?"校錄籍,餘第八年。(《幽明錄》)

　　許玄度出都,詣劉真長——先不識,至便造之。一面留連,摽劉貴略無造謁,遂九日十一詣許。語曰:"卿為不去?家將成輕薄京尹。"(《裴子語林》)

魏晉以後,產生了用疑問代詞"為"組成的詞組"用為"和"若為"。"用為"見於佛經，有用在動詞前的"用為……"句：

　　天帝釋復化，持真珠價直數億，詣須賴言："我與人爭訟，事聞國王，竊引仁者為證，願以此珠相上，幸助一言。"須賴答言："用為說此？是我所長，終不敢欺。"（曹魏‧白延譯《須賴經》），《大正藏》12—53/1）

　　如是，用為問母？（舊題支謙譯《佛開解梵志阿颰經》，《大正藏》1—260/2）

　　有一婆羅門往入閒居寂寞之處，見有神仙，多所博愛。或有人說："今此仙人，往古難反，當往啟受。"有人報言："用為見此養身滿腹之種？"（西晉‧竺法護譯《生經》卷五，《大正藏》3—103/1）

　　善男子，用為學此般若波羅蜜？用為學此禪波羅蜜、惟逮波羅蜜、羼波羅蜜、尸波羅蜜、檀波羅蜜？何為奉行？（西晉‧竺法護譯《光贊經》卷四，《大正藏》8—177/1）

　　（菩薩）而告魔曰："且止，波旬。用為興發如斯色像無益之事，而懷瞋毒，還自危身，長夜不安？"（西晉‧竺法護譯《蜜跡金剛力士會》卷四，《大正藏》11—63/3）

　　佛告迦葉："用為專心而問此誼？"（西晉‧竺法護《如幻三昧經》卷上，《大正藏》12—136/2）

　　或有人言："此兒無聲，用為育養？"（西晉‧竺法護《無言童子經》卷上，《大正藏》13—522/3）

　　聰明者言："我自不好，亦不以彼。用為不好？由我前身不造功德，致使今者受此賤身。"（姚秦‧鳩摩羅什譯《大莊嚴論經》卷六，《大正藏》4—289/2）

　　天王化作男子，謂彼女曰："且止且止，用為發是遊逸之心？"（梁‧僧旻共寶唱撰《經律異相》卷十）

"用為"也可以用於句末（動詞後），作"……用為"句：

　　時六群比丘所至村落，見酪乳酥、魚肉脯，輒乞自入。諸長者見，自相謂言："此沙門釋子大乞魚肉脯用為？"（苻秦‧竺佛念《鼻

奈耶》卷八,《大正藏》24—885/1)

譬如有人立梯空地,餘人問言:"立梯用為?"(姚秦·佛陀耶舍譯《長阿含經》卷十六,《大正藏》1—105/3)

蛇復現形,喚言:"咄,人,可來近我。"人答蛇言:"汝身毒惡,喚我用為?我若近汝,儻為傷害。"(元魏·慧覺譯《賢愚經》卷三,《大正藏》4—369/2)

王更出遊,見諸人民紡績經織,王復問言:"作此用為?"……王更出遊,見此群黎修治樂器,王因問言:"作此何為?"(同上卷十三,《大正藏》4—440/1)

"若為"未見於這一時期的佛經,但在其他典籍中有不少用例,有"若為……"句:

又問曰:"後當若為死?"答曰:"為人作屋,落地死。"(《幽明錄》)

帝曰:"將安朕何所,復若為而去?"(《魏書·孝靜帝紀》)

僧遠問僧紹:"天子若來,居士若為相對?"(《南齊書·高逸傳》)

兄在城中弟在外,弓無弦。箭無栝,食糧乏盡若為活?救我來,救我來!(《隔穀歌》)

也有把"若為"用於句末的"……若為"句:

可憐誰家郎,緣流乘素舸。但問情若為,月就雲中墮。(劉宋·謝靈運《東陽溪中贈答二首》)

人居貴要,但問心若為耳。(《宋書·王景文傳》)

空中自迷惑,渠傍會不知。懸念猶如此,得時應若為?(元魏·蕭綜《車中見美人詩》)

歸結起來,疑問代詞"為"也可以分成三組:

(一)……為、以(用)……為。

(二)為……

（三）用為……、……用為、若為……、……若為。

日本學者太田辰夫先生《中古（魏晉南北朝）漢語的特殊疑問形式》（載《中國語文》1987 年第 6 期）認為，"以……為"句是"何以……為"句省去了"何"，"……為"句則是"何以……為"句省去了"何"和"以"。太田先生沒有注意到"為……"句，而事實上，"何以……為"句也無法跟"為……"句聯繫在一起。我們認為，這裡的"為"是"何為"的簡略，"為……"和"……為"句分別來源於"何為……"和"……何為"句，"以……為"句則來源於像《漢書·終軍傳》裡"以此何為"這樣的句子，由於說話人說話太快或貪圖省力，把"何為"一語中表示疑問指代的"何"脫落了，用"為"來表示疑問指代。這種解釋，與隋唐以後的人對這類"為"的理解也是一致的，這我們還要在下文討論。關於"用為"和"若為"的結構和來源，太田先生推測"用為"可能由"用……為"緊合而成，有學者認為"若為"是疑問代詞"若"和動詞"為"的組合。"若為"出現的時間較晚，在此之前，偶有把"若"用同"那"或"如"問處所的（參拙文《漢魏六朝的疑問代詞"那"及其他》，載《古漢語研究》1989 年第 3 期），但未見其他用"若"表示疑問指示的用例，並且，漢魏以後疑問代詞前置這一上古語法規則已經不起作用，而漢魏時單獨表示疑問指代的"為"廣泛使用，因此，把"用為"和"若為"理解成賓語後置的介賓詞組可能要接近實際些。在《五燈會元》中，出現了與"若為"同義的"若何為"（例見下文）也可作佐證。"用為"和"何為"詞序相反，而用法和意義卻完全一樣；"若為"受"用為"的影響產生，意義與"何為"或"用為"並不一樣，但用法卻還是一致的，祇能作狀語或謂語。總之，疑問代詞"為"的來源與語助"為"沒有直接關係，它可以在句中、句末或組成詞組表示疑問指代。詞組"用為"與"何用為"不同，"何用為"是一個省略中介成分的凝固結構，它祇能作謂語，有高度的獨立性；"用為"則相反，它根本不能單獨成句，必須與其他成分結合組成句子。"用為"意思是"用何"，"若為"意思是"若何"，"為"在這裡與"何"一樣，是疑問代詞。

## 三 語助"為"和疑問代詞"為"的混同

由於語助"為"和疑問代詞"為"都來源於"何為"，所以這兩個詞組成的句子在表意上有高度的相似性，像"何以（用）……為"和"用……為"、"何……為"和"……為"都是同義形式，因此，東晉以後，這兩個"為"互相影響，產生了一種複合的反詰問句：

其中喜者便語之言："何不正作，徒用此為？"（劉宋·佛陀什譯《五分律》卷二，《大正藏》22—11/1）

此等如醫、如醫弟子，何不求道療生死病，而反營此世俗事為？（同上卷十四，《大正藏》22—95/1）

諸白衣言："大師，彼有僧房，何不住中，而來此為？"（同上卷二十五，《大正藏》22—168/3）

時諸比丘學書，諸白衣譏言："沙門釋子何不勤讀誦，用學書為？"（同上卷二十六，《大正藏》22—174/1）

師問之曰："汝何以不得瓦師將來，用是驢為？"（蕭齊·求那毗地譯《百喻經》卷二，《大正藏》4—547/3）

我自收不戰之功，何不可而強阻為？（清·李遜之《三朝野記》卷二）

這種句末的"為"可以理解成語助，略去不用，如：

何用久受如是病苦而不自殺？（劉宋·佛陀什譯《五分律》卷二，《大正藏》4—491/3）

也可以把句末的"為"理解成疑問代詞，還原為"何為"，如：

兄嗔弟言："何不墾殖，來此何為？"（元魏·吉迦夜、曇曜譯《雜寶藏經》卷九，《大正藏》4—491/3）

這樣的理解影響後人，把本來是單句的"何……為"解釋成由兩個反詰句組成的複合句：

奚以之九萬里而南為？（《莊子·逍遙游》，成玄英疏："何須時經六月，途遙九萬，跋涉辛苦，南適胡為！"）

汝又何帛以治天下感予之心為？（《莊子·應帝王》，成玄英疏：
"有何帛術，輒欲治之？感動我心，何為如此？"）

用"何為"代替句末的"為"在東晉以後很普遍：

陛下用教臣何為？（《晉書·苻堅載記》）

今日用活何為？（《宋書·二凶傳》）

時彼國王，本有癩病，醫方咒術，不能令差。王便怒曰："用醫
何為？"（北涼·法盛譯《菩薩投身飴餓虎起塔因緣》，《大正藏》3—
425/1）

不念行道以及報信施，績縷何為？（劉宋·佛陀什譯《五分律》
卷十四，《大正藏》22—96/2）

我不用此何為？佛於我無益。（蕭齊·僧伽跋陀羅譯《善見律毗
婆沙》卷七，《大正藏》24—720/1）

若至所立義已就，用因何為？……立義已成就，復何用因為？
（陳·真諦譯《如實論》，《大正藏》32—31/3）

咄哉，我今獨用此活知復何為？（隋·闍那崛多譯《佛本行集經》
卷二十五，《大正藏》3—768/1）

在北齊顏之推《顏氏家訓·書證》中記載了一首當時流行的古樂府
《百里奚詞》：

百里奚，五羊皮。憶別時，烹伏雌，吹扊扅。今日富貴忘我為？

在清光緒四年竹秋氏的章回小說《紅閨春夢》第十一回中，這首歌詞
被藝人改編成彈詞：

百里奚，五羊皮，你做高官我浣衣！可記得臨動身時那一日，我
代你餞行烹伏雌？可憐家中尋不出多柴草，燒卻前門破扊扅。百里奚
呀百里奚！你富貴忘我卻何為？

把"忘我為"譯成"忘我卻何為"。與此相應，"若為"也有說成
"若何為"的：

　　借問東村白頭老，吉凶未兆若何為？（南宋·普濟《五燈會元》
卷十四）

　　人來問我若何為，吃粥吃飯洗缽盂。莫管他，莫管他，終日癡憨
弄海沙。（同上卷十九）

另一方面，"用……為"句被復原成"用……何為"，又與"何以……
為""無以……為"一樣，可以省略中介成分作"用何為"或"以何為"：

　　眾人問言："汝剃髮欲得何物？"答言："我須米、豆、酥油、石
蜜。""汝用何為？"答言："明日世尊至，當作種種粥。"（東晉·佛陀
跋陀羅共法顯譯《摩訶僧祇律》卷二十九，《大正藏》22—463/3）

　　時長者姊手自作餅，忽見賓頭盧，便低頭閉目，賓頭盧亦一心視
缽。便語言："決不與汝。一心視缽，欲以何為？"（劉宋·佛陀什譯
《五分律》卷二十六，《大正藏》22—170/2）

　　王續問之："是小女輩，復用何為？"（元魏·慧覺譯《賢愚經》
卷十二，《大正藏》4—430/3）

唐代以後，兩種"為"都從口語中消失，但語助"為"是一個產生於
先秦的文言詞，所以一直保存在後代的文言中，疑問代詞"為"產生於文
言已經形成之後的漢代，所以被排斥在正規的文言之外，很少使用，主要
殘存於"若為"一語中，而"若為"在唐代以後又簡略成"若"，這在張
相先生《詩詞曲語辭匯釋》卷一中有許多實例，本文不再贅述。

（原載《四川大學學報》1991 年第 4 期）

# 漢魏佛經裡的"那中"

梅祖麟先生《關於近代漢語指代詞》（載《中國語文》1986 年第 6 期）一文提到，荷蘭佛學家朱赫根據東漢支讖翻譯的《文殊師利問菩薩署經》中"那"字的一個用例，認為漢語遠指代詞"那"在東漢已經出現。梅先生否定了這種說法。遠指代詞"那"出現在東漢的說法確實是不對的，因為那時的"那"並不是指示代詞，而是一個介詞。現在來看看有關注解。《爾雅·釋詁上》："那，於也。"郝懿行疏："那者，《越語》云：'吳人之那不穀。'韋昭注：'那，於也。'《廣韻》云：'那，何也、都也、於也。'"介詞"那"在文獻中很少見，我們在東漢支讖譯的佛經裡發現了三例，又在舊題支讖實為竺法護譯的佛經中發現一例，都用於"那中"一語：

（1）我到市，於道中央失墮，錢散在地，以聚欲取訖。以仰頭上視，怛薩阿竭身有三十二相諸種好問我："作何等？"我言："拾地所失錢。"其佛言："是不為難。若當拾五道生死一切人，亦不那中作數，亦不想是，乃為難。"（文殊師利問菩薩署經，《大正藏》，卷十四，438 頁）

（2）其佛言："有名諸法，甚深無有底，其水甚美，於是浴者悉得淨潔。若欲浴者當於中浴，眾邪惡可以消除，浴已諸天人及一切皆得安隱，便以法教化無所不遍。所以者何？諸過去佛悉那中浴，是故現瑞應。"（同上，440 頁）

（3）焰明菩薩言："以功德慧心為眼，清淨所視，色無有惡，聲香味細滑法亦復如是，以淨於六事。何謂六？眼、耳、鼻、口、身、意。諸所可者不那中作樂，用心淨故，所視人欲令悉入佛法……"

（同上，阿闍世王經，《大正藏》，卷十五，390頁）

（4）願佛為我說諸佛國功德，我當奉持，當那中住，取願作佛國亦如是。（西晉·竺法護譯：無量清淨平等覺經，《大正藏》，卷十二，280頁）

例（2）即朱赫先生所引的例子，其中"那中浴"正是上文所說的"於中浴"，其餘幾例"那中"解作"於中"也都辭通理順。考訂佛經的譯者和翻譯時代，主要根據歷代經錄，其中梁朝僧祐的《出三藏記集》時代早而比較可靠，本文所及的三部佛經，有兩部自僧祐以來一直認為是東漢支讖所譯，衹有《無量清淨平等覺經》僧祐錄為西晉竺法護譯，而後人誤作支讖。① 竺法護師承的是支讖一派的大乘佛教，他的譯經似乎在許多地方受到支讖的影響，遣詞用字也不例外，這個"那"字便是一例。②

（原載《中國語文天地》1987年第6期）

---

① 參見呂澂《新編漢文大藏經目錄》，齊魯書社1981年版。
② 竺法護深受支讖影響的另一個明顯的例子是把"適（适）"字寫成"這（这）"。漢代佛經中，"適"寫成"這"的僅見於支讖譯的三部經中，有十一例，而在竺法護的譯經中用"這"代"適"的有數十例，這是其他人譯經中所少見的。

# 《一切經音義》中"這"的訓解

## 一 唐以前"這"的一般用例

目前可以看到的"這"字的最早文獻用例,大約是在東漢,在漢魏六朝的佛經和其他中土文獻以及碑刻中,"這"字時或出現。在傳統的字書中,它被解釋為"迎接"的意思,如《玉篇·辵部》:"這,迎也。"這樣的理解,在《一切經音義》中被慧琳多次採納,以下,為了方便分析比較,我們在列出慧琳所釋詞目內容的同時,從今本《大正藏》中找出了這些詞所處的原文語句,附在後面。如:

(1) 這起:上言件反。《字書》:這,迎也。案,此"這"字亦是僻用也,但直云迎起,或云迎,或云逢起,於義何傷?而乃曲求用此僻文,強書"這"字,徒自矜衒博識多聞,詿誤後學,轉讀尋覽之流,無不驚眴也。或也小人自矜拙為筆授,非君子之見也。(《一切經音義》卷十五《大寶積經》第一百十七卷音義)

《大寶積經》卷一百十七:"知痛無本,適起尋滅,曉了諸法,不得久存。"

(2) 是這:言件反。《蒼頡篇》:迎也。這,《說文》從辵,言聲。辵,音丑略反。(《一切經音義》卷十六《阿閦佛國經》下卷音義)

《阿閦佛國經》卷下:"賢者舍利弗白佛言:'天中天,是間斯陀含住往來地。菩薩摩訶薩生阿閦佛刹者,是這等耳。'"

(3) 中這:音彥。《蒼頡篇》云:這,迎也。《說文》:從辵言聲也。(《一切經音義》卷五十七《佛說分別善惡所起經》音義)

《佛說分別善惡所起經》:"為身若人故,終而不妄語。後生身中適，莫得說其短。"

（4）適入：上言件反。《字書》云：適，迎也。《文字典說》：從辵言聲也。（《一切經音義》卷七十四《僧伽羅剎集》上卷音義）

《僧伽羅剎集》卷上：是時迦藍浮王往入深山欲獵麋鹿，適入山中，見此忍辱仙人。

（5）意適生：言件反。《蒼頡篇》：適，迎也。《說文》：《春秋》"適公於野井"是也。從言辵，音丑略反。（《一切經音義》卷七十五《惟日雜難經》音義）

《惟日雜難經》："菩薩坐禪六年，臨當得道，三毒俱起：婬怒癡。使意念：調達得我婦耶？為勝我耶？當復得我財產？意適生，即時息念。"

（6）適起：上言建反。《蒼頡篇》：適，迎也。《說文》：從辵言聲也。辵，音丑略反。（《一切經音義》卷七十六《迦葉結經》音義）

《迦葉結經》："於是大迦葉適起此心，三千世界六反震動。"

（7）王適：言件反。《蒼頡篇》云：適，迎也。《古今正字》：從辵言聲。（《一切經音義》卷七十七《釋迦譜》第五卷音義）

《釋迦譜》卷五："王適歸宮，時天帝釋將八萬天散華佛上，歸命作禮而去。"

（8）之適：言建反，已釋前卷。（《一切經音義》卷七十七《釋迦譜》第十卷音義）

案：此經今本僅存五卷，闕六至十卷，未能找到原句。

（9）適入：言建反。《蒼頡篇》：適，迎也。《文字典說》：從辵言聲。（《一切經音義》卷七十九《經律異相》第四十三卷音義）

《經律異相》卷四十三："舅適入穴，為守者所執。"（《經律異相》原文錄自《生經》。今本《生經》作：舅適入窟，為守者所執。）

比較今存原文和慧琳所釋詞語，可以看到，慧琳所釋和今本所傳，在用字上往往有別，不少慧琳據以解釋"適"的用例，在傳本中都用了"適"字。在佛經中，"適"與"適"作為異文互用的情況，是相當普遍的，今本《大正藏》校記中，就保存着不少這類的記錄。

這個在使用中跟"適"互為異文的"適"，在表意上有區別嗎？就我們的觀察而論，不僅在以上慧琳作音義的九例中，在唐以前的翻譯佛經中其他數以百計的"這"，大多數在使用上和"適"都沒有意義上的區別，祇有少數用於音譯而與"適"沒有明顯關係，如：

> 頂禮十方一切諸佛而誦此呪：多地他，阿蜜利舍，阿蜜利舍，迦嘍尼迦，這囉這囉，毘這囉，羶這囉……（《虛空孕菩薩經》卷上）

其他用"這"的例子，都可以，或者說是都應該用"適"來理解，可見，這種異文實際上是一種文字上的異體關係，這種異體關係是由"適"的草書字形和"這"的字形極其相似而造成的。

## 二　"這"在唐以前一般用例中的意義

不過，確定"這"與"適"的異體關係，並不等於說"適"具有"迎"的意思，或者有"言件切"的讀音。從所有這類用例來看，在漢代以來的佛教譯經中和"適"相通的"這"，使用的是"適"的一般用法，主要是作狀語，表示"剛好"的意思，常常和"尋""便"等相呼應構成關聯性的"這……尋……""這……便……"等組合，如：

> 這得稱南無，便入地獄。（《增壹阿含經》卷四十七）
> 心意這異，則為怨賊。（《普曜經》卷七）
> 佛這說斯諸菩薩大士，尋則建立。（《正法華經》卷八）
> 光明這照，應時其母普得安隱。（《度世品經》卷五）
> 這立此願，口復說言。（《等集眾德三昧經》卷中）
> 這發起已尋則便滅。（《大淨法門經》）

也可以與同義的"方"連用：

> 方這有念，金色面山、眾寶之藏於彼忽不現。（《等目菩薩所問三昧經》卷下）

可見，這個表示"適"義的"這"並不是"迎"的意思，慧琳的理解顯然是不妥當的，上列《一切經音義》中的這些解釋都不可取。

在《一切經音義》中也保存了幾條對"這"不同解釋，和我們的觀察和理解相同，都見於玄應所注的音義中：

（1）適生：《三蒼》古文，適、這二形同，施尺反。《廣雅》：袛，適也。謂適近也，始也。（《一切經音義》卷九《摩訶般若波羅蜜多經》卷八音義）

《摩訶般若波羅蜜多經》卷八："若有外道諸梵志若魔若魔民若增上慢人，欲乖錯破壞菩薩般若波羅蜜心，是諸人適生此心，即時滅去，終不從願。"

（2）適被：《三蒼》古文作"這"，同。之赤、尸亦二反。適，近也，始也，圭也。（《一切經音義》卷七十《阿毗達磨俱舍論》卷十一音義）

《阿毗達磨俱舍論》卷十一："故說名增，本地獄中適被害已，重遭害故。"

旁參漢魏六朝時期的中土文獻，雖然在傳統的經史文籍中我們很難找到這樣的文字用例，但是，在《太平經》和當時的碑刻俗寫中，卻不乏用例，六朝碑刻的用例，陳治文先生曾專文作過論述（參見《中國語文》1964 年），這裏補充幾個《太平經》中的例子：

故行欲正，從陽者多得善，從陰者多得惡，從和者這浮平也，其吉凶無常者，行無復法度。（《太平經》卷四十二）

此有七人，各除一病，這除去七病。下古人多病，或有一人十數病，乃有自言身有百病者，悉無不具疾苦也。盡諸巧工師，各去一病，這去七病，其餘病自若在，不盡除去。（《太平經》卷七十二）

［笞十者，以謝於天］，笞十者，以謝於地，笞十者，以謝於帝王，天地人各十，合這為三十也。（《太平經》卷九十一）

可見，玄應的分析和理解都是正確的，符合漢魏六朝以來俗間用字的習慣。那麼慧琳為什麼不採用玄應的意見而另行解釋呢？這是需要推究的。

### 三　"這"的其他意義

"這"讀"言件反"或表示"迎接"義，主要見於各種辭書的記錄，但辭書輾轉相傳，有它的特殊性，其中有些解釋祇是沿襲前人舊說，與實際使用的實例有所不同。表"迎接"義的"這"，在一般的經史或諸子文獻中，我們沒有看到實例，祇有個別間接的引例，一是《一切經音義》卷七十五《惟日雜難經》音義中"意這生"時轉引的：

> 《蒼頡篇》：這，迎也。《說文》：《春秋》"這公於野井"是也。

這是慧琳通過《說文》轉引《春秋》的原文，但是，我們在今本《說文》中沒能找到這個引例。在今本《春秋·昭公二十五年》中，此句作"齊侯唁公於野井"，對於此句，古人是這樣注的：

> 《公羊傳》："齊侯唁公於野井，曰：奈何君去魯國之社稷。"
> 《穀梁傳》："弔失國曰唁，唁公不得入於魯也。"

根據公羊、穀梁兩家注，當時這句中用的是"唁"，而不是"這"。不過，據玄應的意見，這個"唁"和"這"是可以通用的：

> 弔唁：又作嗳、譀、這三形，同。宜箭反。《鳴詩》云：弔生曰唁，亦弔失國曰唁也。（《一切經音義》卷五十二《佛般泥洹經》上卷音義。原句：哭畢，迦葉與諸比丘更相弔唁。）

需要注意的是，這個"這"雖然音同"言件反"，但並不是"迎接"的意思，而是向不幸者表示慰問的意思。

真正表示"迎接"義的"這"，清代秦篤輝《平書·文藝上》舉了兩個例子：

> 這，音彥，迎也。《正字通》："《周禮》：掌訝，主迎訝。古作這。"毛晃曰："凡稱此為者箇，俗改用這字。這，乃迎也。"按《史

記·孟嘗君傳》:“齊湣王不自得,以其這孟嘗君,孟嘗君至。”正迎字之義。

《正字通》所引的《周禮》古本現在無從查對,而《史記》一句今中華書局排印本作“以其遣孟嘗君”,從文理來看,“遣”字費解,秦氏的意見為勝。

其實,在古代漢語中,讀“言件切”而表示“迎接”的詞,還有一個書面形式,例見《一切經音義》(慧琳):

> 遃請:上音彥。《蒼頡篇》:遃,迎也。《廣雅》:行也。《古今正字》:從辵,從彥。或從言作這,亦通。(《一切經音義》卷六十五《五百問事經》音義)

但是,《五百問事經》(又作《五百問法經》)未見於今本佛藏,我們也未能在佛藏中找到其他的同類例子。

## 四 唐前“這”的音形義總結

通過對以上材料的分析和討論,我們看到,同一個“這”內部有不少差別,需要分別作出分析。

“這”有三個意義:(1)通“適”,是個副詞,表示剛好的意思;(2)通“唁”,是個動詞,表示向遭受不幸的人表示同情和慰問;(3)同“遃”,是個動詞,表示迎接。

“這”有兩個讀音:通“適”時讀尸亦反(shì),在表示另外兩個意義的時候,讀言件反(yàn)。

“這”產生的時代,如果信從所有記載的話,表“慰問”或“迎接”的“這”產生於秦漢以前,而表“剛好”的“這”產生於東漢。

“這”的流行情況,表“慰問”或“迎接”的“這”用例極其罕見,現在能看到的,衹是秦漢以前個別不太可靠的例子,而表“剛好”的“這”用例相對較多,主要見於比較通俗的佛道文獻和民間碑刻,時間在稍後的漢魏六朝。從《一切經音義》中對它的反復討論來看,隋唐以後,這個意義的“這”也極少使用了,因此出現了理解上的分歧。

　　“這”的演變源流，可以從它和所表意義之間的關係來看。從字形結構來看，“迎接”義與“這”的造字理據關係最密切，從辵言聲，“言件反”的讀音又與同義的“迎”相關；“慰問”“剛好”二義在造字上不能得到合理解釋，所以，可以確定這是它的造字本義。表示“慰問”歷來用從口的“唁”，它與“這”同音相通，是一通假字，而正如我們在上文已經談到的，“這”表示“剛好”是草書與“適”形體相似相混造成的，通過草書媒介，借用了“這”的楷書字形表示“適”的意義。“這”的這個用法的成立或流行，在於它的本義或假借義都極不流行，而書寫的相對便利使不少人把它作為“適”的異體或簡體使用。

## 五　小結

　　其實，在玄應的解釋中，“這”的意義已經是相當清楚了，但是，從事文字整理的學者沒有採納他的意見，在我們可以看到的《玉篇》等六朝以來的各種辭書中，都祇承認“這”表示“迎接”的意思，定音為“言件反”或“魚彥反”，而忽略了漢魏以來民間廣泛流行的用法。這樣，就造成了慧琳的詮釋和玄應意見相左的情況。玄應根據文獻的實例，指出“這”多可與“適”通用，而慧琳在遇到這類情況時，主要站在正字的立場，而沒有仔細考察它們在文獻中的實際意義。他批評使用者“曲求用此僻文，強書‘這’字，徒自矜衒博識多聞，詿誤後學，轉讀尋覽之流，無不驚眴也。或也小人自矜拙為筆授，非君子之見也”，這樣的立場本來是很對的，失誤在於，沒有仔細地考察俗間的語文實踐，而簡單地套用了前賢成說。

　　最後補充一點。在慧琳音義中，一些引文的出處不太靠得住。比如其中多處引《說文》對“這”的字形分析，但是，今本《說文》並無此條，歷來研究《說文》的人也沒有談到《說文》對“這”曾有過訓解，其中所引《蒼頡篇》的釋義也得不到證實而不被採信，我們所能確信字書中對“這”的最早的解釋，出現在《玉篇》中，這和慧琳所引的文獻時代相去甚遠。至於慧琳通過《說文》轉引的《春秋》一條實例，也與古今各家《春秋》都不一樣，不足為憑。出現這樣問題的緣由，還有待探討。

　　（原載《佛經音義研究——首屆佛經音義研究國際學術研討會論文集》，上海古籍出版社 2006 年版，第 131—138 頁）

# "師"字二題

## 一　"師"稱有專門技藝的人

上古漢語中"師"用來稱人，主要有兩個意義：一稱是職官，一稱傳授知識的人。用指傳授知識的人一義，古今一貫，基本不變。用作職官的"師"含義比較複雜，其中可以指專司一職的事務官或神靈，比如：工師、樂師、漁師、農師、醫師、追師（掌冠冕），以及雨師、風師、雷師等。在《孟子·告子上》中，有這麼一句："今有場師，捨其梧檟養其樲棘，則為賤場師焉。"趙岐注："場師，治場圃者。"《漢語大字典》和《漢語大詞典》都根據這條注文，將此例中的"師"釋作"專精某種技藝的人"，以此作為這種意義的最早用例。不過，我們至今還沒有找到漢代以前文獻中可以作為佐證的同類用例，孟子是公元前 4 世紀的人，（約前 385—前 304，參見楊伯峻《孟子譯注》）《孟子》一書，有認為是他本人所作，或他的門徒所作，或他與門徒共作，可見成書至少在公元前 3 世紀初，在幾百年間，"場師"的"師"作為"專精某種技藝的人"的初例，是一個孤證。所以，以共時的觀點，從當時其他類同的"～師"來分析，"場師"從事林苑種植管理，當與工師、樂師等相類，是為宮廷服務的專職人員，與後代職業化的、面向社會、經濟自立的行業匠人不一樣，雖然，在具備"某種技藝"這個條件上，二者有一致點。

"工師"本來指主管營建工程和管教百工等事務的官，從西漢中期，出現了"工師"作為從事各行業匠人的初例：

　　古之國家者，開本末之途，通有無之用，市朝以一其求，致士民，聚萬貨，農商工師各得所欲，交易而退。《易》曰："通其變，使

民不倦。"故工不出,則農用乖〔乏〕;商不出,則寶貨絕。農用乏,則穀不殖;寶貨絕,則財用匱。(漢桓寬《鹽鐵論》卷一)

隨後它的用例不斷增加,在東漢成書的道教文獻《太平經》中(引文均據王明《太平經合校》,中華書局 1960 年版,各例標出在《合校》中的頁碼),也有類似的用例:

或一人有百病,或有數十病……如卜卦工師中知之,除一禍祟之病;大醫長於藥方者復除一病;刺工刺經脈者,復除一病……盡諸巧工師,各去一病,這〔適〕去七病,其餘病自若在,不盡除去,七工師力已極。"(《太平經·齋戒思神救死訣》)

有急乃後使工師擊治石,求其中鐵,燒治之使成水,乃後使良工萬鍛之,乃成莫邪。(《太平經·不用大言無效訣》)

在其他文獻中也有職掌不同的"工師":

銅錫未采,在眾石之間,工師鑿掘,爐橐鑄鑠乃成器。(漢王充《論衡·量知》)

譬如畫師,有壁、有彩、有工師、有筆,合會是事乃成畫人。(漢支讖譯《道行般若經》卷九)

即使工師為作瓔珞。叔離問父:"鍛是金銀,用作何等?"(北魏慧覺《賢愚經》卷五)

這些"工師"的用例,有的指醫卜,有的指採礦或鍛製匠人,有的祇指有技藝的人,它的意義與當時的"工"相同。進一步,在東漢的文獻中,單用"師"或在"師"前加一限定成分表示職業化的有專門技能的人也出現了,如:

如徒能御良,其不良者不能馴服,此則駔工庸師服馴技能,何奇而世稱之?(漢王充《論衡·率性》)

鼓瑟者誤於張弦設柱,宮商易聲,其師知之,易其弦而復移其

柱。夫天之見刑賞之誤，猶瑟師之睹弦柱之非也。（漢王充《論衡·
譴告》）

　　玉隱石間，珠匿魚腹，非玉工珠師，莫能采得。（漢王充《論衡·
自紀》）


　　"師"的意義的變化，顯然與當時社會的變化有關，由於官府機構的
變革，宮廷中不再設置"～師"一類的御用的職事官，但"～師"作為具
有專門技能的宮廷職事官的聲望仍在社會上有巨大影響，同時由於社會生
產力的發展，一些工作的技能得到較廣泛的傳播，"～師"一類的稱謂，
與後來的"博士""待詔"等相同，也逐漸由職事官名蛻變為對有專門技
藝的人的美稱，東漢以後，作為有專門技藝的人的通稱廣泛使用。
　　佛教及其文獻傳入中國，由於印度社會與中國社會情況各異，在經文
翻譯中，對一些漢語詞的意義通過附會的方法作了引申，不僅用來表示具
有某種技能的人，也泛指從事某一職業的人，如佛經中"工師""樂師"
"漁師""醫師"都不再是宮廷御用人員，而祇指具有某一技藝的人。同
時，在漢譯佛經中，譯師們又通過類比新創了一大批這樣的詞，比如（以
下各例都出自漢魏六朝漢譯佛經，為了節省篇幅，同一用例見於多處的，
祇列一處，原文也不逐一抄出，祇注出這個詞在《大正藏》中的卷次/頁
碼和欄次）：


　　導師 4/510c、車師 1/108a、船師 4/208b、調御船師 3/66b、渡師
25/107a、魚師 15/185b、獵師 3/17b、射師 3/17b、手搏師 4/202a、
兵師 10/589b、馬師 4/163a、調馬師 12/192b、調象馬師 1/275b、象
師 4/118a、冶師 3/26a、鍛師 3/39a、鍛金師 1/262c、金師 12/598b、
鐵師 3/713a、珠師 14/61b、穿珠師 4/434a、華鬘師 14/62b、鬘師 28/
429b、瞽華師 14/61a、寶瓔珞師 14/60c、蓋師 14/62a、香師 14/61b、
剃髮師 3/904c、餅師 3/78c、織師 22/321c、工織師 4/205a、履屣師
14/61b、皮師 1/108a、作皮師 14/59c、木師 4/523c、竹師 1/108a、
葦師 1/108a、工匠黠師 8/466c、瓦師 4/172c、陶師 50/135b、幻師 2/
501b、畫師 12/192a、工畫師 8/476c、工吹長簫師 8/476b、舞師 4/
240a、等等。

從身份來看，這些"～師"大多是倡優隸役工匠之類，屬下九流的居多，也有據佛教的觀點是現世作孽，將來要受惡報的"獵師""魚師"之類。例外的祇有一個"導師"，在佛教文獻中它常喻指引導世俗愚人擺脫困厄苦難的人，多指佛本人，因此後來"導師"指教育開導人的人，這一意義與"師"的"傳授知識的人"一義相混，帶有尊崇意味，沿用至今。但是，"導師"的本意指嚮導，在陸地為不熟悉當地環境的人引路，在海上為不瞭解航道的船導航，所以，準確地說，"導師"中的"師"，在當時和上列其他詞語中的"師"一樣，表示具有某種技能、從事某一專門職業的人，並無褒尊意義。

在漢譯佛經中，這類"師"的用例數量眾多，可謂盛極一時，是此前漢語中土文獻中所未有的，顯示了佛經翻譯促進了"師"這個語素的使用，對漢語詞匯產生了影響。在後來的發展中，可能是大部分"～師"式的詞帶有濃重的印度文化背景，不是中國社會職業分工的反映，因而並未進入漢語日常詞匯中，但我們仍能在唐宋以後的漢語中土文獻中看到其中部分形式，同時，至今漢語中仍有廚師、理髮師、魔術師、醫師、畫師、樂師、技師、會計師、工程師、藥劑師等稱呼，但受"師"的常用基本義的影響，它在表義上又有回歸傾向，具有明顯的尊崇禮敬含義，與漢魏六朝中土文獻和翻譯佛經中的中性色彩不同，也與一度和它同義、有着同樣發展軌跡（從尊崇意義泛化為一般意義）的"工""匠"不同。

## 二 "師"稱佛教徒

漢語"師"稱傳授知識的人，是一個古今一貫的常用義，在早期佛經中也十分常見。佛經中"師"常與弟子相對，有惡師、善師、大師、師長、師御等稱謂，佛本人更被尊為"天人師"。"師"也稱有專門知識的人，如算師、相師、教書師等，佛教中專精佛學某一方面並負責傳授的有經師、律師、論師、法師（說法師）、禪師、唄師、教師（教誡師）等，這些稱謂中的"師"與佛經原文中的音譯形式"阿闍梨"相當。阿闍梨在古印度並不專指佛教徒，這可以從漢譯佛教文獻中看出，比如佛傳故事中教授佛讀書寫字的人，《修行本起經》中稱作"教書師"（3/465c），而在《佛本行集經》中就稱作"師匠"（3/703b）、"大師"（3/703b），也稱

"阿闍梨"(3/704a)。當然,在多數情況下,"阿闍梨"指的是佛教徒,這在其他漢文文獻中更是如此。

佛教要普渡眾生,教徒不僅應自心向善,還要勸人為善,所以僧人自然成了凡俗人的導師。南北朝以後,漢地僧人多以"師"或"阿師"作為通稱,"師"有了專門指稱佛教僧人的意義。年長的僧人稱作"老師",年少小輩的稱"小師",男性僧人稱"師僧""僧師""師哥",女性則稱"師尼""尼師""師婆""師姨""師姑","師"在其中主要起表示身份(僧侶)的作用,它的禮敬意義很早就淡化了,如:

晉陽曾有沙門,乍智乍愚,時人不測,呼為阿禿師。(《北齊書·文宣帝紀》)

叱其僧曰:"粗行阿師,爭敢無禮?柱杖何在?可擊之。"(唐段成式《酉陽雜俎》卷五)

大旱,郡符下令,以師婆師僧祈之,二十餘日無效。(唐張鷟《朝野僉載》卷三)

主人從來發心,長設齋飯供養師僧不限多少。(《入唐求法巡禮行記》卷三)

以是寶貨山積,惟用寫佛經,施尼師而已。(《資治通鑒·後唐莊宗同光二年》)

昔宋褚澄療師尼寡婦別制方,蓋有謂也,此二種鰥居獨陰無陽。(宋許叔微《普濟本事方》卷十)

師又時謂眾曰:"會即便會去,不會即王老師罪過。"(《祖堂集》卷十六,此自稱)

有剃僧攜小師來主寺,有輕身術。(宋張世南《游宦紀聞》卷四)

公曰:"大師與我煎一服藥來。"尼無語。公曰:"這師姑藥也不會煎。"(宋文瑩《湘山野錄》)

樂平大東關外一尼姑,俗呼為攬事游師姨,不詳其所以來。(宋洪邁《夷堅三志辛》卷五)

僧師與此官人遊,從人所求,但爾,顧何足惜。(宋洪邁《夷堅三志壬》卷九)

和尚叫兩個師哥祇一扶,把這老兒攙在一個冷淨房裡去睡了。

（《水滸傳》四十五回）

叱罵僧人稱"師"，瘋瘋癲癲的僧人也稱"師"，且加上很不禮貌的"阿禿"作為限定，可見僧人稱"師"無所謂尊敬。因此，當需要表示禮敬的時候，就在"師"的基礎上再加表敬語素，如對年老有德望的僧人，除了"大師""師德"之外，專稱男性的用"師翁"，專稱女性的有"師太"。有趣的是，僧人在俗的妻子或情人可稱"師娘""師太"：

> 中原河北，僧皆有妻，公然居佛殿兩廡，赴齋稱師娘。（明葉子奇《草木子·雜俎》）
> 又叫先提小和尚上來，問道："你有師父沒有？"回說："有。"又問："叫甚麼名字？"回說："叫某某。"又問："你還有什麼人？"回說："有個師太。"（《二十年目睹之怪現狀》九十六回）

其中的"師"也顯然有表示僧人身份的意義。至於有師承關係的僧人之間，尊者稱"師父""師叔""師伯""師姨"，小輩稱"師弟（徒弟）""師侄"，同輩稱"師兄""師弟""師姐""師妹"等，這和漢語俗間的習慣相同，不必贅言。

唐宋時"師"有一種特別的用法值得注意，那就是在某一親屬稱謂前加一"師"字，表示這個僧人與某個俗人有這種親屬關係：

> 其王弟貪戀歌樂，不聽奏對，將師兄關門立其八日，慢易三寶，不敬師兄。（《敦煌變文集·悉達太子修道因緣》）
> 天寶初，有范氏尼者，知人休咎。顏魯公之妻党之親也。魯公尉醴泉日，詣范問曰："某欲就制科試，乞師姨一言。"（宋王讜《唐語林》卷六）
> 一日少間，語其妻，使請師叔。師叔者，其族叔也，為僧，住持臨江寺，能誦《孔雀明王經》。（宋洪邁《夷堅支景》卷二）
> 高宗既居德壽，時到靈隱冷泉亭閑坐，有一行者，奉湯茗甚謹。德壽語之曰："朕觀汝意度，非行者也。本何等人？"其人拜且泣曰："臣本某郡守，得罪監司，誣劾贓，廢為庶人。貧無以糊口，來從師

舅覓粥延殘喘。"（明田汝成《西湖遊覽志餘》卷二）

以上各例"師兄""師叔""師姨""師舅"中的"師"，意思也相當於"僧"，指的是出家為僧的兄、叔、姨、舅，其中的"師"作為標記，和未出家的親屬相區別，它的意義與前述的"老師""小師""師哥""師姑"（相當於老和尚、小和尚、年青和尚、年青尼姑）等中的"師"是一致的。

"師"稱出家人並不限於佛教徒，"師"也可稱道教徒，但用例較少，不過，在佛道對舉的時候，"師"往往指道教徒：

> 唐乾寧中，雲安縣漢城宮道士楊雲外，常以酒自晦，而行止異常。前進士錢若愚甚敬之，一旦齋休，詣其山觀，宿於道齋。翌日，虔誠斂衽而白之曰："師丈，小子凡鄙，神仙之事，雖聆其說，果有之乎？"（《太平廣記》卷四十引宋孫光憲《北夢瑣言》）

> 壽安公主是曹野那姬所生也，以其九月而誕，遂不出降。常令衣道衣，主香火。小字蟲娘，玄宗呼為師娘。（宋王讜《唐語林》卷四）

> 元和初，南嶽道士田良逸……良逸母為喜王寺尼，寺中皆呼良逸為小師。（同上）

> 有一個師姑是海會，一個尼姑郭氏，都來監生家裡走動……誤認為是和尚道士。（《醒世姻緣傳》十二回）

因為同是出家人，所以"師"兼用在佛道之間，其中"師兄"指中青年的出家人，在使用時可以而不別佛道、男女和年資：

> 其僧了詮者，年四十歲時，遇一善術士戒之曰："大師命運衡犯凶煞，五月內當主災眚，須百事謹畏關防。不然，恐不能免。"詮聞言憂怖。是月自朔日屏跡不出……及晦日，闔寺僧相慰拊曰："師兄可出矣。"（宋洪邁《夷堅三志辛》卷一，此同寺僧人相稱）

> 師兄在此出家，須改個法名。先師留下是玄字行中，賤名玄淡，師兄就是玄機如何？（明葉憲祖《鸞鎞記·入道》，此道士互稱）

> 陳師父，悟真庵王師兄送貼佛金來，立候相見。（明高濂《玉簪

記·假宿》，此稱女道士）

　　大卿看靜真姿容秀美，丰采動人，年紀有二十五六上下，雖長於空照，風情比他更勝，乃問道："師兄上院何處？"（《醒世恒言》卷十五，此俗男子稱尼姑）

（原載《漢語史研究集刊》第三輯，巴蜀書社 2000 年版，第 154—162 頁）

# 從"佛陀"及其異譯看佛教用語的社團差異

通過佛教而進入漢語的梵文詞 Buddha，意思是"覺者"，最初音譯為"佛"，從東漢起就使用廣泛。"佛陀"是它的後起形式，偶見於西晉譯經中：

> 舊題漢支讖《兜沙經》："佛陀師利菩薩，從是剎來。"
>
> 舊題漢支讖《文殊師利問菩薩署經》："已住怛薩阿竭阿羅呵三耶三佛陀。"
>
> 舊題漢失譯《大方便佛報恩經》卷五："時五百釋女異口同音至心念佛：南無釋迦牟尼多陀阿伽度阿羅訶三藐三佛陀。"又卷六："佛陀者覺，覺了一切法相故。"
>
> 舊題三國吳支謙《撰集百緣經》卷二："時諸商客聞是語已，各各同聲稱：南無佛陀，願見救濟。"又卷九："時諸商人，各共同時稱南無佛陀。"
>
> 西晉竺法護《持心梵天所問經》卷四："南無佛陀悉禪提慢陀缽。"
>
> 西晉竺法護《無量清淨平等覺經》卷四："諸天帝王人民悉皆見無量清淨佛及諸菩薩阿羅漢國土七寶已，心皆大歡喜踴躍，悉起為無量清淨佛作禮，以頭腦著地，皆言：南無無量清淨三藐三佛陀。"（舊題漢支讖，此據《祐錄》［梁僧祐《出三藏記集》簡稱，下同］）

幾部舊題漢代的經文，在翻譯的時間上都有人質疑，最可靠的用例是西晉以後的譯經。

"佛陀"在東晉以後的南北譯經中廣泛使用，同時出現了"佛圖""浮屠""浮圖""佛馱""勃陀""浮陀"等相關形式，並與"塔"的意義相涉，季羨林先生曾就它們的來源差異作過分析。本文則從另一個角度，即它們在漢文中表現出的不同特點展開分析。本文以《大正藏》1—55 卷和《漢籍全文檢索系統》所集漢魏至唐的中土文獻為範圍，分析這些詞的意義關係，並通過觀察不同文獻對這些詞的使用情況，探討其中反映的語言社團的差異。

## 一　佛陀

1. 覺；覺者。佛教修行達到的一種程度或所獲的身份：

> 北涼曇無讖《悲華經》卷二："爾時寶藏多陀阿伽度阿羅呵三藐三佛陀，即為聖王說於正法。"
>
> 西秦聖堅《羅摩伽經》卷上："亦見現在毗盧遮那多陀阿伽度阿羅訶三藐三佛陀等，無量無數一切諸佛。"
>
> 後秦竺佛念《菩薩處胎經》卷二："我號釋迦文多薩阿竭阿羅呵三耶三佛陀。"
>
> 後秦鳩摩羅什《妙法蓮華經》卷二："是德藏菩薩次當作佛，號曰淨身多陀阿伽度阿羅訶三藐三佛陀。"
>
> 隋闍那崛多《佛華嚴入如來德智不思議境界經》卷下："我為此等眾生增長善根，令其得聲聞智；我為此等眾生增長善根，令其得獨覺智；我為此等眾生增長善根，令其得佛陀智。"

2. 佛。佛教的創始人釋迦牟尼：

> 北魏菩提留支《金剛仙論》卷五："聞佛陀說，寧容不信？"
>
> 北魏月婆首那《僧伽吒經》卷一："爾時一切勇菩提薩埵摩訶薩埵白佛陀言……"
>
> 隋闍那崛多《觀察諸法行經》卷三："我當不放逸，如佛陀所知。"
>
> 《魏書·釋老志》："浮屠正號曰佛陀，佛陀與浮圖聲相近，皆西方言，其來轉為二音。"

《隋書·經籍志四》："捨太子位，出家學道，勤行精進，覺悟一切種智，而謂之佛，亦曰佛陀，亦曰浮屠，皆胡言也。"

3. 佛教；與佛教有關的：

南朝梁僧祐《出三藏記集》卷十三："（康僧會）以赤烏十年至建業……權大嗟服，即為建塔。以始有佛寺，故曰建初寺，因名其地為佛陀里。"

隋闍那崛多《諸法本無經》卷下："以不學入音聲故，於佛陀聲則喜，於外道聲則瞋；以不學入音聲故，於梵行聲則喜，於非梵行聲則瞋；以不學入音聲故，於清淨聲則喜，於染汙聲則瞋。"

唐義淨《根本說一切有部尼陀那》卷五："'世尊，我欲為作贍部影像作佛陀大會。'佛言：'應作。'"

唐肅宗《批不空至德三年上表》（載《代宗朝贈司空大辨正廣智三藏和上表制集》卷一）："今蓮花至淨，貝葉重宣，微妙佛陀，不思議也。"

宋念常《佛祖歷代通載》卷十九："政和五年，黃龍死心禪師卒。諱悟新，生王氏，韶州曲江人。魁岸黑面，如梵僧狀，依佛陀院落髮。"

4. 用於佛教信徒人名前半，近似於姓：

後秦竺佛念《鼻奈耶》卷七："佛世尊游舍衛國祇樹給孤獨園，時迦留陀夷與佛陀優婆夷露處坐。"

南朝齊僧伽跋陀羅《善見律毗婆沙》卷十一："有比丘，名佛陀勒棄多。"

唐玄奘《大唐西域記》卷五："無著弟子佛陀僧訶（唐言師子覺）者，密行莫測，高才有聞。"

還有在佛經中屢見提及的譯僧：東晉佛陀跋多羅，北涼佛陀跋摩，後秦佛陀耶舍，南朝宋佛陀什，北魏佛陀扇多，唐代佛陀多羅以及佛陀蜜多、佛陀斯那、佛陀波利、佛陀提婆、佛陀難提，等等。①

5. 佛教徒：

　　唐義淨《根本薩婆多部律攝》卷三："我是大師解說法故，我是佛陀善覺惡事故，我是毗缽尸佛聲聞弟子於諸佛邊盡歸依故。說斯等語，內有詐情矯陳密說。"


## 二　佛圖

1. 塔：

　　西晉安法欽《阿育王傳》卷三："後乃使人喚諸比丘而語之言：'我欲壞佛法。汝等比丘，欲留浮圖，為留僧房？'"

　　西晉法炬、法立《諸德福田經》："復有七法廣施，名曰福田，行者得福，即生梵天。何謂為七？一者興立佛圖僧房堂閣，二者園果浴池樹木清涼，三者常施醫藥療救眾病，四者作牢堅船濟度人民，五者安設橋樑過度羸弱，六者近道作井渴乏得飲，七者造作圊廁施便利處。"

　　後秦佛陀耶舍《四分律》卷三："若為僧作，為佛圖講堂草庵葉庵，若作小容身屋，若作多人住屋，如是者不犯。"

　　後秦弗若多羅《十誦律》卷十六："爾時諸比丘作新佛圖，擔土持泥墼塼草等。"

　　南朝宋慧簡《佛母般泥洹經》："阿育王從八王索八斛四斗舍利，一日中作八萬四千佛圖。"

　　《魏書·世祖太武帝紀下》："戊子，鄴城毀五層佛圖。"

---

　　① 有用"佛陀"或"浮屠""浮圖"作人名全稱的，這裡不作討論。如：《北齊書·于栗磾傳》："正光四年，行臺、廣陽王元深北伐，引謹為長流參軍，特相禮接，使其世子佛陀拜焉。"唐道宣《續高僧傳》卷十六："佛陀禪師，此云覺者，本天竺人，學務靜攝，志在觀方。"唐義淨《根本說一切有部毗奈耶》卷四十二："有一長者，名曰浮圖，大富多財，衣食豐足。"明大聞、幻輪《釋鑒稽古略續集（二）》："虎丘尊者名浮屠，見性炯如摩尼珠。"《釋迦氏譜序》："按閻浮圖云：蔥嶺西據香山，東南綿亙，至於蜀部。"

《魏書·皇后傳·文成文明皇后馮氏》："太后立文宣王廟於長安，又立思燕佛圖於龍城。"

《南齊書·良政傳·虞願》："新安太守巢尚之罷郡還見，帝曰：'卿至湘宮寺未？我起此寺，是大功德。'願在側曰：'陛下起此寺，皆是百姓賣兒貼婦錢，佛若有知，當悲哭哀潛，罪高佛圖，有何功德？'"

《南史·齊武帝紀》："又於山累石為佛圖。"

唐法琳《破邪論》卷上："魏明帝曾欲壞宮西浮圖。"

唐道世《法苑珠林》卷三十六引《冥祥記》："見有五層佛圖在其心上，有二十許僧繞塔作禮。"

唐道宣《廣弘明集》卷二："皇興元年高祖孝文誕載，於恒安北臺起永寧寺七級佛圖。"

## 2. 寺廟（指建築或處所）：

東晉僧伽提婆《中阿含經》卷三十："爾時，尊者曇彌為生地尊長，作佛圖主。"

東晉法顯《雜藏經》："汝前世時作佛圖主，有諸白衣賢者，供養眾僧，供設食具。若有客僧來，汝便粗設粗供，客僧去已，自食細者。"

後秦竺佛念《出曜經》卷二十一："其人爾時亦在其側，稱言：'造此偷婆，何為高廣？'即夜以一鈴懸於佛圖竿，尋發誓願：'若我後生，在在處處，聲響清澈，上徹梵天。'"

北魏慧覺《賢愚經》卷三："蛇見其人，心懷歡喜，慰喻問訊，即盤其身，上阿輸提。於是其人，以疊覆上，擔向佛圖。"

唐道世《法苑珠林》卷九十五引《冥祥記》："晉沙門康法朗學於中山。永嘉中與一比丘西入天竺，行過流沙千有餘里，見道邊敗壞佛圖，無復堂殿，蓬蒿沒人。法朗等下瞻禮拜。"

《世說新語·言語》："庾公嘗入佛圖，見臥佛，曰：'此子疲於津梁。'於時以為名言。"

《魏書·釋老志》："今制諸州城郡縣，於眾居之所，各聽建佛圖一區……天下承風，朝不及夕，往時所毀圖寺，仍還修矣。"

3. 寺院（指寺廟中的僧侶團體）：

　　後秦鳩摩羅什《大智度初品中放光釋論之餘》卷九："如大月氏西佛肉髻住處國，一佛圖中有人癩風病。"

　　後秦弗若多羅《十誦律》卷四十三："若比丘尼自為乞金銀，得尼薩耆波夜提，隨乞隨得爾所尼薩耆波夜提。若為佛圖乞，若為僧乞，若不乞自與，不犯。"

　　後秦弗若多羅《十誦律》卷五十六："佛聽僧坊使人佛圖使人，是人屬佛圖屬眾僧，是名人物。"

　　後秦佛陀耶舍《四分律》卷六："從親里比丘尼邊取衣，若貿易為僧為佛圖取者，無犯。"

　　北魏慧覺《賢愚經》卷六："其父死後，佛圖供具皆悉轉少，眾僧罷散，其寺荒壞。"

　　《佛祖統紀》卷三十八："（興皇三年）又諸民犯重罪者為佛圖戶，供諸寺掃灑。帝許之。於是僧祇粟遍天下。"原注："佛圖亦佛陀，此云覺者。言戶者，佛寺之民戶也。"

4. 佛：

　　南朝梁僧祐《出三藏記集》卷十三："彩女先有奉法者，聞晧病，因問訊云：'陛下就佛圖中求福不？'晧舉頭問：'佛神大耶？'彩女答：'佛為大聖，天神所尊。'"

　　《舊唐書·杜鴻漸傳》："鴻漸心無遠圖，志氣怯懦，又酷好佛圖道，不喜軍戎。"

5. 佛教人名：

　　東晉帛尸梨蜜多羅《灌頂召五方龍王攝疫毒神咒上品經》卷九："佛圖那龍王，三物都路龍王，娑攬摩龍王，三物弗路龍王……"（此

經《祐錄》未題譯人）

南朝梁慧皎《高僧傳》卷八："中有釋道安者，資學於聖師竺佛圖澄。"

南朝梁僧祐《出三藏記集》卷十一："從雲慕藍寺於高德沙門佛圖舌彌許，得此比丘尼大戒及授戒法，受坐已，下至劍慕法。遂令佛圖卑為譯，曇摩侍傳之。"又卷十三："佛圖羅剎者，不知何國人。"

唐道世《法苑珠林》卷九十七："晉竺法慧，本關中人，方直有戒行，入嵩高山事佛圖蜜為師。"

失譯《陀羅尼雜集》卷五："佛說婦人產難陀羅尼：目多修利夜，赦尸伽羅，悉侈，羅候失，栴陀羅，波羅目至也兜，目多薩婆婆婆婆，佛圖那梨，伽羅婆，波羅目遮也兜……"

《晉書·藝術傳·佛圖澄》："佛圖澄，天竺人也。本姓帛氏。"

《世說新語·言語》："佛圖澄與諸石游，林公曰：'澄以石虎為海鷗鳥。'"

## 三 浮屠

1. 佛；釋迦牟尼的稱號：

《後漢書·襄楷傳》："又聞宮中立黃老、浮屠之祠。"李賢注："浮屠即佛陀，但聲轉耳，並謂佛也。"又："或言老子入夷狄為浮屠。浮屠不三宿桑下，不欲久生恩愛，精之至也。天神遺以好女，浮屠曰：'此但革囊盛血。'遂不眄之。"

《後漢書·陶謙傳附笮融》："遂斷三郡委輸，大起浮屠寺。"

《三國志·吳志·孫綝傳》："綝意彌溢，侮慢民神，遂燒大橋頭伍子胥廟，又壞浮屠祠斬道人。"

《金樓子》卷八："劉英，交通賓客，晚節學黃老浮屠。"

南朝梁僧祐《出三藏記集》卷一："自前漢之末，經法始通，譯音胥訛，未能明練。故浮屠桑門，言謬漢史，音字猶然，況於義乎。"

唐法琳《辯正論》卷四："漢世曰浮屠，即佛陀也。"

宋李常《廬山記序》："其高下廣狹，山石水泉，與夫浮屠老子之宮廟，逸人達士之居舍，廢興衰盛，碑刻詩什，莫不畢載。"

宋念常《佛祖歷代通載》卷七："是歲作浮屠殿二所，謁者闍須彌。別構禪房法座，莫不嚴具焉。"

## 2. 佛教；佛教的：

《後漢書·光武十王·楚王英》："晚節更喜黃老，學為浮屠齋戒祭祀。"李賢注引袁宏《漢紀》："浮屠，佛也，西域天竺國有佛道焉。佛者，漢言覺也，將以覺悟群生也。"

《梁書·儒林傳·范縝》："浮屠害政，桑門蠹俗，風驚霧起，馳蕩不休。"

東晉宗炳《明佛論》（載《弘明集》卷二）："郭璞傳：古謂天毒即天竺，浮屠所興。"

唐韓愈《吊武侍御畫佛文》（載《樂邦文類》卷二）："侍御武君，當年喪其配，斂其遺服櫛珥肇帨於篋，月旦十五日，則一出而陳之，抱嬰兒以泣。有為浮屠之法者，造武氏而諭之……於是悉出其遺服櫛珥，合若干種，就浮屠師，請圖前所謂佛者。浮屠師受而圖之。"

唐《明覺禪師語錄》卷三："浮屠之子，履道為貴，天兮地兮，何泰何否。"

## 3. 佛教徒；僧人：

唐韓愈《送僧澄觀》："浮屠西來何施為，擾擾四海爭賓士。"

《新唐書·后妃傳·則天武皇后》："詔毀乾元殿為明堂，以浮屠薛懷義為使督作。"

《新唐書·王世充傳》："御史大夫鄭頲丐為浮屠，世充惡其言，殺之。"

宋錢易《淨光大師行業碑》（載《四明尊者教行錄》卷七）："師凡與臺人授戒，有捨屠宰而執經論者，有不血食者，有至死不言殺者，有投高死而發願者，有棄妻子而求為浮屠人者。"

明大聞、幻輪《釋鑒稽古略續集（二）》："會朝廷徵有道浮屠以備顧問，師至南京。"

4. 塔：

《三國志·魏志·烏丸鮮卑東夷傳》："其立蘇塗之義，有似浮屠，而所行善惡有異。"

《南史·梁本紀·武帝下》："四月十四日而火起之始，自浮屠第三層。"

《北史·齊本紀·高祖神武帝》："二月，永寧寺九層浮屠災。"

北魏楊衒之《洛陽伽藍記》卷四："宣忠寺……門有三層浮屠一所，工踰昭義。"又卷四："白馬寺……明帝崩，起祇洹於陵上。自此從後，百姓塚上或作浮圖焉。……浮屠前奈林蒲萄異於餘處，枝葉繁衍，子實甚大。"又卷五："凝圓寺……以銅摹寫雀離浮屠儀一軀及釋迦四塔變。"

唐嚴郢《唐大興善寺故大德大辨正廣智三藏和尚碑銘》（載《代宗朝贈司空大辨正廣智三藏和上表制集》卷六）："詔起寶塔，舊庭之隅，下藏舍利，上飾浮屠。"

宋志磐《佛祖統紀》卷四十八："承安四年以太后遺命詔下和龍府起大明寺，造九級浮屠。"

明如惺《大明高僧傳》卷四："慈旨賜之，即於講堂之西建一浮屠，以徵神化。"


# 四　浮圖

## 1. 佛；釋迦牟尼的稱號：

《後漢書·西域傳·大月氏》："天竺國一名身毒，在月氏之東南數千里。俗與月氏同，而卑濕暑熱。其國臨大水。乘象而戰。其人弱於月氏，修浮圖道，不殺伐，遂以成俗。"

《後漢書·桓帝紀論》："前史稱桓帝好音樂……設華蓋以祠浮圖、老子。"李賢注："浮圖，今佛也。"

《三國志·吳志·劉繇傳附笮融》："乃大起浮圖祠，以銅為人，黃金塗身，衣以錦采。"

宋念常《佛祖歷代通載》卷五："桓帝於宮中鑄黃金浮圖老子像，覆以百寶華蓋，身奉祀之。"

元祥邁《辯偽錄》卷二："初張騫西來，始傳浮圖之號，至於今代。"

2. 佛教；佛教的：

南朝梁《高明二法師答李交州淼難佛不見形事》（載《弘明集》卷十一）："荆州宗居士造明佛論，稱伯益，述山海，申毒之國，偎人而愛人。郭朴博古，毒即天竺，浮圖所興（浮圖者，佛圖也）。"

南朝梁慧皎《高僧傳》卷三："及其緣運將感，名教潛洽，或稱為浮圖之主，或號為西域大神。"卷八："唯浮圖為教，邊自龍裔，宗旨緬邈，微言淪遠。"

唐契嵩《鐔津文集》卷一："昔韓子以佛法獨盛，而惡時俗奉之不以其方。雖以書抑之，至其道本，而韓亦頗推之。故其送高閑序曰：今閑師浮圖氏，一死生解外膠。"

宋贊寧《進高僧傳表》："浮圖揭漢，梵夾翻華，將佛國之同風，與玉京而合制。"

宋贊寧《大宋僧史略》卷下："初，陳州里俗喜習左道，依浮圖之教，自立一宗，號上上乘。"

《舊唐書·柳公綽傳》："時廢浮圖法，以銅像鑄錢。"

《新唐書·傅弈傳》："武德七年，上疏極詆浮圖法。"

3. 人名：

南朝梁慧皎《高僧傳》卷十："竺法慧，本關中人，方直有戒行，入嵩高山，事浮圖密為師。"

南朝陳真觀《與徐僕射領軍述役僧書》（載《廣弘明集》卷二十四）："所現靈祥，聞諸史傳。至如浮圖和上曜彩鄴中，高座法師流芳鞏雒，或復昆明池內識劫燒之餘灰，長沙寺裡感碎身之遺。"

唐道世《法苑珠林》卷三十六："浮圖澄傳曰：澄以鉢盛水，燒香祝之，須臾生青蓮華。"

## 4. 僧人：

南朝梁僧順《析三破論》（載《弘明集》卷八）："論云：剃頭為浮圖。"

唐柳宗元《賜諡大鑒禪師碑》（《壇經》附）："天子休命，嘉公德美，溢於海夷，浮圖是視。"

唐《大慧普覺禪師住徑山能仁禪院語錄》卷四："師諱宗杲，宣州寧國人，姓奚氏，年十七為浮圖，不欲居鄉里。從經論師，即出行四方。"

宋志磐《佛祖統紀》卷四十一："賈島初為浮圖，名無本。"

宋張商英《護法論》："今之浮圖，雖千百中無一能仿佛古人者。"

宋陳舜俞《鐔津明教大師行業記》（出《鐔津文集目錄》）："已而浮圖之講解者，惡其有別傳之語而恥其所宗不在。"

《游方記抄》："寺有唐畫羅漢一板，筆跡超妙，眉目津津，欲與人語。成都古畫浮圖像最多，皆出此下。"

《舊唐書·李泌傳》："特詔兵部侍郎丁公著、太常少卿陸亙與繁等三人抗浮圖道士講論。"

《新唐書·天文志一》："太史李淳風、浮圖一行尤稱精博，後世未能過也。"

## 5. 塔：

西晉安法欽《阿育王傳》卷一："有一夜叉齎一舍利，至得叉尸羅國，欲作浮圖。"

東晉法顯《雜藏經》："如月氏國王，欲求佛道故，作三十二塔，供養佛相。一一作之，至三十一時，有惡人觸王，王心退轉：'如此惡人，云何可度？'即時回心，捨生死向涅槃，作第三十二浮圖，以求解脫。由是因緣成羅漢道。"

北魏吉迦夜、曇曜《雜寶藏經》卷五："舍衛國有一長者，作浮圖僧坊。長者得病命終，生三十三天。婦追憶夫，愁憂苦惱。以追憶故，修治浮圖及與僧坊，如夫在時。"

北魏般若流支《得無垢女經》："把金散浮圖，香油塗佛塔。"

隋闍那崛多《佛本行集經》卷二："時彼比丘亦生心念：我今可以此摩尼寶安置浮圖承露盤上，作於寶瓶。生此念已，至於塔所。"

南朝梁慧皎《高僧傳》卷九："宣時到寺與澄同坐，浮圖一鈴獨鳴。"

南朝梁蕭琛《難神滅論》（載《弘明集》卷九）："若絕嗣續，則必法種不傳，如並起浮圖，又亦種殖無地。"

北魏楊衒之《洛陽伽藍記》卷第五："其俗，婦人褲衫束帶，乘馬馳走，與丈夫無異。死者以火焚燒，收骨葬之，上起浮圖。"

唐法琳《辯正論》卷四："齊侍中尚書令元羅，才名之士，王元景、邢子才等，咸為賓客。然為性儉素，恂恂接物。崇敬三寶，欽尚四弘，於法喜寺興建七層浮圖磚塔。"

宋神清《北山錄》卷六："嘗有傳魯般浮圖（自注：魯般春秋時人，浮圖自晉宋方有也），右軍般若。彼向知般在春秋，王居晉穆，則不有是言也。"

《晉書·五行志下》："（義熙）九年正月，大風，白馬寺浮圖剎柱折壞。"

《宋書·文九王·南平穆王鑠》："又毀佛浮圖，取金像以為大鉤。"

《魏書·釋老志》："凡宮塔制度，猶依天竺舊狀而重構之，從一級至三、五、七、九。世人相承謂之'浮圖'，或云'佛圖'。晉世，洛中佛圖有四十二所矣。"

《北齊書·武成十二王·琅邪王儼》："儼之未獲罪也，鄴北城有白馬佛塔，是石季龍為澄公所作，儼將修之。巫曰：'若動此浮圖，北城失主。'"

6. 塔寺等佛教建築；寺廟：

東晉僧伽提婆《增壹阿含經》卷二十五："是時，釋提桓因知尸婆羅心中所念,即於山中化作浮圖,園果樹木皆悉備具,周匝有浴池。"

唐道世《法苑珠林》卷四十二:"沙門竺法進者,開度浮圖主也。"

唐道世《法苑珠林》卷七十九:"(北魏)太武皇帝信任崔皓,邪佞諂諛,崇重寇謙,號為天師。殘害釋種,毀破浮圖。……到壬辰歲太武帝崩,孫文成立,即起浮圖、毀經,七年還興三寶。"

《舊唐書·田承嗣傳》:"頓兵於魏州南平邑浮圖,咸遲留不進。"


# 五　佛馱

## 1. 覺者,佛:

南朝宋僧伽跋摩《薩婆多部毗尼摩得勒伽》卷一:"如來阿羅呵三藐三佛馱。"

唐義淨《觀自在菩薩如意心陀羅尼咒經》:"南謨佛馱耶,南謨達摩耶,南謨僧伽耶。"

唐湛然《維摩經略疏》卷第十:"佛馱名覺,亦名知。"


## 2. 人名:

晉帛尸梨蜜多羅《灌頂三歸五戒帶佩護身咒經》卷三:"神名佛馱仙陀樓多,主護人鬥諍,口舌不行。"(《祐錄》未題譯人)

南朝梁僧祐《出三藏記集》卷三:"共天竺禪師佛馱跋陀,於道場寺譯出。"

南朝梁慧皎《高僧傳》卷二:"佛馱跋陀羅,此云覺賢。本姓釋氏,迦維羅衛人,甘露飯王之苗裔也。"卷二:"少時求法,度流沙,至于闐,於瞿摩帝大寺遇天竺法師佛馱斯那,諮問道義。"卷三:"天竺禪師佛馱多羅,此云覺救。"卷三:"佛馱什,此云覺壽。"卷三:"從佛馱先比丘諮受禪法。"

## 六 勃陀

1. 覺；佛：

唐提雲般若《大方廣佛華嚴經不思議佛境界分》："如是如是，一切如來，阿羅呵三藐三勃陀，無量眾生，自然解脫。"

唐義淨《大孔雀咒王經》卷上："南謨勃陀喃，大覺諸如來。"

唐澄觀《大方廣佛華嚴經隨疏演義鈔》卷十六："勃陀云覺者，即是佛字。"

唐澄觀《大方廣佛華嚴經疏》卷四："佛者主成就也，具云勃陀。此云覺者，謂自他覺滿之者。"

2. 人名：

唐阿地瞿多《陀羅尼集經》卷十二："第十三座主名勃陀誓多，作佛塔形並基四重，光焰圍繞。"

唐光述《俱舍論記》卷二十："能覺悟天故名覺天，梵云勃陀提婆，勃陀名覺，提婆名天。舊云佛陀提婆，訛也。"

## 七 勃馱。覺；佛

唐智剛《千手千眼觀世音菩薩大身咒本》："娜莫阿弭馱皤耶怛他誐多耶羅賀羝三藐三勃馱耶。"

唐一行《大毗盧遮那成佛經疏》卷十："薩嚩勃馱（一切佛也）菩提薩埵（菩薩也）。"

唐不可思議《大毗盧遮那經供養次第法疏》卷下："南麼三曼多勃馱喃（歸命一切諸佛）。"

## 八 浮陀。人名

南朝梁僧祐《出三藏記集》卷二："阿毗曇毗婆沙六十卷（丁丑歲四月出至己卯歲七月訖）。右一部，凡六十卷，晉安帝時，涼州沙門釋道泰共西域沙門浮陀跋摩，於涼州城內苑閑豫宮寺譯出。"

唐道世《法苑珠林》卷八十四："聞關中有浮陀跋禪師在石羊寺弘法，高往師之。"

宋法雲《翻譯名義集》卷一："浮陀跋摩，此云覺鎧。西域人，志操明直，聰悟出群。"

《魏書·釋老志》："太安初，有師子國胡沙門邪奢遺多、浮陀難提等五人，奉佛像三，到京都。"

## 九 伏馱。人名

《華嚴經文義綱目刊行序》："並請得大乘三果菩薩禪師名伏馱跋陀羅，此云覺賢，俗姓釋迦氏，即甘露飯王之苗裔，來至晉朝。"

《六祖大師法寶壇經》："第八佛馱難提尊者，第九伏馱蜜多尊者，第十脅尊者。"

## 十 母馱。覺；佛

唐輪婆迦羅《攝大毗盧遮那成佛神變加持經大悲胎藏轉字輪成三藐三佛陀入八秘密六月成就儀軌》："三藐三母馱。"

唐不空《讀誦佛母大孔雀明王經前啟請法》："南謨母馱野，南謨達磨野，南謨僧伽野。"

唐不空《普遍光明清淨熾盛如意寶印心無能勝大明王大隨求陀羅尼經》卷下："曩謨（引）母馱（引）野，曩謨（引）達磨野，娜莫僧（去）伽（去引）野。"

## 十一　沒陀。覺者

良賁《仁王護國般若波羅蜜多經疏》卷下三："三藐者，此云正也；三沒陀野者，此云等覺。"

根據以上調查，我們把這些詞的使用情況，用表格列出，[①] 其中字母表示：A＝內典，其中又分：a＝限於漢魏以來譯經，b＝限於密教譯經及咒語，c＝限於漢僧著錄；D＝外典。各例的初見時代標在字母前，其中漢字的意義：漢＝東漢，三＝三國，西＝西晉，晉＝東晉，南＝南朝宋，齊＝南朝齊，梁＝南朝梁，秦＝後秦，魏＝北魏，唐＝唐代，宋＝宋代；字母後"—"號表示用例少見。

**"佛陀"及其異譯的含義及社會分佈情況**

| 意義＼形式 | 覺，覺者 | 佛 | 佛教 | 人名 | 僧侶 | 塔 | 寺廟 | 寺院團體 |
|---|---|---|---|---|---|---|---|---|
| 佛陀 | 漢一西A | 魏A一/魏D一 | 梁a一，c | 漢一西A | 唐a一 | | | |
| 佛圖 | | 梁c一/唐D一 | | 晉b一，c/晉D一 | | 西a，c/魏D | 晉a/晉D一 | 秦a，c一 |
| 浮屠 | | 梁c/漢D | 晉c/漢D | | 梁c/唐D | 魏c/三D | | |
| 浮圖 | | 宋c一/漢D | 梁c/唐D | 梁c一 | 梁c/唐D | 西a，c/晉D | 晉A/唐D一 | |
| 浮陀 | | | | 梁c一/魏D一 | | | | |
| 佛馱 | 南a一 | 唐b | | 晉A | | | | |
| 勃陀 | 唐b一 | 唐b一 | | 唐b一，c一 | | | | |
| 勃馱 | 唐b一 | 唐b一 | | | | | | |

① 另有"部多"一詞，宋道誠《釋氏要覽》卷中說："佛寶，梵語佛陀，或云浮屠，或云部多，或云母馱，或沒陀。皆是五天竺語楚夏也，並譯為覺。"《一切經音義》卷三十三："部多宮。部多，此云自生，謂此類從母生者名夜叉，化生者名部多也。"卷七十："部多，已生義，含多解故，仍置本名。"《翻梵語》卷七："浮陀，亦云部陀，亦云浮泰。譯曰已生，亦云大身。"今查佛經中"部多"的用例都與"佛陀"無關，而與《一切經音義》和《翻梵語》的解釋相合。《釋氏要覽》疑誤。

续表

| 意義＼形式 | 覺，覺者 | 佛 | 佛教 | 人名 | 僧侶 | 塔 | 寺廟 | 寺院團體 |
|---|---|---|---|---|---|---|---|---|
| 伏馱 | | | | 唐 c— | | | | |
| 母馱 | 唐 b— | 唐 b— | | | | | | |
| 沒陀 | 唐 b— | | | | | | | |

以上意義可分兩組，其中"佛圖""浮屠""浮圖"兼與塔寺有關，其他衹與 Buddha 有關。

"佛圖"與其他各詞來源不同，《宗教詞典》（上海辭書出版社 1981 年版）："浮圖：亦作'浮屠''佛圖'。1. 梵文 Buddha 的音譯，同'佛陀'；2. 梵文 Buddhastūpa（佛陀窣堵坡）音譯之訛略。"這個解釋不夠準確。stūpa 是古印度一種起標記作用的建築，佛教興起後，用來供奉舍利或經文佛像，因此作 Buddhastūpa，譯成漢語，應該是"佛塔"，① 也就是"佛圖"。佛教建築塔寺往往共存，因此稱"佛圖寺"（佛圖＋寺）②：

> 西晉法炬、法立《法句譬喻經》卷二："山中作佛圖寺，五百羅漢，常止其中。"
>
> 東晉迦留陀伽《十二遊經》："六年須達與太子祇陀共為佛作精舍，作十二佛圖寺，七十二講堂，三千六百間屋，五百樓閣。"（此經《祐錄》未題譯人）

———————

① 西晉起，譯經中出現了"佛塔""佛塔寺""佛塔廟"例，為數不少，如竺法護《正法華經》卷六："如佛塔寺歸命作禮。"

② 遁倫《瑜伽論記》卷十一之上："於中或安舍利或不安舍利處，俱是佛塔，俱名制多……窣堵波者，此云供養處，舊云浮圖者，音訛也。梵本云名勃陀制多者，此云高勝，謂勝上之處也。"《十一面神咒心經義疏》："次自置有佛馱都制多者，第三舉所置處也。佛馱者，此云覺者也；都制多者，此云塔也。"《法苑珠林》卷三十七："所云塔者，或云塔婆，此云方墳；或云支提，翻為滅惡生善處；或云斗藪波，此云護贊，若人讀歎擁護歎者。西梵正音名為窣堵波。"《瑜伽師地論略纂卷第十一》："窣堵波，言高勝。制多，言塔。"《一切經音義》卷二："制多：古譯，或云制底，或云支提，皆梵語聲轉耳，其實一也。此譯為廟，即寺字伽藍塔廟等是也。"《金光明最勝王經疏卷第六》："言制底者梵語，通目佛之堂塔。若別目者，佛堂云制多，此云靈厝，舊云支提者訛；塔云窣堵波，此云高顯。"制多和窣堵波，本義分別指廟堂和塔，混用泛指佛教建築，制多也可單指塔。漢文佛經中沒有"佛陀窣堵波"，但"佛馱都制多"或"勃馱制多"可證這種形式的存在。

南朝梁僧旻、寶唱《經律異相》卷三十:"昔有一人,見浮圖寺,意欲作之,而錢帛不足,發願入海,益得金寶:我當作寺,國中第一。(出十卷譬喻經第四卷)"

"佛圖"可以簡作"圖",因此有"圖寺"或"圖廟",意思是"塔寺"或"塔廟":

《高僧傳》卷一:"僧會欲使道振江左興立圖寺,乃杖錫東遊。"

《廣弘明集》卷七:"而圖寺極壯窮海陸之財。"

《魏書·崔光傳》:"如聞往者刺史臨州,多構圖寺,道俗諸用,稍有發掘,基蹠泥灰,或出於此。"

失譯《分別功德論》卷三:"於是罷獄興福,起八萬四千圖廟。"

"浮圖""浮屠"與"佛圖"相混,[①] 也指塔或寺廟等佛教建築,或與"塔寺""廟塔"等同義連文:

唐法琳《辯正論》卷七"康阿得造塔放還"自注引《幽明錄》:"府君問何所奉事,得曰:'家起佛圖塔寺供養道人。'"

北魏菩提留支《佛名經》卷一:"敬禮舍利形像浮圖廟塔。"

南朝菩提燈《占察善惡業報經》卷上:"供養一切諸佛法身色身舍利形像浮圖廟塔一切佛事,供養一切所有法藏及說法處,供養一切賢聖僧眾。"

《南齊書·魏虜傳》:"自是敬畏佛教,立塔寺浮圖。"

唐智昇《集諸經禮懺儀》卷上:"敬禮舍利形像浮圖廟塔。"

唐阿地瞿多《陀羅尼集經》卷三:"任取勝地,無問寺內寬大堂

---

① "浮圖""浮屠"是 Buddha 的異譯,因與"佛圖"音近相混。這種現象,語言學上稱為 contagion,黃長著等譯哈特曼、斯托克《語言與語言學詞典》(原著 1972 年,上海譯文出版社 1981 年中譯本):"Contagion 感染〔詞義的〕 兩個語義上有聯繫的詞形相互混淆的過程或結果。如 restive 本來有 inactive (遲頓的)、persistent (固執的) 的意思,但和 restless (不安的) 發生聯想,便產生了 fidgety (煩燥不安) 的新意義。"這種"感染"是詞匯聚合中的變化,與有些研究者所談的組合感染沒有關係。

宇庭院之所，若近舍利浮圖塔廟，若好園林名山淨處，起作道場。"

"佛圖"和"浮圖"等詞，既有相同的地方，也有不同。其中，表示寺院團體一義是"佛圖"所特有的，沒有影響"浮圖"等詞；而"佛圖"則受"佛陀""浮圖"的影響，用來指佛或作佛教人名的前半。

從這些詞在文獻中的分佈看，可以作這樣的區別：

產生於外典（D）的用詞是：浮屠、浮圖。浮陀幾乎同時見於外典（D）和漢僧著錄（c），伏馱也產生於漢僧著錄（c）中。產生於一般譯經（a）的用詞是：佛陀、佛圖、佛馱。產生於咒語類譯經（b）的有：勃陀、勃馱、母馱、沒陀。

內典（A）中，用於人名的以"佛陀~"最常見，但外典（D）卻不用，偶有的幾例人名用了"佛圖~""浮陀~"。內典中，漢著文獻（c）的作者似乎一直在嘗試用一種更好的方式來作人名，除了"佛陀~""佛圖~""浮陀~"外，他們還使用了"浮圖~""勃陀~""浮陀~""伏馱~"等。

對釋迦牟尼或者佛的稱呼，外典（D）有自創的"浮屠""浮圖"，幾乎不用"佛陀"，而內典（A）則以"佛陀"為主，祇有漢著文獻（c）中時有"浮屠""浮圖"出現。南朝梁劉勰《滅惑論》說："《三破論》云：佛舊經本云浮屠，羅什改為佛徒，知其源惡故也。所以謗為浮屠，胡人兇惡故，老子云'化其始不欲傷其形'，故髡其頭，名為浮屠，況屠割也。至僧褘後，改為佛圖。"（載《弘明集》卷八）這個說法與我們看到的材料不一致，譯經中未見"浮屠"或"浮圖"，可能有論戰中信口說來的成分。但或許因為存在着這樣的解釋，"浮屠"的用例比"浮圖"要少得多。

外典（D）和漢著文獻（c）在此有相當的一致性，"浮圖"後來引申出僧侶的意義，並獲得了"佛圖"所表示的塔、廟的意義，"浮屠"也有類似的變化，這些變化都出現在這兩類文獻中。另外，這兩類文獻對"覺"或"覺者"的意思似乎沒有興趣，使它們的音譯形式成為譯經中的專用概念，與之相反，咒語類譯經（b）對它們十分感興趣，在後來的翻譯中，又創造了"勃陀""勃馱""母馱""沒陀"等形式來表示。

"佛圖"和"浮陀"使用範圍大致相似，主要見於漢著（c），或見於外典（D），從書面上看，它們恰是"佛陀"和"浮圖"的綜合，具有相當的承襲性。比較之下，密宗類（b）創造的幾個形式"勃陀""勃馱""母馱""沒陀"，與上述的幾個形式相去甚遠，散發出強烈的外來色彩。

綜合以上分析，除了像"佛""佛陀"那樣通用的譯文以外，可以就這些佛教詞的使用情況，大致劃分出幾個社會用語集團：

1（a），側重意譯的譯僧，早期以胡僧為主，輔以漢人，後來也有漢僧加入主持，但譯經用語（書面語）的風格大致已定，他們就在這個框架內進行用語的創新，很少吸收教外漢人用語，他們的使用形式主要是"佛陀"，"佛圖"是譯僧的創造，後來被教外和教內的漢人廣泛採用；

2（b），大段音譯的譯僧用語，是譯僧中極端講究形似的一派，追求譯文的朗讀效果儘量接近梵語，"勃馱""母馱""沒陀"等形式祇見於他們的譯文中，另外他們還多用"佛馱""勃陀"；

3（c），奉教漢人，他們瞭解佛教，但又熟悉漢語，在他們的著述中，既受佛教文獻的影響，也常常大量引用教外漢人著述，又有自己的用語特色。一方面，他們使用"浮屠""浮圖""浮陀"等教外漢人的形式，另一方面，他們也採用意譯經文中的"佛圖"和音譯經文中的"勃陀"，祇見於他們作品中的有"伏馱"；

4（D），教外漢人，他們對佛教有瞭解，但不深入或不崇奉，受佛教教內用語影響很少，"浮屠""浮圖""浮陀"主要由他們使用，偶而使用"佛圖""佛陀"。

在漢語中，佛教用語形成了社會方言，[①] 而從我們的調查來看，漢地的佛教社團也不是一個完全一致的整體，具有不同思想文化背景的人們在這種由特殊文化造成的漢語社會方言中，又根據各自的文化背景和交流的密切程度，形成了更小的語用社團，或者說具有不同風格的社會次方言。使用漢語的不同社會群體在基本用語上保持高度一致，但是，在某些專門用語方面卻出現了相當明顯的界限，這種差異，不僅反映在詞匯的形式和用字上，也反映在它們的意義上，從而形成某些專門用詞的分佈差異。可以把"佛陀"和它的變體的社會群體差異用圖表顯示如下：

---

① 需要說明一點，我們認為社會方言不是一個獨立的系統，它依附於全民共同語，是在全民共同語中的基本成分的基礎上，附帶有交際社團特有成分的用語，本文就是討論這種交際社團特有用語。

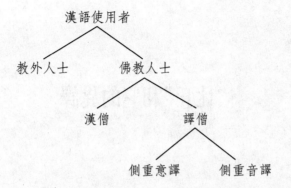

（原載《合肥師範學院學報》2011 年第 4 期）

# "比丘"和它的異譯

　　"比丘"（梵語 bhikṣu）是最早伴隨佛教傳入中國的外來詞之一，原指佛教團體的正式成員，通常表述為"出家後受過具足戒的男僧"，指完成最全備的入教手續（受具足戒）的男性成年成員，既與女性的比丘尼相對，又與男性未成年出家而未完成最全備入教手續的沙彌（後來還有頭陀、道人等）、在家修行的優婆塞（居士）相對。

　　作為表達佛教群體中基本成員的基本人物概念，"bhikṣu"是最早引進漢語的佛教詞語之一，出於不同的語用背景和主觀選擇，在不同的時期，它出現了多個形式。

　　從詞匯發展的角度來看，"bhikṣu（比丘）"的漢譯可以分成兩條線，一是音譯，一是意譯，兩種方式在這個詞的引入中都發生了作用，致使漢語中，"比丘"出現了多種異譯形式，比如《宗教詞典》（上海辭書出版社1981 年版）就收有音譯的"苾芻""煏芻""備芻""比呼"，意譯的"乞士""乞士男""薰士"等詞。本文主要依據從漢譯佛經材料，對這個詞的不同翻譯，及其相關現象作一探討。

　　在東漢末期約五十年的佛經漢譯工作中，"bhikṣu"有三個漢語形式出現在當時的漢文佛經中，其中"比丘"見於最早的一批佛經中，東漢初期的譯人安世高、支讖以及稍晚的譯人大多採用了這個形式，用例繁多。據我們對東漢全部五組譯人所譯 34 種通常認為比較可靠的佛經的考察，其中三組譯人的 32 種譯經中使用多達 758 例，另有 52 例表示女性的"比丘尼"，可見"比丘"在當時已經是一個使用廣泛的主流的翻譯形式了。

　　但是，音譯不是理想的翻譯形式。由於文化背景的差異，對於當時中土的絕大多數的祇懂漢語的人來說，這是用漢語的發音習慣說外語，它的形式與意義之間的聯繫與一般漢語詞不同，在表意或解讀方面存在明顯的不足。因此,在漢代這個詞出現了另外的意譯形式。在分別由安玄和支曜兩組譯人所譯的兩種佛經中,就沒有採用音譯的"比丘",而用了意譯形式,其中,安玄把它翻譯成"除饉",計有 11 個用例:

> 聞如是,一時,眾祐游於聞物國勝氏之樹給孤獨聚園,與大眾除饉千二百五十人俱。(漢安玄《法鏡經》)

而大致同時的另一位譯人支曜則把它翻譯成"除惡",計有 4 個用例:

> 佛說經竟,十方諸來明士,及諸天神,禮佛歡喜,忽各還本所,忍國諸明士除惡眾,天龍鬼王及四輩人,聞經欣悅,各以頭面着地,禮佛而去。(漢支曜《成具光明定意經》)

根據後代佛家的解釋,"比丘"一詞含有多個意義:

> 云何名比丘?比丘名乞士,清淨活命故名為乞士。……復次,比名破,丘名煩惱,能破煩惱故名比丘。復次,出家人名比丘,譬如胡漢羌虜各有名字。復次,受戒時自言:我某甲比丘盡形壽持戒,故名比丘。復次,比名怖,丘名能,能怖魔王及魔人民,當出家剃頭著染衣受戒,是時魔怖。何以故怖?魔王言:是人必得入涅槃,如佛說。有人能剃頭著染衣一心受戒,是人漸漸斷結離苦入涅槃。(後秦鳩摩羅什《大智度論》卷三)

> 比丘是天竺語,此間無的名翻譯。古舊相傳皆以三德釋之,若使備此三德乃稱比丘。何者?一曰怖魔,二言破惡,三者乞士也。(南朝梁法雲《法華義記》卷一)

> 言比丘者,梵云苾芻,訛云比丘,由具五義所以不譯。一者怖魔,初出家時魔宮動故;二云乞士,既出家已,乞食濟故;三云淨戒,漸入僧數,持淨戒故;四云淨命,既受戒已,所起三業,無貪相應,不依於貪邪活命故;五曰破惡,漸次伏斷諸煩惱故。《真諦記》云,因名怖魔、乞士、破惡。(宋智者《仁王護國般若波羅蜜多經疏》卷一上)

觀察對"比丘"含義的不同理解，可以看出，早期的理解比較重視物質和外表的特點，把乞討作為"比丘"的第一特徵；而在後來的理解中，乞討這一特徵位次逐漸後移。同時，對於乞討的理解，也由單純的物質的"乞食資身"，兼指精神的"乞法資慧"：

　　比丘者，梵語也，華言乞士。上乞法以資慧命，下乞食以資色身。（明宗泐《金剛般若波羅蜜經注解》）

　　早期的"除惡"和"除饉"這兩個翻譯形式，從兩個不同的角度對"比丘"作解讀。"除惡"相當於"破惡"，重在表達他們的精神修養，即去除世俗惡習，追求精神的解脫，含義相對淺白單一。而"除饉"的字面意思是消除饑餓，這是針對當時比丘在物質生活上以一衣一鉢為滿足，每日乞討為生，不蓄多餘財物，而一心一意地修行，追求人生的真諦。這種翻譯形式通過突出這些人在物質生活方面的特點，表現出他們的精神追求，有較大的闡發的餘地。後人在理解上對這個形式作了昇華，他們把世人的貪欲或者在精神方面的需求比作饑饉，佛教僧人引導人們擺脫這種精神上的饑餓：如：

　　除饉男，康僧會注《法鏡經》云：凡夫貪着六塵，猶餓夫貪食，不知厭足。今聖人斷除貪愛，除六情饑饉，故號除饉。（宋道誠《釋氏要覽》卷上）
　　但告比丘者，於四部眾，比丘為元首，又復是破惡之主，以無漏法斷諸有漏，以是故先告比丘。亦名沙門，沙門者，心得休息，息移有欲，寂然無著。亦名除饉，世人饑饉於色欲，比丘者除此愛饉之饑想。（失譯《分別功德論》卷二）
　　三釋比丘者，或言有翻，或言無翻。言有翻者，翻云除饉，眾生薄福在因，無法自資得報，多所饉乏。出家戒行，是良福田能生物善，除因果之饉乏也。（唐湛然《維摩經略疏》卷一）

　　"除饉"這一意譯形式，由於在解釋上可以兼顧僧人的物質生活特點和精神追求，有較大的發揮餘地，被一些後來的譯人所採用：

時佛在眾中央坐,佛告除饉眾、除饉女、清信士、清信女,今是四部為證。(三國吳支謙《大明度經》卷二)

其有除饉男、除饉女、清信士、清信女之阿難所,從問經戒。(晉竺法護[舊題白法祖]《佛般泥洹經》卷下)

在"比丘"的意譯方面,還有人做過一些探索性的工作,比如譯作"毀除士":

又若阿難,若有毀除士、毀除女、熏士、熏女,諸天龍神、阿須倫、迦留羅、真陀羅、摩休勒、人若非人來到爾所,如來至真如在燕坐,汝當為說如是道教。(晉竺法護《諸佛要集經》卷上)

"毀除"是摧毀去除的意思,指佛教僧侶放棄奢華的生活,去除各種貪欲,追求自己個人並引導世人獲得精神的解脫。這個翻譯與"除饉"大體相同,但三個音節的長度比較累贅,沒有流行開來。

從字面上看,參照佛家對"比丘"的含義理解,不論是三個要點還是五個要點(乞討、破惡、怖魔以及守戒、得名等),嚴格地說,意譯的形式不能充分滿足這樣的表意要求,因此,音譯形式始終是主流的翻譯形式。

但是,也有人對音譯的"比丘"表示不滿,隨着僧人對梵文瞭解的加深,他們提出,"比丘"一譯表音不準確,因此,另外提出了新的音譯的形式:

比丘者,梵有三名,或云比呼,或云苾芻,或云比丘,此無正譯。義翻有三,謂怖魔、破惡及乞士。(北魏法藏《華嚴經探玄記》卷十八)

"比呼"一譯未見於今存譯經,但"苾芻"一譯則風行一時,被唐人認為是正譯,"比丘"則被認為是訛譯:

苾芻,唐言乞士。舊云比丘,訛也。(唐釋光《俱舍論記》卷

十四)

> 梵云"苾芻",唐名乞士等。舊云比丘,訛。(唐法寶《俱舍論疏》卷十四)

除了字音上的特點以外,對於"苾芻"一譯,在字義上也有更深的解釋:

> 苾芻,梵語也,是西天草名,具五德,故將喻出家人。古師云:苾芻所以不譯者,蓋含五義故。一者體性柔軟,喻出家人能折伏身語粗獷故;二引蔓旁布,喻出家人傳法度人連延不絕故;三馨香遠聞,喻出家人戒德芬馥為眾所聞;四能療疼痛,喻出家人能斷煩惱毒害故;五不背日光,喻出家人常向佛日故。(宋道誠《釋氏要覽》卷上)

在漢語中,"苾"是芳香的意思,"芻"指草,"苾芻"在字面上就是香草,佛教多把佛教的影響比喻作芳香的氣息,所以,用香草來指佛教僧徒具有較好的象徵意義。上文對它的闡發,也正說明了這一點。不過,這樣的理解,與原文其實沒有關係,完全是從漢語的角度出發,作望文生義的闡發。儘管如此,這個音譯形式由於有了字面的可解性,成了一個含有意譯性質的翻譯形式,受唐宋一些譯家的歡迎,得到廣泛的運用,成為當時最常見的翻譯形式。

不過,"比丘"在唐宋的一些譯人中仍有使用,究其原因,應該有這麼幾個:首先,"比丘"的使用已經有了幾百年的歷史,在佛教文獻中已經有了極其可觀的用例,十分普遍,形成了習慣,對後來誦經者以及譯人,有着極大的影響;而在僧俗之間,由於先入為主的原因,一般慣用的通行形式是"比丘","苾芻"主要限於佛經的翻譯,在僧俗的日常交際中基本上沒有使用,比如在唐宋的佛家語錄中,可以看到的祇有"比丘"而沒有"苾芻"。其次,"比丘"二字易寫易識,比較相對繁複的"苾芻",也有助於它在實際運用中得到更多的支持。另外,"苾"比較生僻,它的"芳香"義並不常用,因而"苾芻"字面的理解,沒有得到廣泛的認可。這些原因導致在"苾芻"盛行於佛教翻譯界的唐宋時期,"比丘"仍有不少用例。至今,我們仍使用"比丘"這個形式,而沒有使用"苾芻"。

唐代以後，人們還常常用"乞士"作為"比丘"的意譯，影響至今，一般詞典都用"乞士"為"比丘"釋義。其實，"乞士"在唐以前的佛經中並不專指佛教修行者，而是有乞討行為的各種宗教人士甚至非宗教人物：

今此臣吏，獨欲飲食，故出惡教，勅諸四遠諸貧窮乞士，不得詣門從王乞丐。假使乞者，罪皆應死。（晉竺法護《生經》卷三）

爾時世尊，到時持缽，整頓衣服，徑向乞求婆羅墮者婆羅門所。爾時梵志遙見世尊，梵志自歎說曰："我亦乞士，君亦乞士。二乞士中，何者為勝？"（後秦竺佛念《出曜經》卷二十九）

時有一菩薩名曰上首，作一乞士入城乞食。時有一比丘名曰恒伽，謂乞士言："汝從何來？"（北涼法眾《大方等陀羅尼經初分》卷一）

於閻浮提內大聲唱言："若有乞求，欲須食飲，乃至欲得種種珍寶，悉來至此，我當給施。"是時閻浮提內一切乞士，聞是唱已，悉來集會。（北涼曇無讖《悲華經》卷九）

若復施主持戒，不殺、不盜乃至正見，佈施諸沙門、婆羅門乃至乞士錢財、衣服、飲食，乃至燈明。緣斯功德，生人道中，坐受其報。（南朝宋求那跋陀羅《雜阿含經》卷三十七）

仁既生在大王深宮，今日剃髮作比丘身，不合如此作於乞士。仁復何用為沙門形，貧窮活命？（隋闍那崛多《佛本行集經》卷二十八）

於時太子及與乞士俱詣仙人處。太子下象，至仙人處，白言聖者："願與出家。"時彼仙人即與出家。太子告言："我今欲去，汝若得道，及與證果，願令相報。"（唐義淨《根本說一切有部毘奈耶出家事》卷二）

當然，也有一些用例把"乞士"和"比丘"相提並論：

舍衛城中須達長者有一老母，名毗低羅，謹勤家業，長者敕使守執庫鑰，出內取與一切委之。須達長者請佛及僧，供給所須。時病比丘多所求索，老母慳貪，瞋嫌佛法及與眾僧，而作是言："我家長者

愚癡迷惑受沙門術，是諸乞士多求無厭，何道之有？"（晉佛陀跋陀羅
《觀佛三昧海經》卷六）

　　優波底沙道士遠見長老阿說者，心生歡喜，鄭重觀視執持衣鉢。
見已，心作是念："在此王舍城內出家學道者，不見有人威儀如是。
此出家人我今宜問：乞士，誰是汝師？汝何所為而出家耶？汝從誰
法？"（南朝陳真諦《佛阿毗曇經出家相品》卷上）

其中的差別是顯而易見的，"乞士"所指寬泛，不一定是佛教僧徒，
換句話說，佛教僧徒衹是乞士中的一類。

在佛教的音義中，還有"除士""薰士"的說法：

　　除饉，渠鎮反。舊經中或作除士、除女，或薰士、薰女，今言比
丘、比丘尼，是也。（《一切經音義》卷十玄應《明度無極》第一卷
音義）
　　除饉，勤靳反。舊經中或言除士、除女，亦言菫士、菫女，今言
比丘、比丘尼也。案，梵言比丘，此云乞士，即與除饉義同，謂除六
情饑斷貪欲染也。以善法菫修，即言菫修士菫女也。（《一切經音義》
卷十六玄應《法鏡經》卷上音義）

根據我們的瞭解，"除士""菫士"沒有出現在今傳漢譯佛經中，可能
這樣的譯法衹是偶見，所譯文獻今已不存，或已經被人改了。"薰士（熏
士）"以及表女性的"薰女（熏女）"在譯經中有一些用例，但並不是
"比丘""比丘尼"的意思，而是"優婆塞""優婆夷"的意譯：

　　又若阿難，若有毀除士、毀除女、熏士、熏女，諸天龍神、阿須
倫、迦留羅、真陀羅、摩休勒、人若非人來到爾所，如來至真如在燕
坐，汝當為說如是道教。（晉竺法護《諸佛要集經》卷上）
　　此及他方無數天龍鬼神、阿須倫、迦留羅、真陀羅、摩睺勒不可
稱限百千億載，比丘、比丘尼、熏士、熏女不可計會，皆悉來集。
（晉竺法護《如幻三昧經》卷上）

　　這樣，從宏觀上看，直至唐宋時期，"比丘"仍是漢譯佛經中 bhikṣu 的主要翻譯形式。不過，並不意味着"比丘"就成了中國佛教徒的通用稱謂，當時中國俗間對佛教徒的稱謂，仍然在不斷地變化，又有"師""師僧""僧"以及現在比較通行的"和尚"等，但是，這些詞語在形式上都與 bhikṣu 沒有直接關係。

　　（原載《漢語史研究集刊》第九輯，巴蜀書社 2006 年版，第 154—162 頁）

# 漢譯佛經用語研究的深入

## ——讀朱慶之教授《論佛教對古代漢語詞匯發展演變的影響》

　　漢譯佛經用語與一般的漢語文獻用語比較，有着明顯的不同，在傳統的小學研究中基本無人涉足。20 世紀以來，在漢語研究領域，佛經逐漸受到重視，最初被用作漢語研究的有效參照，證明漢語音韻或語法、詞匯方面的某些現象。① 到 20 世紀 80 年代，國內一些研究者把它作為一種基本的漢語語料加以研究，研究者重在對其中的特殊語言現象的描寫，強調它的口語性，或者它與現代漢語的源流關係。由此發現，除了借詞，後來的漢語中（包括現代漢語）有大量語言成分首見於佛經，不少漢語詞匯或語法成分的變化，在佛經中有更豐富、更有說服力的材料，② 佛經用語的研究受到行內學人的關注。1990 年以後，一些研究者又使用了"佛教混合漢語"或"佛教漢語"的概念，對漢譯佛經中的外來因素及其影響給予了高度重視，這是一種更新的認識，朱慶之教授是持此論最堅且研究最力者之一。

　　新的認識，開闢了新的視野，把研究引入了一個更高的境界，很多以前研究沒有充分注意或者無法說明的問題，在這一思路的引導下，有了很好的解釋，許多原來不確切的解釋，由此得到更正，令人耳目一新。朱教授的論述，充分說明瞭這一點。

　　當然，從這一新角度出發，還有不少問題有待深入。

　　首先，佛教混合漢語或者佛教漢語的定位需要加以明確。混合語也稱克里奧耳語或洋涇浜語，像洋涇浜語原是土著的人群受外來影響，採用了

---

① 參見汪榮寶《歌戈魚虞模古讀考》、周法高《中國古代語法》以及日本學者太田辰夫的《中國語歷史文法》、志村良治《中國中世語法史研究》等。

② 這方面成果甚豐，朱先生文中已經列出，此不贅述。

外來語言，並糅合了大量的本土語因素，形成了一種本土化的外語。漢文佛經用語不能定位在這個概念上，因為它雖然變異顯著，但仍是漢人用的漢語，是一種含有濃重外語因素的漢語，不同於洋涇浜英語——主要由非英語民族使用而造成的異化的英語。這種用語的產生當然基於不同文化的交流，但是它的使用者卻基本上是單一的，不是兩個或幾個不同語言集團的成員間的交際語——準確地說，它是在佛教從古印度引入中國的過程中，最初由異族人和漢族人共同造成、後來主要由漢人使用的，向漢人宣揚佛教或供漢人學習佛教的用語。

除了音譯詞以外，漢文佛經用語存在着大量外來因素，並吸收了不少口語和方言成分，與一般漢語（主要是作為典範的文言）比較，它的特殊性顯而易見，在某種意義上來說，或許可以把它看作是一種由特別的文化集團使用的漢語社會方言，或者是一種在特定文化背景下形成的、帶有社會方言性質的漢語文獻用語。

其次，漢文佛經用語本身的形成和變化尚需加以關注。佛經的漢譯延續了近千年，最初根據的是來自中亞的、所謂的胡本，後來才直接採用梵本；譯師從不能兼通胡漢或梵漢，到梵漢兼通。在此過程中，外來語的影響前後可能不同。以“如是我聞”的形成為例，在最初的時候，它被譯作“聞如是”，漢魏兩晉的譯經基本採用這個形式，在南北朝的譯經中仍不乏使用。魏晉之際部分譯師用的“我聞如是”，是一個過渡形式，[①] 後來讓位於廣泛使用的“如是我聞”。“如是我聞”最確切的早期用例見於東晉高僧法顯譯經，[②] 《大般涅洹經》開篇採用了此語，他和佛陀跋陀羅共譯的《摩訶僧祇律》也有 2 例。此後，“如是我聞”逐漸成為這一類經文開篇的定式，[③]

---

① 使用這個形式的譯人不多，據今本，最早見於三國魏康僧鎧《無量壽經》，但此經的譯人有歧說。這個形式多見於東晉僧伽提婆譯的《中阿含經》，有二百多例。

② 今本大藏經中，有些標作漢魏時期的經文採用“如是我聞”開篇，如東漢安世高《㮇女祇域因緣經》《罪業應報教化地獄經》《出家緣經》《犯戒罪報輕重經》，失譯附後漢錄的《大方便佛報恩經》《受十善戒經》，三國吳支謙的支謙《須摩提長者經》，但據較早的經錄，對這些經文譯人的記載都是不可靠的，目前的研究也證實這一點，如方一新教授近來有專文討論《大方便佛報恩經》不是漢代之作（參見《古漢語研究》2003 年第 3 期）。另外，有兩種題為曇道真譯的經也用了“如是我聞”開篇，但《無垢施菩薩應辯會》收在《大寶積經》中，這是唐人編輯的經集，有唐人改動的可能，另一篇《文殊師利般涅槃經》譯人有歧說，也不可靠。（參見呂澂《新編漢文大藏經目錄》，齊魯書社 1980 年版）

③ 據顧滿林博士考察，“聞如是”在南北朝還有幾十例，但“如是我聞”有上千的用例。

唐宋譯經中幾乎沒有例外。"聞如是"比較合乎漢語習慣，"如是我聞"則明顯仿梵語結構，目前我們還無法弄清這個變化到底是翻譯底本中胡本與梵本的差異造成的，還是譯師翻譯造成的。有一點可以肯定，法顯曾去印度取經，即使不是由他首創，"如是我聞"出現在他所譯的經文中，可以說明譯僧們對譯文切近原文的熱切追求。這個變化過程表明，漢文佛經譯文的梵化是有過程的。

在整個佛經翻譯的數百年間，"漢化"與"梵化"是兩個互相制約的因素。在深入發掘經文用語中梵化因素的時候，也看到一些跡象，表明經文用語有漢化的傾向。最初來自異文化的胡僧應該傾向於追求地道的漢語，① 但限於他們的漢語能力，不得已，在漢語中摻入了大量的外來語因素。隨着交流的增加和深入，胡人或梵僧的漢語水準和漢人的梵語的水準都得到了很大的提高，追求地道的（切近原文的）翻譯成了譯人的目標，譯文儘量接近原文。梵化的傾向，大約更多地與大量漢人參預譯經，並在其中充當重要角色有關。另外，過度的梵化創造出的一些成分得不到大眾的支持，其中也不乏返樸歸真的實例，一些後起形式不如原有形式有生命力，一些含有更多外來因素的成分不如本土形式流行，如唐譯使用的"苾芻"就沒能代替漢代開始使用的"比丘"，音譯的"優婆塞"也不如意譯的"居士"使用廣泛。仿譯似乎是二者的一種理想結合：在漢語的外殼中注入梵語的意義以及結構，照顧了漢人的習慣，又達到了切近原文的目的。

最後，漢語本身是在變化之中的，出現在佛經中的用語變化，應該包括或反映漢語本身的一些變化，這些變化可能在其他文獻中表現不明顯。因為傳統形式的文獻，受某些表達定式的影響，在用語上相對保守，不如正在成長中的譯經用語容易吸收新成分。這裡有幾種可能：

1. 佛經中的一些用語變化，單純地反映了當時漢語的變化或口語方言的因素。比如漢語疑問詞"那"代替"安、焉、惡"的過程，在佛經中有豐富的用例，但與外來影響無關；

2. 佛經用語的創新與漢語的某些變化處於同步狀態。如五七言偈文的普遍使用與當時漢語詩歌創作的進程一致，四字格的興起與辭賦駢儷等時

---

① 這種心理應該是普遍的，一個初學外語的人，總是想把自己的外語說得更地道一點。對佛教的思想來說，語言祇是一種工具，傳教的大德高僧在"方便說法"的時候，不會放棄這種方便的。

行文體和當時的散文風格一致，佛經中的"大小便（大便小便）""清信士女（清信士清信女）"和《禮記》中的"祖父母（祖父祖母）"《史記》中的"左右賢王（左賢王右賢王）"結構變化方式相同，可以認為這是佛經翻譯採用了漢語的一些表達方式；

3. 梵漢語言一致的地方在譯文中的表現。如佛經中的"四無所畏"和《論語》裏的"三畏""四時"等；

4. 佛經中的用語變化，是某些漢語變化的放大。也就是說，漢語中出現了某些變化，但是不普遍、不穩定，佛經中卻大量使用，不僅使它趨向普遍穩定，還有走向極端的現象，如敘述佛本生內容的經文，在唐宋的一些譯本中，韻文用五言或七言句，散文用四字格，整齊異常，通篇沒有零散的字；

5. 佛經的翻譯刺激了漢語的變化。一些隱含的、可能的變化以及根本不可能的變化，成為現實。

以上，1、2 是漢語變化對佛經用語中新質的作用；4、5 則是外來語對佛經用語中新質的作用；3 處於兩可之間，漢語形式中各語素與原形式的構成成分逐一對應，整體結構也相同。

鑒於佛經用語的複雜性，我們以為，在從梵漢對比的角度對佛經用語作可貴的探索的同時，能有更多的有志者從更多的方面來圍繞這個目的互相配合展開研究。比如，有必要對漢譯佛經用語作更細的考察，弄清不同的歷史層面佛經用語中的新質發生的情況，理出其中受外來影響和本土口語方言作用的成分和程度，比較準確地評價外來影響、本土口語或方言的作用，因此需要對現存的材料作細緻的描寫。工作需要分幾步來做：

1. 分段描寫出各歷史層面上佛經用語中的新質；

2. 與同時的漢文文獻作比較；

3. 與梵文或其他外語材料作比較；

4. 進行綜合評價。

通過這樣的研究分析，我們可能比較切實地瞭解到，伴隨佛教傳入中國而發生的這次空前規模的語言大接觸，對漢語發展的影響及其程度。當然，這是一項艱巨的工作，它需要很多人和很多方面的合作，但這是深入研究必不可少的。

（原載《〈普門學報〉2003 年讀後感》，《普門學報》2004 年增刊）

中　篇

《太平經》文本研究

# 漢代道教典籍《太平經》文字校讀

　　《太平經》是東漢道教徒作的一部重要文獻，全書大體用口語對話形式寫成，通俗淺顯，有許多地方反映了當時俚俗間漢語漢字的使用情況，是漢語史研究的寶貴材料。漢字的特點是字形和意義密切相關，每一個詞都有確定的寫法，但是文字在使用中往往出現一些不規範的情況，這種現象在民間流傳的文書中，尤其容易發生。從整體來看，《太平經》中的用字大體是比較規範的，但是，也有不少俚俗的用字。其中有些是先秦以來慣用的通假字，也有不少是其他文獻中並不習見的用字字例，其中有的可歸於通假範疇，有的卻祇是文字使用或傳抄中的訛誤。《太平經》今存一個殘本和一個唐人摘抄的簡本《太平經鈔》，王明先生的《太平經合校》為本書的文字整理已經做了大量工作，指出並校正了許多通用字和誤字，但未能盡悉，本文在此基礎上拾遺補闕，討論《太平經》中的用字問題。為了方便討論，本文引用《太平經》均據中華書局《太平經合校》，各例祇列頁碼，不舉卷次。並且，凡一般工具書中已有同類用例或《太平經合校》中已說明的，不再重複。

　　在古籍中有些字可以互通，但罕有並見的用例，或者一般古籍中甲字可通乙，但未有或罕有乙通甲的，而在《太平經》中卻有這樣的互通用例：

　　　　得—德。p.433：“學之以道，其人道；學之以德，其人得；學之以善，其人善；學之以至道善德，其人到老長，乃復大益善良。”

　　案：p.411“是故古者賢明德師”句王明注：“德鈔誤作得。”此為異文，不當作誤。"得"通作"德"，古書亦有使用，如《荀子·成相》："尚得推賢不失序。"

德—得。p. 109："子德吾書誦讀之，而心有疑者，常以此書一卷自近，旦夕常案視之。"又 p. 401："人人曰自言惠，且善曉事，而反其行徵也，反月德惡。"又 p. 432："上賢德以守儒良，中賢德以上為國家至德之輔臣，其中小賢，化為順善之吏。"

案："得"通"德"古書常見，如上例，但以"德"作"得"，未見他書有例，本書再三出現。

而—能。p. 48："而象吾書以治亂者，立可試不移時也。"又 p. 278："凡人學，而窮竟其可求學者，是也。……不離繩墨，而得其實者，是也。"又 p. 339："子而守道，亂何從得生。"又 p. 415："而日吉者，是其得天地心意也。"又："若薄少不足言，而深思念之，反大重。"又 p. 417："非吾而使子見祐於天也。"又 p. 428："子而守此，以為重戒，則可萬萬世無患矣。"又 p. 652："人為善者少，少而中天意者。"又 p. 675："子向不能難問，誰復而難問者乎？"又："無而盡解除其病者。"又 p. 681："吾道之所以而長久養者，人而樂道樂德樂仁。"

案："而"常用作連詞，和通作"能"的用例有時不易分辨，所以這裡多舉些例子。"而"通"能"還可以組成的一些詞語，在這些組合中"而"祇解作"能"，為省篇幅，下列組合僅舉一例，其餘祇標頁碼。

安而—安能。p. 289："此比若教無道之人，令卒蜚，安而蜚乎哉？"又：p. 418，p. 644，p. 645 二例，p. 658，p. 663。

不而—不能。p. 30："不而善養，令小傷為地小貧。"又：p. 373 二例，p. 378，p. 410 二例，p. 420，p. 424，p. 426，p. 427，p. 436，p. 442，p. 617，p. 640，p. 644 三例，p. 654，p. 655 二例，p. 657，p. 670，p. 678，p. 681。

乃而—乃能。p. 640："主成善事，乃而助天生成也。"又：p. 77，

p. 644，p. 676，p. 613，p. 646。

所而—所能。p. 644："相氣微氣少所而安……相氣微氣少所而化。"又：p. 657。

寧而—寧能。p. 654："寧而中師法不哉？"

故而—故能。p. 657："故而常獨與天厚。"

非而—非能。p. 394："吾亦為吾身屈，非而為子也。"

何而—何能。p. 646："心中不樂，何而歌舞？"

能—而。p. 286："夫天地乃以此自殊異自私，故能神尤重之也。"又 p. 529："亦不以不肖，故能見嫌疑也。"又 p. 655："愚生今受性頑鈍，訖能不解，何謂也？"

案：本書中"而"多通"能"，"能"也有通"而"的。並且"故而"和"故能"有互通的用例。

而—如。p. 540："是曹事視之，而不足為戒，念可行宜復成名。"又 p. 600："天為設禁，使不犯耳。而故犯之，戒命於天神，可【何】以久與人等也。作行如此，為使人不死之道乎？"又 p. 615："令俗間知之，而不用書言，命不可得全也。"又 p. 621："而自犯之，壽命從何得前。"又 p. 640："而依其人使作樂，亦可如此。"

案：本書中"而"和"如"也多互通，此依通"能"例列出。

而是—如是。p. 524："此為失善從惡，令命不全，何獨而是耶？"

不知而何—不知如何。p. 528："見神言，日夜長息，恐身過未悉除，久不與太陽氣通，而在死伍之部，益復篤，不知而何也。"

案："而"通"如"有二個較常見的意義，一是表示假設，一是表示相似，本書中又有表示"奈"的含義。"不知而何"下文又作"不知如何"，是不知道怎麼辦的意思。本書也有"如"通"而"的用例。

如—而。p. 660："各從其類，合如為形。"王明注："如鈔作而，如猶而也。"

或—惑。p. 440:"於其如是,則群神共來欺之或之,小人則且上入祅言而死也。"

案:《易·乾》:"或之者,疑之也。"

惑—或。p. 180:"人惑隨其無數灸刺,傷正脈。"

案:《墨子·明鬼下》:"請惑聞之見之。"孫詒讓間詁:"惑,與或通。"

耶—邪。p. 92:"皆多絕匿其真道,反以浮華學之,小小益耶且薄。"又 p. 94:"先人小小佚失之,其次即小耶,其次大耶。"又 p. 245:"助帝王養人民,令不犯惡為耶。"又 p. 282:"其下三九二十七者,其道多耶。"又 p. 440:"邪心惡意,道必失也。大人不精聽耶,或失其正位,小人不精聽耶,與祅結也。"又 p. 441:"凶耶日遠去,吉者來矣。"又 p. 449:"陽者以其形反為陰形,陰者以其形反為陽形,正自以其身,為其人形容也,不可逮及也,且中於耶。"

案:"耶"和"邪"字相通,在一般古籍中,多用於句末語氣詞,在本書中也多見。但是"邪"的邪惡、不正等義,在當時其他文獻中未見用"耶"的。

增—曾。p. 141:"其為行,增但各自祐利而已邪?"又 p. 244:"則天為其大悅,地為其大喜,帝王為其大樂而無憂也,其功增不積大哉?"

案:"其為行,增但各自祐利而已邪"句,合校本作"其為行增,但各自祐利而已邪",今據文義改。"增"通"曾",作副詞,同"豈",他書未見。

曾—增。p. 448:"真人得之,自深惟思其要意,賢明心有九孔易達，見文自大覺矣，勿復問也。曾文。"

案："曾文"即"增文"，這裡說天道之法以一況萬，不應繁複而使本義隱晦。《孟子·告子下》："所以動心忍性，曾益其所不能。"同此。

適—謫。p.391："今恐得大適死。"又p.408："如吾不言，名為妒道業學而止，而反得天適。"又p.573："魂神俱苦，適作不息。"

案：《漢書·食貨志下》："故吏皆適令伐棘上林。"顏師古注："適讀曰謫。謫，責罰也，以其久為奸利。"

謫—適。p.105："二月德在九四，在卯，已去地，未及天，謫在界上，德在門，故萬物悉樂出窺也。"又p.645："比若小人，有七凶三善，三善謫得三從樂。有七兇惡反七愁苦，悒悒安而從樂乎？"

案："謫"通"適"字，作副詞，他書中未見，本書中二字可互通。
《太平經》中還有一些本書中特有的不規範用字，其中主要是在其他文獻中未有使用的、替代常用或規範用字的字例，也包括一些書寫中出現的誤字，其中有的可能是後人傳寫中產生的錯誤。根據這些字在字音和形體上同規範字之間的差別，我們分幾個方面來討論。
A. 與規範字形異音同的字，這些字按一般標準，都可以認為是通假字：

盜—道。p.603："所說所道，未曾有小善，有惡之辭，而反常懷無恩貸之施，自盜可意而行，不念語後有患苦哉？"

案：盜，宵韻定部；道，幽韻定部，二字同聲韻近。"道"是說、想的意思。

券—勸。p.410："是文乃天所以券正凡人之心，以除下古承負先人之餘流災，以解天病，以除上德之君承負之謫也。"

案：此"券正"義為匡正、勸正，其中的"券"與通常釋為契據等義的"券"不同，"券"似通"勸"，二字古音都屬元部溪母去聲。

上—尚。p. 566："延命之期，上及為善，竟其天年；惡，下入黃泉。"

案："上"和"尚"古多相通，但此處"上"表示"尚且"的意思，在他書中未有發現。

佷—旋。p. 181："祝是天上神本文傳經辭也。其祝有可使神佷為除疾，皆聚十十中者，用之所向無不愈者也。"

案：《說文》："佷，很也。"與此義無涉。《漢語大字典》釋"佷"通"懸"，《漢語大詞典》釋"佷"通"玄"，都不太恰當，疑當通"旋"，"隨即"的意思。

B. 與規範字音形相關的字，這些字有相同的聲符，有的可以認為是通假，也有的可以認為是形近而誤的錯別字。

常—尚。p. 132："今天下人俱大愚冥冥，無一知是也。極於真人，說事常如此，今何望於俗夫愚人哉？"

案："常如此"是尚且如此的意思。"常"通"尚"《詩經·殷武》"曰商是常"俞樾平議："常當作尚，古常、尚通用。"《詩經》中"常"通"尚"是崇尚的意思，與此不同。

詒—紿。p. 204："人民更相殘賊，君臣更相欺詒，外內殊辭，咎正始起於此。"王明注："詒鈔作紿，詒通紿。說文：詒，相欺詒也。"又 p. 276："其好外學，才太過者，多入浮華，令道大邪，而無正文，反名為真道，更以相欺詒也。"

紿—紿。p. 92："後生者，日增益復劇，其故使成偽學相傳，雖天道積遠，先為文者，所以相欺紿之大階也。"

　　怠—紿。p. 198："象人治者相利多欲，數相賊傷，相欺怠。"王明注："怠鈔作殆，怠殆通用，疑系紿字之誤。"

　　治—紿。p. 68："凡人悉愚，不為身計，皆以邪偽之文，無故自欺治，冤哉！"

　　案：合校本"欺治"作"欺殆"，王明注："欺殆原作欺治，鈔脫欺字，殆字依鈔改。""治""殆"形近，都從台得聲，因致誤。

　　"詒、殆、怠、治"等字和"紿"字都從"台"，形相近，故混用。其中"詒"和"紿"通，他書中也用。

　　房—旁。p. 547："生命之日，司候在房，記著錄籍，不可有忘。"

　　案："司候在房"，指守候在旁。此指人生之時，有神守候記錄人的言行善惡。

　　恞—駭。p. 35："心大悲而恐恞。"又 p. 187："吾恐恞驚，不知先後。"又 p. 189："且恞且喜。"又 p. 252："吾甚驚恞心痛。"又 p. 306："令賢聖惶恞。"又 p. 357：" '愚生甚恞。' '子知恞，可無並見考。' "又 p. 535："復益悵然有慚恞之心。"又 p. 640："子知早恞，可長存；不知恞，死之根也。"又 p. 677：" '甚惶甚恞。' '子知惶且恞，可謂覺悟，知天道意矣。' "又卷 p. 720："反恞肝膽為發怒。"又："下士則不知土地山川之廣大可恞。"又本書各卷中多有"可恞哉"一語。(例如：p. 52、p. 70、p. 122、p. 246、p. 248、p. 354、p. 356、p. 358、p. 638、p. 640、p. 656、p. 660、p. 661、p. 663 等)

　　案：此"恞"字，書中也多作"駭"，如 p. 102："不厭固，不畏駭。"本書常用的"可恞哉"也多有作"可駭哉"的（如 p. 74、p. 78、p. 87、p. 91、p. 125 等）。有時"駭"字與"恞"在上下文中並見，比如 p. 122："可恞哉！可恞哉！……是以吾居天地之間，常駭忿天地，故勉勉也。""恞"字《漢語大字典》《漢語大詞典》祇收有"愁苦"一義，未錄此義。

即—既。p. 372:"請問即非天道時運周而死,何故常以天地際會而亂哉?五行際會而戰邪?五帝之神歷竟而窮困邪?"

慊—謙。p. 314:"'唯唯。天師所敕,不敢不盡雀鼠之智悉言之,不也?''大慊。'"

案:"慊"有多義,但通"謙"一義,未見於他書。在本書中,此義多數情況下寫作"謙",或作"嗛"。

勤—僅。p. 39:"勤能壹言,不敢復重。"又 p. 80:"愚生勤能一言,不復再言也,唯天師陳之耳。"又 p. 161:"故夫上士怨然惡死樂生,往學仙,勤能得壽耳,此上士是尚第一有志者也。中士有志,疾其先人夭死,怨然往求道學壽,勤而竟其天年耳,是其第一堅志士也。其次疾病多而不得常平平,怨然往學,可以止之者,勤能得復其故,已小困於病。"又 p. 163:"下士自力,勤能不失法。"

案:"勤"通"僅",本書用於"勤能"一語,"勤而"中"而"通"能"。

示—視。p. 246:"上不負先祖,下不負於子孫,天地愛之,百神利之,帝王待之若明友,比鄰示之若父母。"

案:"示"的本義是"給……看",這裡表示看待的意思,施受關係正相反。

違—圍。p. 175:"使一人主言其本,眾賢共違而說之。"又 p. 176:"今試書一本字,投於前,使眾賢共違而說之,及其投意不同,事解各異。"

案:p. 191:"執本者一人自各有本事,凡書文各自有家屬,令使凡人各出其材,圍而共說之。"可證此"違"字即"圍","聚集"的意思。

嬉—喜。p. 45：“六情所好，人人嬉之。”又 p. 325：“使其心曠然開通，而好嬉用之也。”又 p. 347：“是名為大逆之人也，天不好也，地不嬉也，鬼神會不祐也。”又 p. 372：“吾甚嬉之。”又 p. 558：“心乃欣然嬉思，盡功於天君所，積之有歲。”

案：這裡的“嬉”都是喜歡的意思。

與—興。p. 164：“下古之人反相教力學死喪之具，豫與凶事以待之，日死不以其壽，幾滅門矣。”

案：上文有“凶事興，即鬼大盛，共疾殺人。”和此句“興凶事”同義，指的是喪事盛辦，大事鋪張。

興—與。p. 112：“今天師乃興皇天后土常合精念，其心與天地意深相得。”合校本作“乃與”，王明注：“與原作興，疑誤，今依鈔改。”又 p. 673：“故人取象於天，天取象於人。天地人有其事象，神靈亦象其事，法而為之。故鬼神精氣於人諫亦諫，常興天地人同時。”
譽—與。p. 368：“今怪一國有變，萬二千國何譽，當復有變者邪？”又 p. 412：“或久久乃復能入茆室而度去，不復譽於俗事也。”

案：《漢語大詞典》中錄“譽”通“與”例，表示黨與或接觸的意思，此二“譽”字通與，表示參與、有關的意思，義稍別。

與—輿。p. 113：“此乃自然之術，比若影之應形，與之隨馬不脫也，誠之。”

案：“輿之隨馬”指車在馬後，古代馬拉車，故言。
與、興、譽、輿等字，繁體寫法相近，字音（除“興”之外）又多相近，故有混用。

座—坐。p. 59："人但座先人君王人師父教化小小失正，失正言，失自養之正道。"

案："座"通"坐"，通常指坐着的動作，這裡"座"表示的卻是"坐"的一個引申義，表示因為別人的原因受到損害，或受到損害的原因。此義未見他書用例。

C. 傳抄刻寫中文字部分筆劃的脫誤：

二—三。p. 681："吾道之所以而長久養者，人而樂道樂德樂仁，忽於凡事，獨貪生耳，道正長於養守此二人也。"

案：這裡連續並提的是樂道、樂德、樂仁三種人，下文也說是"三人"："何故獨宥此三人，不宥餘哉？"又："此三人皆有三統之命。"此"二"正是"三"的脫誤。又，這裡句中的"而"都通"能"。

敬—警。p. 117："子今欲云，何心中悃悃，欲言乃快。天地神精居子腹中，敬子趣言，子固不自知也。凡人所欲為，皆天使之。"

案："警"有"誡"義，"敬子趣言"是告誡你趕快說的意思，"敬"是"警"的脫誤。

目—自。p. 547："篤達四方，意常通問，正其綱紀，星宿而置，列在四維。羅列各有文章，所行目有其常，系命上下，各有短長。"

案："自有其常"和上文"正其綱紀"相應，綱紀正則行自有常。

些—呰。p. 82："但些子悃悃常不言，故問之耳。"

案：p. 61："今呰子悃悃，已舉承負端首。"又 p. 395："今呰子悃悃，為子更明之。"本書中"呰"有顧念、憂慮的意義，"些"在《太平經》中僅此一例，應是"呰"字的脫誤。

D. 字形相近而致誤的字：

　　詖—訞。p. 86：“案吾文而為之，天地災變怪疾病奸猾詖臣不詳邪偽，悉且都除去，比與陰日而除雲無異也。”

案：“詖”辭書中有二義：（1）人名用字，（2）評論。此二義與此例無關，此“詖臣”指邪佞之臣，與“訞臣”相同。如 p. 269：“厭衰太陽之火氣，使君治衰，反致訞臣。”又 p. 270：“氣屬西北方，太陰得大王，則生訞臣。”字又寫作“祅”，p. 346：“所謂治得天心，而祅臣絕也。”“訞”“祅”通“妖”，指違反天理順常的事物，此“詖”應是“訞”字之訛。

　　比—此。p. 530：“天君聞之，呼大神曰：‘比生何從發起，自致大神異語乎？’大神言：‘見此學人尤信，故為道難易。’”

案：“比生”和下文“此學人”同指一人，“比”“此”二字互誤，書中時或有之。又見“此”條。

　　此—比。p. 573：“不知變易自職，當絕滅無戶，死不與眾等。部吏正卒此伍，特［持］至曠野不潔之處，才得被土，狐犬所食，形骸不收，棄捐道側，魂神俱苦，適作不息。”

案：“此伍”應為“比伍”，指古代基層居民單位同“伍”中的人，這裡是說惡人不改過，將會一家死絕，被吏卒和鄰居棄置荒野。

　　達—逆。p. 136：“若真人，今且可言易教謹信，從今不達師心，此者，財應順弟子耳。”

案：“不達師心”和“易教謹信”的“順弟子”在意思上是矛盾的，其中“達”字實是“逆”字的誤字，這段話和前面真人說的“不逆師心，是為上善弟子也。”相應，是對上文的批評，“不達師心”正是“不逆師心”的誤寫。

旦—但。p.395："子今旦問疑極知也。"

案：王明注："旦疑當但。""今但"連用，本書中另有一些例子，如 p.165："真人以吾道不與天相應，今但案吾文行之，不失銖分，立相應矣。"又 p.232："其王、相、休、囚、廢自有時，今但人興用之也。"和上引"今旦"同，這"今但"不是一詞，"但"和下文連讀，表示祇管的意思。而"今旦"成詞在本書中多有使用，表示現在的意思。參下文"旦"條。

傳—傳。p.348："因取中事傅持往付於上有德之君，令其群臣臣共定案之，以類相求。"又 p.349："但各居其處而言之，傅持付上耳。"

案：此二"傅持"，後一例王明注："傅鈔作傳，疑當作傳。"傳、傅二字繁體字形相近，"傅持"於義不通，應作"傳持"，是傳送的意思。

活—治。p.438："其於佃家活生，萬未一人得億萬也，千未一人得千萬也，百未一人得百萬也。"

案："活生"當作"治生"，下文有"治生聚財當以何為大戒而得致富"，正承此句而言，可作佐證。

及—乃。p.327："人乃以天地為命，以帝王為父母，愚人及背其命而共欺其父母，故天地共憎之，帝王惡之。"

案："及"當作"乃"，形近致誤。

今—令。p.35："夫女，今得生不見賊殺傷，故大樂到矣。"又 p.136："或使師上得國家之良輔，今復上長有益帝王之治。"又 p.255："故使真人求索良民而通者付之，今趣使往付歸有德之君也。"又 p.375："火者，陽也，其符今主天心。"王明注："今鈔作令。"又 p.377："今邪神多，則正神不得其處，天神道內獨大亂，俱失其居，今天氣不調，帝王為之愁苦。"又 p.392："今無德之國並歸有道德之國，亦自理矣。"又 p. 433："故古者聖人象天地為行，以至道要德力教化愚人，使為謹良，今易治。""今"，合校作"令"，王明注："令原作今，疑形近而訛，今依鈔改。"又 p. 462："實天授子心使其言也，今蔽塞，不自知行。"

案："今"作狀語有現在、假設的意思，"令"也有假設的意思，但是"令"有使令的意義，是"今"所沒有的，以上各例中，都是使令的意思，應作"令"。

令—今。p. 38："令太平氣至，不可貴貞人也。"又 p. 158："令於真人意，凡人之行當云何哉？"王明注："令疑系今字之訛。"又 p. 204："令後世忽事，不深思惟古聖人言，反署非其職。"又 p. 248："真人遺此語，天必奪子命。令知覺悟，惡之，且活矣。"又 p. 273："是故大部以東南為天，西北為地，地得順從。令王得伏其天者，為天地反，故凶。"又 p. 274："令此上天之四時，地之五行，悉道帝皇侯王後宮之家，天道盡往配之，中亦豈有百姓萬物相配乎？"又 p. 325："令夫太陽興平氣盛出，德君當治，天下太平，莫不各得其所者。"又 p. 378："故令太陽最盛，未嘗有也。"又 p. 387："令女見懷妊，實如天師言，無實何也？"又 p. 429："而令天師都開太平學之路，悉敕使人為道德要文。"王明注："令疑系今字之訛。"又："令小人與君子不別。"又 p. 624："令世俗人亦自薄恩，復少義理。"

案："令""今"之別，見上說。以上各條中"令"都應作"今"，表示"現在"的意思。

今使—令使。p. 98："今且為子具說其大要意，今使可萬萬世不可忘也。"又 p. 377："今邪人多居位，共亂帝王之治，今使正人不得其處，天地為其邪氣失正。"

案：p. 377 例王明注："今鈔訛令。"此處《太平經鈔》不誤，王注不當。令使，就是使令、致使的意思，此承上文而言。"令使"一詞，在本書中也多有使用，如 p.376："不行不順，令使人心亂也。真人慎之。"

　　久—公。p.363："獨自傳，遙相說，人不深得其訣意，反但以拒難救窮，言東久言，以是自明，實非也。"

案："東久"當是"東公"之誤，上文有"不可但言東公言以立事也。""久"因和"公"形近而誤。

　　可—所。p.53："實不見睹其可欲，而生人為作。"又："子今且可問正入天地之心意。"又 p.130："今且為子考思於皇天，如當悉出，不敢有可藏。"又 p.136："若真人今且可言易教謹信，從今不達師心，此者財應順弟子耳。"又 p.154："夫天地比若影響，隨人可為不脫也。"又 p.187："吾恐恔驚，不知可先後。"又 p.202："可問者，何一好善無雙也。"又 p.247："人可求以祭祀，尚不給與，百神惡之，欲使無世。"又 p.254："夫隨師可言，不敢有疑也。"又 p.431："帝王所以不能理其治而嘗多災者，但由盡若子今旦可言，因使真道道絕也。"

案："可"是"所"的誤字，是"所"字草書形似"可"致誤。以上各例，以"可"解無法讀通，解作"所"則順。

　　親—視。p.439："神道專以司人為事，親人且喜善與不，視人且驚駭與不。"

案：繁體字中，"親"和"視"二字形近致誤。此段中，兩句排比，"視人且喜善與不"和"視人且驚駭與不"正相對應。

　　且（今且）—旦（今旦）。p.112："子今且可問正入天地之心意。"又 p.130："今且為子考思於皇天，如當悉出，不敢有可藏。"又 p.136："若真人今且可言易教謹信、從今不達師心，此者，財應順弟子耳。"又 p.146："真人今且何睹何疑，一時欲難問微言意哉？"又 p.202："子今且言，何一絕快殊異。"又 p.273："今且天師為愚生說天之十干，皆有配合。"又 p. 320："觀諸真人今且說，已自知之矣。"
又 p. 407："吾之所說，不若子今且所言深遠也。"又 p. 429："子今且
言，有萬死之責於皇天后土。"又 p. 430："子今且所言是……子今且
語，正與天為重怨，錯哉錯哉！"又："真人自知今且言有萬死之罪。"
又："子今且言至道不傳人，何以傳知之乎？"又 p. 432："今若以真人
今且言，終類此人不若六畜及糞土草耶？子今且言，寧自知有萬死之
過不除邪？"又："今且天師教愚生，何一急也？"

案："今且"《漢語大詞典》釋為"今夫"，"今夫"是發語詞。在
《太平經》中，"今且"還有兩個意義：今將，表示現在準備做的事情，如
p. 98："今且為子具說其大要意，今【令】使可萬萬世不可忘也。"也可以
表示假設的意義，如 p. 126："今且賜子千金，使子以與國家，亦寧能得天
地之歡心，以調陰陽，使災異盡除，人君帝王考壽，治致上平耶？""今
且"也是一詞，意思是今天或者現在，如 p. 135："真人今且所說，但財應
平之行，各欲保全其身耳。"又 p. 196："今且見子之言，吾知太平之治已
到矣。""今且"和"今旦"有時意義難於區別，如 p. 168："諾，今且悉
說之。"又 p. 423："今且戒真人一大戒。"差別在於，"今且"作狀語表示
現在的意思時，謂語表示的是未然的行為，而"今旦"作狀語表示現在的
意思時，指的是已然的行為，本書中另有數例"今旦"都是這樣的用法，
可見"今且"表示已然行為時，實是"今旦"之誤。

日—曰。p. 611："其人言所動搖云何，具問其意，使諸神問之，
還白曰，言中和之民，自道善行，積功日久貪慕久生。"王明注："日
疑當作曰。"

日—曰。p. 86："故使流災不絕，更相承負後生者，日得災病增
劇。"又 p. 107："夫刑乃日傷殺，厭畏之，而不得眾力，反曰無人；
德乃舒緩日生，無刑罰而不畏萬物，反曰降服，悉歸王之助其為治，
即是天之明證，昭然不疑也。"二"反曰"下，王明注："曰疑當作
日。"又 p. 380："身且日向正平，善氣至，病為其除去，面目益潤
澤。"王明注："曰疑當作日。"又 p. 401："人人日自言惠，且善曉
事，而反其行徵也，反月德惡。"又 p. 414："是其日思為善，得道

意之人也。故曰進……日衰者，日懈之人也。”“曰進”“曰懈”下
王明注：“曰疑當作日。”

案：日、曰二字形近，古籍中常有相混。

　　特—持。p. 573：“部吏正卒此伍，特至曠野不潔之處，才得被
土，狐犬所食，形骸不收，棄捐道側，魂神俱苦，適作不息。”

案：“特至”應為“持至”，意思是死者屍體被吏卒鄰里運到荒野。
特、持二字一筆之差。

　　徙—徙。p. 663：“故天考之徙之，其後投於五辱癡狂之土，使自
知也。”

案：“徒”當作“徙”，此指人不行天道妄求長生，被天謫遷至五辱癡
狂之土，而不讓他們登天。

　　未—末。p. 59：“夫南山有大木，廣縱覆地數百步，其本莖一也。
上有無訾之枝葉實，其下根不堅持地，而為大風雨所傷，其上億億枝
葉實悉傷死亡，此即萬物草木之承負大過也。其過在本不在末，而反
罪未，曾不冤結耶？”

案：“罪未”當作“罪末”，指歸罪於末，這是承上文“其過在本不在
末”而言。“末”“未”二字形近，又因“末”下有“曾”誤讀為“未
曾”而誤。

　　又—文。p. 461：“‘願聞其訣意，以何明之也？’‘其以又明之。’‘云
何哉？’‘今有德之君，得吾書心解行之，與眾賢其議，以化凡民。’”

案：“又”當作“文”，“其以文明之”回答問語“以何明之也”，並
和下文“得吾書心解行之”相應，“文”就是下句中的“吾書”。

支—其。p. 322："善乎！子問事也。然，當見之時，支日晏蚤戶記之，月盡者共集議之，可上而上之，未足上者復待後月災異如此，縣邑長吏且取晏蚤之時於民間也。"

案："支"字難解，疑當作"其"，"日晏蚤戶記之"指民間見災異事變各戶記下發生的具體時間，待月末時再集聚議之。

致—故。p. 680："不問無以得知之，致當問之，無所疑也。"

案："致"字不可解，當作"故"，表示原因。

錐—雖。p. 661："錐過誤，須臾得道，會不得上升天也。悉往死於五廢絕氣敗凶之地，以順其行，以彰其過。"

案："錐"是"雖"的誤字，二字繁體形近。"雖過誤"指學偽道的人，即使由於神吏失誤而被認為得道，但經上天核實後仍將不能升天，而被遣送到五廢絕氣敗凶之地。

自—白。p. 544："常行上為大神輔相，如國有公卿……自天君曰，不夭朝廷旨，請寄之人，文書所上，皆自平均，無有怨訟者。"

案："自天君曰"當作"白天君曰"，"白"是說的意思，這是所謂"大聖德之人"對天君說話。

（原載《古籍研究》1996 年第 1 期）

# 《太平經》通用字求正

　　《太平經》是早期道教的一部重要著作，在長期流傳中由於缺乏整理，其中有不少文字上的訛誤，王明先生《太平經合校》在對勘異本的同時，指出了許多這方面的問題，為本書的整理和研究奠定了良好的基礎。近年來，還有一些學者對本書中的文字問題作過一些研究和討論，①對訂正本書在流傳中的文字錯誤作了有益的工作。我們在對本書的研究中，也發現了一些這方面的問題，其中有一部分已經專文作了討論，② 這裡就書中前賢時哲所未及的一些當時通用的文字問題再作一補充討論。為了方便討論，本文引例主要依據《太平經合校》，各例標出《合校》本中的頁碼。

## 一　反映當時用字的俗寫字

　　《太平經》中的一些字反映了當時習慣的寫法，有些字是漢代典籍中比較特殊的用字，這些用字在漢代流行一時。

　　　　桉—案。p. 360："故德君桉行，是名為大神人。" p. 361："故令德君桉用之，無一誤也。" p. 363："是故桉吾書，考文及人辭者，皆竟問其意。"

　　案：以上各例"桉"本書通常用"案"，二字在漢代常通，如：《後漢

　　① 參見陳增岳《〈太平經合校〉補記》，載《文獻》1994 年第 4 期；羅熾等《太平經注釋》，西南師範大學出版社 1996 年版。
　　② 俞理明：《〈太平經〉文字校讀》，載《古籍研究》1996 年第 1 期；俞理明：《道教典籍〈太平經〉中的漢代字例和字義》，《宗教學研究》1997 年第 1 期。

書·楊終傳》："竊桉《春秋》水旱之變，皆應暴急，惠不下流。"今"桉"專作樹名，和"案"相別。

彼一被。p. 59："南山有毒氣，其山不善閉藏，春南風與風氣俱行，乃蔽日月，天下彼其咎，傷死者積眾多。"p. 356："是故天愛上德之君，恐其不覺悟，復彼是大災，故遣吾下具言之。"

案：以"彼"作"被"，漢碑中有同例，《隸釋·漢成陽靈臺碑》："深惟大漢隆盛，德彼四表。"

昌一倡。p. 301："上有益帝王，下為民間昌率。"

案：《廣雅·釋詁一》："昌，始也。"但以"昌"表倡始義的用例，《漢語大字典》和《漢語大詞典》都衹引出清代例。

嘗一常。p. 431："帝王所以不能理其治而嘗多災者，但由盡若子。"

案：以"常"代"嘗"，先秦文獻中已見，而以"嘗"代"常"所見稍晚，《史記·刺客列傳》："故嘗陰養謀臣以求立。"例正同此。

頓一鈍。p. 54："大頑頓曰〔日〕益暗昧之生再拜。"p. 57："其愚暗蔽頓之人。"p. 63："質性頑頓。"p. 82："恐頑頓學不遍，而師去也。"p. 108："心頓不能究達明師之言。"p. 252："其中頓不肖子即饑寒而死。"

案："頓"通"鈍"，表示不鋒利的意思，見於先秦，而表示愚鈍義則稍晚，《漢書·翟方進傳》："號遲頓不及事。"正與本書同。又《淮南子·要略》："終身顛頓乎混溟之中，而不知覺悟乎昭明之術。"以"顛頓"和"覺悟"相對，和上列各例"頓"相類，表示愚鈍。

返一反。p. 313："上書以通天地之談，返為閑野遠京師之長吏所共疾惡，後返以他事害之……天地不喜，返且害病人。"p. 318："今返居下不忠，背反天地。"p. 641："極陰之氣致返逆。"

案："反"是"返"的古字，返還一義古多作"反"，漢代以後出現了用"返"代"反"的用例。《漢語大字典》引《論衡》"頗與孔子'不語怪力'相違返也"，收錄了"返"的違反義；《漢語大詞典》引《北齊書》"王，國家姻婭，須同疾惡，返為此言"，增收"返"的反而一義；本書中"返"用同"反"，還有反叛的意思。

辟歷—霹靂。p. 144："天何故時遣雷電辟歷取人乎？"

案："霹靂"寫作"辟歷"漢代多見，《史記·天官書》："夫雷電、蝦虹、辟歷、夜明者，陽氣之動者也。"《漢書·楊雄傳上》："辟歷列缺，吐火施鞭。"顏師古注："辟歷，雷也。"

狩—獸。p. 7："毒龍電虎，獲天之狩，羅毒作態。"p. 85："今天地天辟以來久遠，河洛出文出圖，或有神文書，或有神鳥狩持來，吐文積眾多。"p. 548："所以然者，寅為文章，在木之鄉，山林猛獸，自不可當。但宜清潔，天遣令狩，不宜數見，多畏之者，名之為虎。"

案：漢《張遷碑》："帝游上林，問禽狩所有。"字例同此。

遙—搖。p. 180："大人傷大，小人傷小，盡有可動遙不居其處者，此自然之事也。"

案：漢晉文獻中二字時通，《楚辭·九章·悲回風》："漂翻翻其上下兮，翼遙遙其左右。"晉摯虞《思遊賦》："匪時運其焉行兮，垂太虛而遙曳。"

臧—贓。p. 622："君得箋書，默召其主，為置證左，使不得詆。罪定送獄，掠治首臧。"

案：“臧”本義是善，漢代被借指非法獲得的財物，如《史記·酷吏列傳·王溫舒》：“家盡沒入償臧。”這個意義通常寫作“贓”。

彰—障。p. 120：“人不妄深鑿地，但居其上，足以自彰隱而已……今願聞自彰隱多少而可？”p. 511：“其問入室成與未者，取訣於洞明白也。形無彰蔽，以為天信。”

案：“彰”表顯義，這裡講的是遮蔽，同“障”。p. 368：“今請問於何障隱而獨不明邪？”正作“障”。北周庾信《周太子太保步陸逞神道碑》：“身彰野火，心懼天雷。”

## 二　本書特有的音近形不相似的代用字

必—畢。p. 24：“故聖人尚各長於一大業，不能必知天道，故各異其德。”

案：下文有“中和長養萬物也，猶不能兼”，是“必知天道”意即“畢知天道”。

部—簿。p. 568：“積過眾多，太陰主狀，當直法輕重，皆簿領過，人不自知，以為無他。太陽明堂，錄籍數通，復得部主，神亦數通。天神部上死亡，減年滅人世，不可詳念。”

案：“天神部上死亡”同“天神簿上死亡”，下文“五神在內，知之短長，不可輕犯，輒有文章”（p. 569）意思正與此相應。

后—後。p. 86：“如是乃后，天地真文正字善辭，悉得出也。”p. 102：“各有所長短，因以相補，然后天道凡萬事，各得其所。”p. 142：“一事分為萬一千五百二十字，然后天道小耳。”（案：“小”後疑脫“行”字。）p. 144：“此三氣下極也，下極當反上就道，乃后得太平也。”p. 295：“然有大急，乃后求索之，不可卒得也。”

p.295："為其作法，困窮然后求索良工，已大後之矣。……有大急，乃后求索之。" p.297："然后得梳與枇，已窮矣。……然后求可以厭禦之者，已大窮矣。"

案："后"和"後"在規範用字中有很明確的分工，衹在指帝王內宮時可以用"后宮"和"後宮"相通（其實取義並不相同），但是在《太平經》中，乃後、然後的後都可以寫作"后"。

激一急。p.226："故惟春則天激絕金氣於戌，故木得遂興。"

教一叫。p.356："民為之困窮，共汙天地之治亂，天官大怒，日教不絕也。"

十一食。p.598："動作言談，輒有綱紀，有益父母，使得十肥，衣或復好，面目生光。"

宜一移。p.273："思吾文行之，與神無異，天即祐助之不宜時也。"

案："不宜時"即"不移時"，這是一常用語，即刻的意思。

## 三 本書所見的與規範字音形相關的字

安一案。p.84："以類相從，使賢明共安而次之。" p.85："賢明共安之，去其複重，編而置之，即成賢經矣。" p.326："常安觀下所上，以占民臣大小忠信與不。"

案："案"可通"安"，古籍中時見。本書中則有以"安"通"案"的用例。

簿一薄。p.568："朝廷尉設法，人自犯之，勿恨主者，恨之命簿，不得久生。"

案："命薄"指短命，本書中多有使用，如 p.569："故復申敕，既無犯者，犯者各為薄命少年。"

常—當。p. 432："今欲解此過，常以除日於曠野四達道上四面謝，叩頭各五行。"p. 533："常以八月晦日，錄諸山海陵池、通水河梁、淮濟江湖所受出入之簿各分明。"p. 705："地母臣承陽之施，主長養萬物，常念長養之不？"

持—待。p. 531："自惟蒙恩見寵遇，得與諸六神相持日久，輒見教戒，使不危。"

待—得。p. 552："所以然者，其壽難待，重之，故令保者過並責。"
待—偫。p. 592："父母之年，不可豫知，為作儲待。"

案："儲待"當作"儲偫"，"偫"《說文》："待也。從人，從待。"段玉裁注："謂儲物以待用也。"二字同義連文，是積儲的意思。《漢書·平帝紀》："天下吏民，亡得置什器儲偫。"

當—常。p. 555："當自言：'被受恩施，得榮華，不望報天心重愛，但自過責，少所賈也。'"

洞—同。p. 411："志與神靈大合洞，不得復譽於俗事也。"

案："合洞"當作"合同"，即相同。如 p. 392："三共為善，德洞虛合同。"又 p. 664"六甲相屬上下同"王注："同，鈔誤作洞。"

睹—都。p. 269："'願聞睹斷之耶？斷何所酒哉？''但斷市酒耳。'"p. 431："賢不肖吏民共為奸偽，俱不能相禁絕，睹邪不正[止]，乃上亂天文，下亂地理。"

案："睹"字舊作左者右見（覩），"都"字左者右邑，形近致誤。

防—仿。p. 460："得而防行之，即其人也；不知行之，即非其人也。"

岡—綱。p. 304："王氣乃為天、為皇、為帝、為王、為太歲、為月建、為斗岡、為青龍、為大德。"

案："斗岡"，當是"斗綱"，p. 545："天君親隨月建斗綱傳治。"

綱—網。p. 564："與禽同羅，獨犯其綱，貪食害軀。"

案："綱""網"二字互誤，時或有之，如 p. 669："山者，太陽也，土地之綱。"王注："綱原作網，疑誤，今依鈔改。"

何—可。p. 601："念中何行者，自從便安，天不逆人所為也。"
恨—限。p. 451："故吾為太平德君製作法度，不恨一人也。"

案：合校本作"不限一人"，王注："限原作恨，疑形近而訛，今依鈔改。"愚以為《經》本不誤，實為《鈔》誤，下文有"受恩大喜，無復有所恨。"（p. 453）可證。

既—即。p. 246："見人窮困往求，罵詈不予；既予，不即許。"p. 712："君上樂欲無事者，朝常念道，晝常念德，暮常念仁，既無一事矣。"

案："既予"當作"即予"，意思是即使給予。"既無"，"即便無"。

蘭—簡。p. 206："須七月物終，八月而蘭視，九月而更次，十月而不歸。"

案："蘭"的本義是蘭草，此當作"簡"。"簡視"同義連文，在本書中多見。

祿—錄。p. 576："道自然，人相祿，不可強求。"

案：此"祿"同"錄"，管理的意思，p. 264："故臣者，反主錄國家王侯官屬也。"

期—欺。p. 695："……後生者當養老者，反欺之，三逆也。與天心不同，故後必凶也……故期者，天不祐之矣。"p. 711："群神各明部署，案行無期。"

式—試。p. 299："但效式之，常有成功者，即其人得道意，大信人也。"

案："效試"指試探、從行動中來考察。

侍—偫。p. 617："有錢財家，頗有儲侍。"

案：此同"儲偫"，即"儲偫"。參"待"條。

嫌—謙。p. 405："'有過負於天師，其責必不可復除。''不嫌也。真人自責何一重也?'"

案：此處標點，合校本作"'有過負於天師，其責必不可復除，不嫌也。''真人自責何一重也?'"不順，今據文義改。"不謙"是本經中常用語，用於天師寬慰自責的真人。p. 560："但恐當時有不如言耳，何嫌不相白說。"

懈—解。p. 394："今六人謹歸居閑處，共思天師言，時時若且大解，時時有迷亂不懈者，願及天師決其意。"

案：在鬆懈一義上，"解""懈"二字常相通，但理解一義的"解"通常不作"懈"。

迎—仰。p. 606："幸得為人，依迎天，得成就，復知天禁，使其遠害趨善，不逆神靈。"

案："迎"同"仰"，"依仰"在本書中另有出現，p. 618："人皆父母依仰之生，我獨生不見父母。"

優—憂。p. 310："壽者，乃與天地同優也；孝者，與天地同力也。"

案："同優"即指"同憂"，意思是思慮相同。

隅—偶。p. 687："天地之間，人象神，神象人，而各自有隅，聚亭部鄉縣善惡，所好所疾苦，各有其本。"

壯—狀。p. 38："'子之吐口出辭，曾無負於皇天后土乎？''無壯不及有過，見天師說，自知罪重，不也？'"

案："無狀"是真人自責的用詞，本書常用。

作—詐。p. 158："善哉，子巳長入真道，不復還反惡矣。今真人久懷智而作愚，何哉？"

案："作愚"應作"詐愚"，意思是佯裝愚昧，p. 406："真人久懷智而反詐愚，使吾妄說。"正同此。

（原載《宗教學研究》1998 年第 1 期）

# 《太平經》中的形近字正誤

　　《太平經》是道教早期的一部重要著作，由於缺乏整理，在長期的流傳中，因書寫人本身的原因或者鈔寫底本蠹蝕破損等原因，造成一些字的部分筆劃的誤脫或誤增，有時則把某個字寫成另一個形體接近的字，甚至還有因上下文或其他干擾，把某個字寫成另一個音形義都不相干的字的現象，這給我們閱讀本書帶來了很大的困難。王明先生《太平經合校》在對勘異本的同時，指出了許多這方面的問題，為本書的整理和研究奠定良好的基礎。近年來，還有一些學者對本書中的文字問題作過一些研究和討論，[①] 對訂正本書在流傳中的文字錯誤作了有益的工作。我們在對本書的研究中，也發現了一些這方面的問題，其中有一部分已經專文作了討論，[②] 這裡就本書中前賢時哲所未及的一些文字訛誤問題作一補充討論。漢字中有不少形近字，其中有的字的差別就在一點一畫之間，這裡就集中談談本書中由於筆劃脫誤或誤增造成的形近誤字。為了方便討論，本文引例主要依據《太平經合校》，各例標出《合校》本中的頁碼。

## 一　在《太平經》中，有些誤字是傳抄刻寫中文字部分筆畫的脫失、斷筆而成了另一個字，使文意不明或者導致誤解

　　　　比—此。p. 177："得其意，理其事，以調和陰陽，以安王者，是

---

① 參見陳增岳《〈太平經合校〉補記》，載《文獻》1994 年第 4 期；羅熾等《太平經注釋》，西南師範大學出版社 1996 年版。

② 俞理明：《〈太平經〉文字校讀》，載《古籍研究》1996 年第 1 期；俞理明：《道教典籍〈太平經〉中的漢代字例和字義》，載《宗教學研究》1997 年第 1 期；俞理明：《〈太平經〉通用字求正》，載《宗教學研究》1998 年第 1 期。

可以效天常法書也。比猶若春秋冬夏，不復誤也。" p. 406："比三事者：子不孝，弟子不順，臣不忠，罪皆不與於赦。" p. 530："天君聞之，呼大神曰：'比生何從發起，自致大神異語乎?'大神言：'見此學人尤信，故為道難易。'"

耳—耶 [邪]。p. 356："於是邪言邪辭誤文，為耳所共欺，則國為之亂危。"

案："為耳所共欺"當是"為耶所共欺"，"耶"通"邪"，表示邪惡，參《〈太平經〉文字校讀》一文。

夫—未。p. 211："精讀此策文，樂也夫央，天昌延命之期數，皆在此中也。"

案："未央"是漢代常用詞，意思是未盡。

各—咎。p. 208："不得其要意不通道，則疑不篤乎？各在此人之所以自窮者也。" p. 651："今 [令] 帝王理平，人民壽，故其縱樂，以奉天道，又使各坐思自化，何有各乎？"

案："何有各乎"當作"何有咎乎"。也有"咎"誤寫作"各"的，如 p. 452"咎在真道善德不施行，故人多被天謫"《鈔》作"各在真道善德不施行"。

古—吉。p. 184："是故古聖賢重舉措求賢，無幽隱，得為古。得其人則理，不得其人則亂矣。"

案："古"當是"吉"字之誤，和下句中"理"相應，"理"與"亂"相對，亂為凶，跟"吉"相反。

和—知。p. 86："故天憐德復承負之，天和為後生者不能獨生。" p. 600："故天下有聖心大和之人，使語其意，令知過之所由從來。"

令一念。p. 30："今唯天師令弟子之無知，比若嬰兒之無知也，須父母教授之乃後有知也。"

六一大。p. 269："市人亦得酒而喜王，名為二水重王，其咎六。"p. 531："自惟蒙恩見寵遇，得與諸六神相持日久。"

案："其咎六"在上下文中並沒有相應的六項，應是"大"字之誤。"諸六神"未見他處，以上下文推之，應是"諸大神"之誤，p. 537："唯諸大神共省哀錄不及。"正作"諸大神"。

目一自。p. 547："篤達四方，意常通問，正其綱紀，星宿而置，列在四維。羅列各有文章，所行目有其常，系命上下，各有短長。"

案："自有其常"和上文"正其綱紀"相應，綱紀正則行自有常。

人一以。p. 525："人人為不如六畜飛鳥走獸水中物耶？以為人無狀邪？天使然也。"

案："人人為"當作"以人為"，與下句"以為人"相應。

三一王。p. 20："三者佐職，臣象也。"

案：本句前後並無相應的三項，"三者"無可指。但上文說"陰順於陽，臣順於君"，臣佐君王，"三"字當是王字之訛。

十一七。p. 3："七十之歲，定無極之壽。"p. 186："十十中者以下不可用，誤人文也。"王注："十鈔誤作七。"

案："七十之歲"例，上文從七歲、二七談到六七之歲，這裡依次應該是"七七之歲"。"十十中者以下不可用"例，上文作："十十相應，太陽文也；十九相應，太陰文也；十八相應，中和文也；十七相應，破亂文也……。"考本經《灸刺訣》《神祝文訣》《葬宅訣》等都以十十中、十九中、十八中者分屬天、地、人，為可行，十七以下為不可行，如 p. 179：
"治十中八，人道書也，人意為其使；過此而下，不可以治疾也，反或傷
神。" 又 p. 182："十十百百相應者，地陰寶書文也；十九相應者，地陰寶
記也；十八相應者，地亂書也，不可常用也；過此而下者，邪文也，百姓
害書也。" 此處《鈔》不誤，《經》本文誤。

天一夫。p. 255："此有大過六，天人為是獨積久，天地開闢以
來，更相承負。"

案："天人"當是"夫人"之誤。p. 517："夫師者"，王注："夫原作
天，疑誤，今依鈔改。" 同此。

土一地。p. 584："天明照黃泉之下，土明照上天間，中和之明上
下合同。"

案：此以天、地、中和三者並論，"土"當是"地"之誤。

土一王。p. 220："夫皇后之行，正宜土地……皇后乃地之子也。"

案："正宜土地"句無謂語動詞，"土"當是"王"字脫誤，"王地"
即以地為王，下文"皇后乃地之子"可證。

也一他。p. 328："願聞到也所集議，人當於何期乎？"

案："他所"即別處。此處標點原誤，今改。

早一卓。p. 612："天君敕大神曰：'輒早觀此人，與使神語言相
應與不也。'"

案：上文有"使神行卓視之"，"早觀"當是"卓觀"之誤，指神從
天上觀察世人言行。p. 622 有"天從上視之，言不可久忍"可證。

之一乏。p. 247："令使萬家之絕。"王注："之疑系乏字之訛。"

案：同樣誤例又見 p. 252："自見力伏人，遂為而不止，反成大惡之子。家之空極，起為盜賊，則饑寒並至，不能自禁為奸。"

知一和。p. 144："所以然者，其治理人不知，或有大冤結而畏之不敢言者。"

案："治理"同義連文，"不和"而有冤結。下文"或有力弱而不能自理，亦不敢言，皆名為閉絕不通，使陰陽天氣不和。"可參。

知一如。p. 612："'日月尚淺，請復情實，有大效信，真有缺者，署之補缺處。'天君言：'當知大神所白，勿有懈意。'"

止一正。p. 358："為愚積久，不知邪止所在，故不重見丁寧解之，殊不解也。"

案："邪正"正反並列。

住一往。p. 542："故下神書，使住敕，為施禁固，既民不犯。"p. 656："會皆住死於不毛之地，無人之野，以戮其形。"

案：p. 541 "故使德人上知天意，教民作法"，與"使往敕"句相應，p. 661 "悉往死於五廢絕氣敗凶之地"，與"會皆往死於不毛之地"相應。"住"正是"往"的誤字。

## 二 在《太平經》中，有的字因為書寫傳鈔中筆畫誤增，而把某字寫成另一個字，造成閱讀理解上的障礙

赤一亦。p. 137："子赤知之耶？"王注："赤疑系亦字之訛。"

案：同樣誤例又見 p. 363："故赤凡事者皆當以其實有據，乃可而立

事也。"

夫—天。p. 113："夫惡人逆之，是為子不順其父。"

案：此上句說"天因四時而教生養成"，所以下文應是"天惡人逆之"。同樣的誤例又見 p. 651："夫且樂歲生善物多。"王注："夫疑系天字之訛。"

吉—古。p. 374："而吉者聖人常承天心，教人為善，正是也。"

案：上文說"今世人積愚"，此以古聖人對比，"吉者"當是"古者"之誤。

及—乃。p. 380："導正開神為思之也。端及入室，以為保券。"p. 470："到於太初，乃反還也。"王注："乃原作及，疑誤，今依鈔改。"

案："及"當作"乃"，這也是形近致誤。

交—文。p. 403："父母生之，師教其交，居親仕之，可不慎焉。"

案："師教其交"當作"師教其文"。

困—因。p. 373："常貧之家，遭一年凶，便盡死，不而自度出也，困而無世。"

案：上文說"不而自度，因而滅盡矣"，與此句相類。

若—苦。p. 248："夫金銀珍物財貨，作之用人功積多，誠若且勞。"王注："若疑系苦字之訛。"

案：同樣誤字例又見 p. 665："無於質問，常若悒悒。""苦悒悒"是常用語，如 p. 680：“欲不問，苦悒悒。”

巳—己。p. 270：“後宮失路騰而起，土王則金相，復相隨騰而起，巳與辛之氣俱得興王，騰而大起……巳氣復得作，後宮犯事復動而起。”

案：p. 266：“故己者，甲之後宮也……故己乃太皇后之宮也……故辛者，小皇后之宮也。”《經》中以天干互配，己、辛分屬甲、丙，為大小後宮。巳屬地支，p. 273：“子屬巳，巳，帝王女弟之婿也。”與後宮失路之說不相涉，是字誤。

巳—已。p. 105：“已去地，未及天，謫［適］在界上。”

案：“巳”應作“已”，“已去地”和“未及天”相應。

土—士。p. 547：“天土出聖知土，地土有賢。”

案：“聖知土”當是“聖知士”之誤，與下文“賢”相應。

真—直。p. 138：“天師既哀弟子，得真言不諱。君賢則臣多忠，師明則弟子多得不諱而言。”

正—止。p. 359：“德君慎毋用其言也，用其言者，天怨不正。”p. 431：“巧其鄰里，或成盜賊不止。賢不肖吏民共為奸偽，俱不能相禁絕，睹［都］邪不正，乃上亂天文，下亂地理。”

當然，《太平經》中的文字訛誤並不限於此，還有因為其他原因造成的一些錯字，限於篇幅，我們將另文討論，在此不多贅言。

（原載《宗教學研究》1999 年第 4 期）

# 《太平經》文字勘定偶拾

《太平經》是早期道教的重要文獻，在長期流傳中，嚴重缺損。王明先生廣征博集，收攏散見各處的《太平經》引文彌補缺佚，編成《太平經合校》（下稱《合校》），大體恢復了此書輪廓，為研究者提供了極大的便利。近年來又有楊寄林先生的《太平經釋讀》（下稱《釋讀》）和羅熾等先生的《太平經注譯》（下稱《注譯》）等著作，[①] 對《太平經》的整理研究都作了貢獻。但由於本經中文字問題較多，有些地方的處理還值得斟酌。本文擬就脫文補缺、異文取捨和文字正誤中存在的問題提出一點不同的看法。在各家之作中，《合校》成書雖然已四十多年，但仍不失為研究的最佳版本，所以，為了節省篇幅，方便討論，本文先引《合校》的說法，經文注出《合校》頁碼，不再列出書名、卷次或篇名。

## 一 《太平經》中文字不缺而誤補

《太平經》中有不少文字脫漏的地方，在整理和研究中確有補出的必要，但是，也有的地方文字其實不脫而誤作脫補的，如：

> p.87：“今當名天師所作道德書字為等哉？”《合校》：“為下疑脫一何字。”《釋讀》承用此說：“等，其上應有‘何’字。”《注譯》則逕在“何”前加了一“等”字。

案：“等”作為“何等”的縮略形式，多見於漢魏，顏師古《匡謬正

---

① 《太平經合校》，中華書局 1992 年印本；《太平經釋讀》，參見《中華道學通典》，海南出版社 1994 年版；《太平經注譯》，西南師範大學出版社 1996 年版。

俗》卷六就引有《後漢書・禰衡傳》"死公云等道"和應璩《百一詩》"用等稱才學"兩例，在《太平經》中也有不少諸家尚未注意到的類似用例，如 p. 257："夫為子乃不孝，為民臣乃不忠信，其罪過不可名字也。真人乃言何一重者等也?"（標點應作"真人乃言何一重者，等也?"）《釋讀》釋為："此句是說與不孝、不忠、不信之罪相等。"《注譯》承用《釋讀》把"等"譯作"等罪"，使此句不可卒讀。實際上這是一個反問句，"等也"相當於"何等也"，也就是"為什麼呢"。又 p. 698："說天地上下中央八遠郵亭所衣食止舍何等也? 作道德而懷疑者，取決於此識。今天上有官舍郵亭以候舍等，地上有官舍郵亭以候舍等，八表中央皆有之。"（中間兩句標點應作："今天上有官舍郵亭以候舍等? 地上有官舍郵亭以候舍等?"）此段《釋讀》點作："說天地上下中央八遠郵亭所衣食止舍，何等也。作道德而懷疑者，取決於此識。今天上有官舍郵亭以候舍等，地上有官舍郵亭以候舍等，八表中央皆有之。"釋"何等"為"什麼"單獨成句，又釋"等"為"爾等"。《注譯》譯"何等"作"幹什麼的呢"，譯二處"候舍等"作"迎候你們居住"，把這兩個字面不同而結構和意義相同的動賓詞組"止舍何等""候舍等"分別曲解了，實際上，"候舍等"就是"候舍何等"，"等"和"何等"一樣是疑問代詞，在這裡指人，意思是接待住宿誰（接待什麼人住宿）。又 p. 707："問曰：'天封人以等，地封人以等，人封人以等，豈可聞耶?' 曰：'天封人以道，地封人以養德，人封人以祿食。'"《釋讀》釋"等"為"品級"，《注譯》譯作："請問：'天按品級封賜世人，地也按品級封賜世人，君也按品級封授世人，您可以給我們講講嗎?' 天師說：'天按得道多少封賜世人，地以養德多少封賜世人，君王按政績大小封賜吏民。'" 與原文意思相去太遠，這個"等"還是"何等"的意思，原文是問"天把什麼封贈給人，地把什麼封贈給人，人把什麼封贈給人"所以下文分別以道、德、祿食作為回答，它們與"品級"無關。①

p. 340："今見凡人死，當大冤之，叩胸心而呼天，自投擗而告地，邪? 不當邪?"《合校》："邪上疑脫當字。"《注譯》逕在"邪"前加一"當"，而《釋讀》則作："今見凡人死，當大冤之、叩胸心而

---

① 參見俞理明《道教典籍〈太平經〉中的漢代字例和字義》，載《宗教學研究》1997 年第 1 期。

呼天、自投擗而告地邪？不當邪？"

案：《釋讀》是。"當……，不當……"是一個常用的正反並列的選擇疑問句式，也可加語氣詞作"當……邪，不當……邪"，此句前一"當"在"大冤之"前，後一"當"後省略了與上文相同的部分，如果把這一句補全，就是："今見凡人死，當大冤之、叩胸心而呼天、自投擗而告地邪？不當大冤之、叩胸心而呼天、自投擗而告地邪？"其中後句承上省略，前句並無缺佚。

　　p. 722："年十歲，二十年神。年二十歲，四十年神。年三十，六十年神。年四十，八十年神。年五十，百年神。年六十，百二十年神。年七十，百年神。年八十至百二十，神盡矣。少年神加，年衰即神滅。"《合校》："百下疑脫'四十'二字。"《釋讀》同，《注譯》遽改作"年七十，百四十年神"。

案：此處並無失脫。在《太平經》中，一百二十和十二、一萬二千一樣與地支數或一年中的月數相應，是一個滿數，如 p. 177："天地有常法，不失銖分也……億億萬萬千千百百十十，若十二日一周子亦是也，十二歲一周子亦是也，六十歲一周子亦是也，百二十歲一周子亦是也。"而《太平經》的作者認為，"人生百二十上壽，八十中壽，六十下壽，過此皆夭折"（p. 723），世俗凡人生命的最高限是一百二十，而附於人身的神也以百二十為極限，先是隨着人的年齡增長而倍增，當人過了盛年之後，就隨着人的衰老而成倍遞減，其中以六十歲為人生的極盛點，活不到六十歲的，叫夭折。在六十歲以前，人每增長十歲，神增一倍，到六十歲時神增至一百二十，到了極點。然後，人每衰老十歲，神相應減少一倍，到了一百二十歲時減到零，也就是"年衰即神滅"，所以，這段話中並無錯漏，祇是有所省略而已，如果把省略的地方補全，應當是："年十歲，二十年神；年二十歲，四十年神；年三十，六十年神；年四十，八十年神；年五十，百年神；年六十，百二十年神；年七十，百年神；年八十，八十年神；年九十，六十年神；年百歲，四十年神；百十歲，二十年神；至百二十，神盡矣。"這就與下文"少年神加，年衰即神滅，謂五藏精神也，中

內之候也。千二百二十善神為其使，進退司候，萬神為其民，皆隨有盛
衰。此天地常理，若以神同城而善禦之，靜身存神，即病不加也，年壽長
矣，神明祐之"相呼應了。《釋讀》在"千二百二十善神為其使"下注道：
"人從十年二十年神，到百歲二百年神，適為千二百二十神。"但是，人活
至一百二十歲，為什麼神祇算到百歲呢？千二百二十之數似非此義，不足
為信，當暫闕待考。

## 二　《太平經》異文的取捨

《太平經》有一個摘抄本《太平經鈔》，其中保存了一些與本經有出入
的異文，具有很高的校勘價值，但其中的取捨有時很費斟酌，其中有的地
方的二說皆通，貿然取捨，不如兩存：

> p. 341："物生皆自有老終，而愚人不肯力學真道善方，何以小增
> 其年，不死遲老者。反各自輕忽，不求奇方，而共笑賤真道。"《合
> 校》："何鈔誤作可。"《注譯》同。

案：此段話標點《釋讀》作"物生皆自有老終，而愚人不肯力學真道
善方，何以小增其年，不死遲老者？反各自輕忽，不求奇方，而共笑賤真
道……"以問號對應前面的"何"比較準確，但是如把問號改作逗號，那
麼，用"可"字也是完全恰當的："物生皆自有老終，而愚人不肯力學真
道善方，可以小增其年、不死遲老者，反各自輕忽，不求奇方，而共笑賤
真道。"用"何"和"可"的句子，結構和語氣雖有差異，但文意大體一
致，我們很難說哪一種說法更接近於原文，所以不如兩存。

> p. 523："知而故違，其過重哉！"《合校》："違原作為，疑音近而
> 誤，今依鈔改。"《釋讀》和《注譯》都逕改作"違"。

案：此句上文是"舉士不若此，天地不復喜也"，說"知而故違"意
思是知道正確的故意違犯，但是如作"知而故為"，表示知道不對故意去
做，也是通的，不如兩存。

有時，對不同異文取捨失當，有礙理解。如：

　　p. 186："十十中者，以下不可用，誤人文也。"《合校》："十鈔誤作七。"《釋讀》注："十十，《太平經鈔》作十七。"兩存，未以為誤。而《注譯》以為《鈔》誤，但在譯此句時卻作"百分之七十以下就不可用"，採用了《鈔》說。此段連上文作："十十相應，太陽文也；十九相應，太陰文也；十八相應，中和文也；十七相應，破亂文也；十六相應者，遇〔當作：偶〕中書也；十五相應，無知書也，可言半吉半凶文也；十四中者，邪文也；十三中者，大亂文也；十二中者，棄文也，十一中者，迭中文也；十十（《鈔》作十七）中者，以下不可用，誤人文也。"

　　案：《太平經》以天地人三者相對，以天為道、地為德、人為仁，三者雖有高下，但都是被肯定的正面對象，考之本經本卷中《灸刺訣》《神祝文訣》《葬宅訣》都以十十中、十九中、十八中者為可行，如 p. 179："治百中百，治十中十，此得天經脈識書也……治十中九失一，與陰脈相應……治十中八，人道書也，人意為其使；過此而下，不可以治疾也，反或傷神。"又 p. 182："十十百百相應者，地陰寶書文也；十九相應者，地陰寶記也；十八相應者，地亂書也，不可常用也；過此而下者，邪文也，百姓害書也。"可見，"不可用"者應當是在天地人文之外的內容，或者說是在"十十、十九、十八中者"以次的部分，即"十七中者以下"，今傳《太平經》本文因涉下文而誤，而《鈔》不誤。此句標點各家亦誤，"十七中者"後不當點斷，應作："十七中者以下不可用，誤人文也。"

　　p. 377："今邪人多居位，共亂帝王之治。今使正人不得其處，天地為其邪氣失正。夫邪多則共害正，正多則共禁止邪，此二者，天地自然之術也。"二"今"字下《合校》分別注："今，鈔訛令。"《釋讀》《注譯》都取《合校》，《注譯》譯道："現今多是邪人當位，共同擾亂帝王治國，使忠貞之人不得其位……"釋前一"今"為現今，"今使"則作使。

　　案：這是一個假設條件句，本句中"今……今使……"表示"如果……致使……"，"今""令"都可以表示假設的意義，但是二者之間微有差別，

"今" 假設一種當前可能出現或面臨的狀況，而 "令" 則沒有這種時間的限制。由於上文已肯定 "今乃火氣最盛，上皇氣至，乃凡陪。古者火行，太平之氣後，天地開闢以來，未嘗有也。" 這裡所假設的情況明顯不是一種當前狀況，所以用 "今" 字要妥當些；至於 "今使" 肯定是 "令使" 之誤，"令使" 同義連文。"令……令使……" 的意思是 "假如……以致於……" 表示假設某一情況出現，將會導致某一相應的結果發生。《鈔》的用字要更為妥當。在《太平經》和《鈔》中，"今" "令" 互誤的情況是很常見的，[①] 在我們討論的這段話中就有多處，其中有兩處《經》作 "今" 而《鈔》誤作 "令" 的，王明先生已有說明，不必贅述，另外還有幾處各家都沒有注意的，如："夫神，乃天之正吏也。今 [當作：令] 邪神多，則正神不得其處，天神道內獨大亂，俱失其居，今 [當作：令] 天氣不調，帝王為之愁苦，而人又不得知其要意。" 也誤 "今" 為 "令" 的，如本訣後文中 "故令 [當作：今] 太陽最盛，未嘗有也"，和上文 "今乃火氣最盛" 相應。

## 三　《太平經》文字不誤而誤改

《太平經》中文字的通假和訛誤現象十分嚴重，有不少地方需要作訂正，但是，有的地方本身並無不當，因對上下文的理解偏差而作錯改：

> p. 582："雖不即誅者，天積其過，殺敗不止，滅屍下流未生，是者亦不得逢吉。"《合校》："屍鈔訛作戶。"《釋讀》《注譯》都取此說，《注譯》譯作 "被殺的甚至殃及至後代"。

案：古有戮屍之刑，是把罪犯屍體陳列示眾，殘酷的刑罰還有五馬分屍之類，但未聞有滅屍之刑。把 "滅屍" 理解為 "被殺的" 也甚為牽強。其實此處《鈔》不誤，"滅戶" 指全家死亡，禍至 "滅戶" 與下文 "下流未生" 相應，也就是《太平經》中經常說的絕嗣。

> p. 607："惟有進善求生之人，思樂報稱天意，令壽自前。目見天

① 參見俞理明《〈太平經〉文字校讀》，載《古籍研究》1996 年第 1 期。

上可行之事，曰亦奉行天之所化成……"《合校》："曰疑當作日。"《釋讀》同，《注譯》逕改"曰"作日，譯作"每天也都奉行天化施萬物之道"。

案：這是一段"有進善求生之人"和"大神"的對話，"目"和"思樂"是並列的行為，"曰"字不誤，"曰"後一段是"有進善求生之人"的話，標點應作："惟有進善求生之人，思樂報稱天意、令壽自前，目見天上可行之事，曰：'亦奉行天之所化成……'"和下文"大神報有善心人言：……"相對應。

　　p.659："不敢道留，不敢懈忽也。"《合校》："道疑當作逗。"《釋讀》釋"道留"為中途截止，以為不誤；《注譯》一方面逕改為"逗"，同時又注"道留，中途截止，指扣壓神文"，自相錯亂。

案：《釋讀》是，"道"字不誤。本經中"道"作中途解有多例，如p.35："夫好學而不得衣食之者，其學必懈而道止也。"p.191："既為天問事，不敢道留止也。"p.329："上書便在方道中止，意以其所匿事罪之。"p.342："若不道懈止，亦將得之不久也。"

（原載《古籍整理研究學刊》2000 年第 5 期）

# 《太平經》文字脫略現象淺析

　　今存的道教典籍《太平經》近年來頗受學界重視，研究者成果不斷。
但是，本書由於大量採用口語，並且在流傳過程中長期缺乏整理，在《太
平經》本文及《太平經鈔》有不少地方出現語氣中斷、上下文脫節，或意
義突然轉變、甚至上下文完全對立的現象，給閱讀和理解帶來很大的困
難，造成這種現象的原因是文字脫略。本文對這類脫略的特點作一分析，
為閱讀《太平經》以及存在着類似情況文獻提供可借鑒的經驗。為了方便
討論和核對，本文引文主要據王明先生《太平經合校》，各例後標示《合
校》的頁碼；《太平經》原分 170 卷、366 篇，所引各例卷次後括弧中的數
字是篇次，脫略的文字用 ［　］隨文標出。另外，引文中還有一些因文字
訛誤壞闕需要勘正的地方，隨文用（　）標出。
　　根據我們的分析，《太平經》中的脫略現象主要可分為兩大類：

## 一　蒙上脫略

　　在《太平經》行文中，常常有一些這樣的句子，上句的句末與下句的
句首用語相同，形成修辭上所說的頂真現象，在這類文句中，由於兩個相
同的詞語連在一起，可能被鈔經人誤以為贅衍而刪去，或在鈔寫中跳脫；
也可能就是古書中兩個相同的詞語連用，書寫記錄時採用了表示重複的點
號，後人鈔經時把古本中的這些表示重複的省略符號漏去了；當然，也存
在着第三種可能，就是原文雖然語義上需要重複，但是在對話中依靠語境
的支持而承上省略，經文祇是口語的實錄。由於《太平經》目前祇有一種
版本，缺乏可供對校的材料，因此在這類脫略現象中，具體的某一個例子
到底應屬哪一類，不能輕易判定，但是，無論屬於哪一種情況，找出這樣
的句子，補出其中省缺脫漏的成分，對於我們閱讀理解《太平經》都是必

需的。

《太平經》文句中的蒙上脫略影響文句理解，從語意角度大致可分三種情況：

1. 從文意上來看，脫略並不引起上下文的矛盾，往往還可讀通，但是由於脫略造成了其中的脫節，在對語境理解不足的情況下，也會影響對文句的理解，或造成對文意理解的偏差，但祇要據以補足，就很容易讀通了。如：

卷 35 （41）：夫欺刑者，不可以治，[以治] 日致凶矣。（p. 32）

卷 47 （63）：吾敬受是於天心矣，而下為德君解災除諸害，吾畏天威，敢不悉其言。[不悉其言] 天旦 （旦，當作且） 怒吾。（p. 134）

卷 89 （130）：道成其事，□□ （當補：守道） 為非，患人不力為，[人不力為] 正氣何從得來。（p. 339）

卷 96 （152）：天書不可久留也。[久留] 天神考人，使人不吉。（p. 423）

卷 98 （159）：但宜□□ （擬補：身自） 以品訣之耳，不可遽以示教人也。[遽以示教人] 且入邪中。（p. 449）

卷 110 （179）：復思此言，無怨鬼神。[鬼神] 見善白善，見惡白惡，皆不同也。（p. 527）

卷 112 （187）：此文當傳，不得休止。[休止] 知者減年，愚者自已。（p. 573）

卷 114 （193）：或有蟲毒之物，使其人殺之。[其人] 或恐，不敢上高山入大谷深水之中，亦道不成。（p. 595）

2. 由於脫略了同上文重複的成分，使得一些有轉折關係的上下文之間不僅無法連貫起來，出現了內容前後矛盾的情況。在這種情況下，不補出脫略的成分就無法正確理解經文，甚至會產生與原文文意完全相反的理解，這是需要特別注意的。如：

卷 36 （46）：生時所不樂皆不可見於死者，故不得過生，[過生]

必為怪變甚深。(p. 53)

卷 39 (50)：向天不欲言，吾不敢妄出此說，[妄出此說] 天必誅吾。(p. 70)

卷 41 (55)：吾乃為天地談，為上德君作可以除天地開闢以來承負之厄會，義不敢妄語，[妄語] 必得怨於皇天后土。(p. 84)

卷 49 (66)：故夫者，乃與皇天同骨法血脈，故天道疾惡好殺，[好殺] 故與天為重怨；地者與德同骨法血脈，故惡人傷害，[傷害] 與地為大咎；夫仁與聖賢同骨法血脈，故聖賢好施而惡奪，[奪] 故與聖人仁人為大仇。(p. 166)

卷 50 (69)：其餘皆邪文也，不可用也，所以拱邪之文也。[文] 乃當與神相應，不愈者皆誤人，不能救死也。(p. 172)

卷 92 (134)：子勿逆之，[逆之] 子喪，乃天樂出書，故使吾言。(p. 376)

卷 93 (137)：今天太平氣至，當與有德君并力治，無妄傷害，[傷害] 則亂太平之氣，令治憒憒。(p. 385)

卷 96 (152)：此九人有真信忠誠，有善真道，樂來為德君輔者，悉問其能而仕之，慎無署非其職也，亦無逆去之也。[逆去] 名為逆人勉勉眷眷之心，天非人。(p. 417)

卷 110 (179)：天下之事，孝忠誠信為大，故勿得自放恣。[放恣] 復奪人算，不得久長。(p. 543)

卷 112 (187)；詳諦所受，被天奉使，不可自在，當輒承命，不得留久，[留久] 輒有責問，不頃時矣。(p. 571)

卷 113 (191)：太平氣至，聽其所為，從其具樂琴瑟，慎無禁之。[禁之] 則樂氣不出，治難平。難平則氣鬥訟而多刑。(p. 588)

卷 114 (199)：刑德各主其事，不可有惡。[有惡] 復見疏記，簿其姓名，積眾多，聖明理之。(p. 614)

卷 116 (204)：休囚死氣皆欲安靜，不欲見動搖，[動搖] 即不悅喜，[不悅喜] 則戰怒，戰怒則生凶惡奸邪災害矣。(p. 630)

卷 117 (207)：故以付真人，慎毋斷絕，[斷絕] 子且病之。(p. 653)

卷 119 (212)：比若胞中之子，不可有小害，[有小害] 輒傷死，

死不復生，輒棄一人。（p. 676）

3. 承上脫略的成分導致的句子成分缺位，破壞了句子的結構或句中詞語的語意關係，而使文句難以讀通：

卷 91（132）：愚生［生］而隨俗，為愚積久，不知邪止（止，當作正）所在。（p. 358）

案："愚生"是真人自稱，《太平經》中沒有用"愚"自稱例。後一"生"字是動詞，二"生"連用，各有作用。

卷 97（154）：故吾書本道德之根，棄除邪文巧偽之法，［邪文巧偽之法］悉不與焉。子獨不怪之耶？（p. 431）

卷 110（179）：心神言："我受天心教敕，使主隨人心，其不得有小脫善惡，［小脫善惡］輒有傍神復得。"［得］心神言益復悲楚，未知吉凶，故自恐在惡伍之部。（p. 528）

案："得心神言"句的主語省略，指的是向善之人，即下文所稱的"此人"。經文中又脫句子謂語"得"，致使句子結構全變，上下文無以卒讀。

卷 117（208）：宜屬上者屬上，宜屬中者屬中，宜屬下者屬下，宜上下中共之［者共之］，何不睹共誠信□□（擬補：效驗）比若與天語？（p. 666）

案：這是幾個排比句，主語是"宜……者"，句子謂語即用"者"字結構中的謂詞成分，"宜上下中共之"一句殘缺不全，當補作"宜上下中共之者共之"或"宜上下中共之者上下中共之"。

從結構上分析，發生承上脫略的有三種情況：一是承上省脫句首主語；二是在假設句中，承上脫略了句首表示假設條件的部分；三是句中其他與上文相同而造成脫誤。其中第二種最為常見，第三種較少見。需要注意的是，這種脫略的成分往往不是一個名詞，而是一個詞組，其中有的結構還比較複雜。

## 二　不涉上文的文字脫漏缺失

這種文字的脫闕也就是通常校勘學上所稱的奪文，是本書在傳抄中由於抄寫人的錯誤而發生的文字脫漏，它的成因有很大的偶然性，情況複雜。從理解的角度，即判定脫漏的根據來看，我們把它們分成兩類：

1. 傳寫轉抄中個別文字的脫漏，其中有的可以利用對應句子和句中的對應成分，通過上下文的對照排比來發現：

> 卷 42（58）：不吉亦不凶為浮平命，一吉一凶為雜不純無常之 ［命］，吉凶不占。（p. 93）

案：上文說"浮平命"，下文應為"雜不純無常之命"。

> 卷 47（63）：故使子言之，視其枉直 ［是］ 非耳。（p. 137）

案："枉直"反義對舉，下文當是"是非"對舉與"枉直"並列。

> 卷 51（78）：小知自相與小 ［知］ 聚之，歸於中知；中知聚之，歸於上知……小賢共校聚之，付於中賢，中賢校聚之 ［付］ 於大賢，大賢校聚之，付於帝王。（p. 192）

> 卷 54（81）：中古人半愚，輕小用刑，故半 ［壽］，賊其半；下古大愚，則自忽，用刑以為常法，故多不得壽。（p. 206）

案："半壽"與"賊其半"對應，意思是一半人得壽，一半人受刑害；二句指中古半愚之人，又與下文大愚之人"多不得壽"對應。

有時，無法從句子的上下文對應的語句用詞來對比參校，祇能根據語句結構和文意邏輯來判斷其中的脫漏：

> 卷 45（61）：鬼物大興共病人，奸猾居道傍，諸陰伏不順之屬 ［出］，咎在逆天地也。（p. 113）

案："諸陰伏不順之屬"與上文"鬼物""奸猾"並舉，但它的後面沒有謂語，所以據"陰伏"補"出"作為句子謂語。

卷47（63）：此者，乃以［予］殊異有功之人也。（p.138）

案：此句中"以"是介詞，承上文"此者"省略賓語，"殊異有功之人"是句子賓語，本句缺謂語，據文意補"予"。

卷49（66）：善者，乃洞絕無上，與道同稱，天之所愛，地之所養，帝王所當急，仕人君［者］所當與同心并力也。（p.158）

案：這是一個判斷句，"所當與同心并力"是判斷謂語，主語"仕人君"當作"仕人君者""者"作為代詞構成"者"字結構，不可脫略。

卷49（66）：夫不力學大吉之道，反事［愚］者，輕忽自易，必且入凶。（p.160）

案："反事"與上文"力學"相對，所事對象應該是反"大吉之道"的愚者。

卷114（199）：是生神之願。［行］輒有符傳以為信行，諸所案行，當所稟食，勿過文書。（p.614）

案："輒有符傳"前脫使用符傳的條件，應補"行""外出案行"這樣的話。

2. 成段成句的文字脫漏，這通常通過上下文的對照排比和文句結構語意的完整性來判斷：

卷47（64）：是故以道治者，清白而生也，以德治者［仁愛而養也；以人治者］進退兩度也，故下古之人進退難治，多智詐也。天以道治，故其形清，三光白；地以德治，故忍辱；人以和治，故進退多

便其辭，變易無常。（p. 143）

案："進退兩度"的應是"人治"，在本經中"德"性仁愛忍辱，所以這裡正脫"以德治"的下半句和"進退兩度"的上半句。

卷 93（139）：故以文付百有德之國，一有德之國兼化九十九國，[萬國盡化]。其萬二千國并數，若一歲十二月為一部，時十三月閏，亦并其中。（p. 397）

案：這裡講以天道化人，一有德之國化九十九國，百有德之國即化萬國。所以下文又解說萬二千國的二千相當於一個閏數，統括在萬國之內。

卷 120—136（太平經鈔辛部）：天地之性，自有格法，六甲五行四時節度，可以占覆未來之事，作救衰亂，防未然之事。臣見君父之衰，救之，使其更興盛，是大功也；深知其衰也，不救之 [是為倡衰，罪不除也。二事，……] 或反言而去，名為倡訞，罪不除也。三事，臣知其君有失，將睹凶害而救之，使其更無凶害，是大功也；知而不救，名倡凶，其罪不除也。四事，知君理失其要意，災害連起，而救助其理之，是其宜也，為曉事之臣；知而不救，其罪不除也。（p. 685）

案：這裡分幾方面逐一列說臣當救君之失以及不救之過，但原文祇從"三事"開始，突兀難解。原因是開頭的"一事"字樣省略，而直述其事，中間因脫行而漏"一事"的後半和"二事"前半，而誤將"二事"後半與"一事"相接。所以，"深知其衰不救之"後，據下文句例應補"是為倡衰，罪不除也"，但"二事"所言，無可補出。

以上所論文字脫略現象，主要是舉例性的，通過對這些用例的分析和處理，我們可以舉一反三，對相應情況作相應的處理，有益於我們對古書中這類語句的閱讀和理解。

（原載《古籍研究》2000 年第 3 期）

# 《太平經》的語法分析和標點處理

　　《太平經》是早期道教的一部重要典籍，原書 170 卷，流傳至今的祇有 57 卷，其中還有殘缺。王明先生《太平經合校》一書，廣征博收，比勘校訂，並對全文作了標點，精彩之處不勝枚舉，對《太平經》的整理和研究工作作出了眾所公認的傑出貢獻。由於原文缺佚脫誤十分嚴重，標點困難不言而喻，有些地方仍有待於細細推敲。近年來羅熾先生主編的《太平經注譯》在《合校》本的基礎上，對《太平經》全文作了今譯，改訂了本書大量的標點，其中不乏令人豁然開朗之處。儘管如此，現在對《太平經》的標點整理仍不足以使我們讀通全書每一部分，還存在許多需要進一步研究的地方。影響《太平經》標點的有不少因素，對其中的標點處理也可以從不同的角度來考慮，本文擬就語法分析的角度來談談本書中還存在的標點問題。為了方便討論，我們把問題分成幾個方面，其中有的句子的標點並存有幾個方面的問題或可從多方面來討論，我們把它歸入某一方面，對其他方面的問題順帶加以說明，避免同一句子多處重出。討論以最新印行的《太平經合校》1992 年本的標點為對象，引文祇注《合校》本的頁碼，不標卷次以節省篇幅。

## 一　詞和固定詞語的判定影響標點

　　詞和固定詞語是語句的基本構成單位，在《太平經》中，有單音詞，也有複音的詞和固定詞語，對這些不同的詞若處理不當，如把雙音詞斷成兩個單音詞，或把兩個不相關的單音詞捏合成一個詞，都會引起標點的失當。

　　pp. 42—43：“是故唯天師既開示淺暗不達之生，願為開闢其端，首諾聽之。”擬作：“‘是故唯天師既開示淺暗不達之生，願為開闢其端首。'　'諾，聽之。'"

案：這是對話，其中"諾"是尊者對卑者的應答語，表示應允和提頓；"端首"同義連文，頭緒的意思，也作"首端"，如 p. 282："一事者各分為九，九九八十一首，殊端異文密用之，則共為一大根……"擬作："一事者各分為九，九九八十一，首殊端異，文密，用之則共為一大根……""首殊端異"是一個同義並列的詞語，表示頭緒紛多。

p. 51："中古送死治喪，小失法度，不能專，其心至而已，失其意，反小敬之，流就浮華，以厭生人，心財半至其死者耳。"擬作："中古送死治喪，小失法度，不能專其心至而已，失其意，反小敬之，流就浮華，以厭生人，心財［才］半至其死者耳。"

案："專其心至"和下文"（心）半至"相對，指專心專意。

p. 139："人君職會，當與眾賢共平治天下也。"擬作："人君職，會當與眾賢共平治天下也。"

案："人君職"是本句的主語，"會當"是一個常用複合副詞，作狀語。

p. 158："'今真人久懷智而作愚，何哉?'　'不敢行。'　'子幸有能，極陳子所言……'"擬作："'今真人久懷智而作［詐］愚，何哉?'　'不敢。'　'行，子幸有能，極陳子所言……'"

案："不敢"是真人答天師的謙詞，"行"是天師吩咐真人繼續發問的話，二者都是常用應對語，各獨自為句。

p. 178："故天更生文書使記之，相傳前後，可相因樂，欲使其知之以自安也。"擬作："故天更生文書，使記之、相傳，前後可相因，樂欲使其知之以自安也。"

案："記之""相傳"是相承的兩個動作；"前後"是"相因"的狀語，指文書內容上下文之間互相聯繫。"樂欲"是本書常用詞，作謂語，它的主語是上文的"天"。

p. 182："葬者，本先人之丘陵居處也，名為初置根種。宅，地也，魂神復當得還，養其子孫，善地則魂神還養也，惡地則魂神還為害也。五祖氣終，復反為人。天道法氣，周復反其始也。"擬作："葬者，本先人之丘陵居處也，名為初置根種宅地也，魂神復當得還，養其子孫。善地則魂神還養也，惡地則魂神還為害也。五祖氣終，復反為人。天道法，氣周復反其始也。"

案："初置根種宅地"即"先人丘陵居處"，是一專門名詞。"氣"和"周復反其始"構成主謂詞組，作"天道法"的謂語。

p. 188："使與天道指意微言大相遠，皆為邪言邪文，書此邪，致不能正陰陽，災氣比連起，內咎在此也。"擬作："使與天道指意微言大相遠，皆為邪言邪文書，此邪致，不能正陰陽，災氣比連起，內咎在此也。"

案："文書"是一詞，"邪言邪文書"就是下文的"此邪"。"致"同至，出現。

p. 196："恩唯明師既加，不得已為弟子說其所不及。"擬作："恩唯明師既加不得已，為弟子說其所不及。"

案："加不得已"是一動賓組合。"加"指受天之命，"不得已"指必須做。

pp. 245—246："是之為無狀乃死，尚有餘罪，故流後生也，真人知之耶？"擬作："是之為無狀，乃死尚有餘罪，故流後生也。真人知之耶？"

案："死尚有餘罪"是一常用詞語，相當於"死有餘辜"。

p. 339："道以自然為洞虛，無一旦自來，其道仁良。子為之孝，臣為其忠，信知則令人愛其身，不敢妄言，守而不止，命無窮焉。"擬作："道以自然為洞虛無，一旦自來，其道仁良，子為之孝，臣為其忠信，知則令人愛其身，不敢妄言，守而不止，命無窮焉。"

案："虛無"為詞，也可以再加"洞"作修飾語。

## 二 詞組的判定影響標點

詞組在句子中間像一個詞一樣，充當一個句子成分，《太平經》中，有不少句子的成分是由並列或其他關係的詞組充當的，對詞組判定不得當，也會影響對全句的結構分析和意義的理解。

p. 52："不知何鬼神物悉來集食，因反放縱，行為害賊，殺人不止，共殺一人者。"擬作："不知何鬼神物悉來集食，因反放縱，行為害賊殺人，不止共殺一人者。"

案："害賊殺"同義連文。"不止共殺一人"是對"行為害賊殺人"的補充說明。

p. 58："具說天下承負，乃千萬字尚少也。難勝既為子舉其凡綱，令使眾賢可共意，而盡得其意，與券書無異也。"擬作："具說天下承負，乃千萬字尚少也難勝。既為子舉其凡綱，令使眾賢可共意，而盡得其意，與券書無異也。"

案："難勝"與"少"並作"千萬字"的謂語。

p. 92："皆多絕匿其真道，反以浮華學之，小小益耶，且薄後生者，日增益復劇，其故使成偽學相傳……"擬作："皆多絕匿其真道，反以浮華學之，小小益耶［邪］且薄，後生者日增益，復劇，其故使成偽學相傳……"

案："耶"通"邪",形容詞,和"薄"並列作謂語,用"且"連接。"後生者"是下句的主語。

p. 153："行之得應其民,吏日善且信忠,是其效也;則遷之以時,是助國得天心之人也。或但有樂,一旦貪名得官,其行無效,不稱天心無應者。"擬作:"行之得應,其民吏日善且信忠,是其效也,則遷之以時,是助國得天心之人也。或但有樂一旦貪名得官,其行無效,不稱天心,無應者。"

案："民吏"並列,用"其"領屬。"一旦貪名得官"是"樂"的賓語。

p. 159："鬼神承天心為使不喜之,為害甚處三,法所當誅。"擬作:"鬼神承天心為使,不喜之。為害甚處,三法所當誅。"

案:此當言惡人為害太甚,所以"三法所當誅"。三,指天地人三方面,上文有"無德之人,天不愛,地不喜,人不欲親近之",可證。

p. 164："反相教為章奏法律,辯慧相持長短。"擬作:"反相教為章奏法律辯慧,相持長短。"

案："章奏""法律""辯慧"都是相教的內容,構成一並列詞組,作"為"的賓語。

p. 176："今試書一本,字投於前,使眾賢共違而說之,及其投意不同,事解各異,足以知一人之說,其非明矣……"擬作:"今試書一本字,投於前,使眾賢共違 [圍] 而說之,及其投意不同,事解各異,足以知一人之說,其非明矣……"

案："一本字"是數量詞組"一本"作"字"的定語。

p. 182："人雖天遙遠，欲知其道真不？是與非相應和，若合符者是也，不者非也。"擬作："人雖［離］天遙遠，欲知其道真不、是與非，相應和若合符者是也，不者非也。"

案："真不"和"是與非"同是正反對舉的並列詞組，它們組成一個並列詞組和"其道"構成主謂詞組作"知"的賓語。"相應和若合符"和"者"構成一個名詞性詞語，和"不者"相對，分別作"是"和"非"的主語。

p. 198："帝王治將太平，且興天使其好惡而樂，象天治；將中平者，象地治……"擬作："帝王治將太平且興，天使其好惡［善］而樂象天治；將中平者，象地治……"

案："興"和"太平"是一並列詞組，共作"治"的謂語。

p. 224："今愚生欲助天，太陽之氣使遂明，帝王日盛，奸猾滅絕……"擬作："今愚生欲助天太陽之氣，使遂明，帝王日盛，奸猾滅絕……"

案："使"的主語承上文，是"愚生"；"天"和"太陽"都是"氣"的定語。

pp. 266—267："然天之為法，陰陽雖行，相過事者各自有家。天之為法同，不舉家悉相隨而止耳。"擬作："然天之為法，陰陽雖行相過，事者各自有家。天之為法同，不舉家悉相隨而止耳。"

案："行相過"指交互相合，是一謂詞性詞組，作"陰陽"的謂語。

p. 302："使善人賢士以五尺柱高，卒有去閒，學者當考問之，一旦民皆為善矣。"擬作："使善人賢士以五尺柱高，卒有去閒學者，當考問之，一旦民皆為善矣。"

案："去閒學者"是一個名詞性詞組，作"有"的賓語。

p. 316："今帝王雖神聖，一人之源，乃處百重人之內，萬里之外。百重之內，雖欲往通言，迫脅於比近，不得往達也。"擬作："今帝王雖神聖，一人之源，乃處百重人之內。萬里之外、百重之內，雖欲往通言，迫脅於比近，不得往達也。"

案："百重人之內"指處所，和"萬里之外"不是並列關係；"萬里之外"和"百重之內"並列指人，作"欲往通言"和"迫脅於比近"的主語。

p. 334："'行，努力精卒之，勿棄天道問一訣也。''唯唯。願請訣事言之，天師何睹正於都市四達道上，為太平作來善文奇策密方之室乎？'"擬作："'行，努力精卒之，勿棄。天道問一訣也。''唯唯。願請訣事。''言之。''天師何睹，正於都市四達道上為太平作來善文奇策密方之室乎？'"

案："勿棄"和"努力精卒之"同義並列作謂語。"言之"是天師的插話，單獨成句。

p. 336："長吏直署，唱名為太平之宅，樂善之吏也。"擬作："長吏直署，唱名為太平之宅樂善之吏也。"

案：這是答真人問"使何吏守此宅"，"太平之宅"是"樂善之吏"的定語。

## 三　詞性的判定影響標點

一個字往往可以表示多個意義，在這多個意義中，有的互相之間有聯繫，是多義詞；有的是同形詞，即用同一個字記錄了不同的詞，由於書寫形式的相同，也容易引起誤解。在這兩種情況下，它們之間既有意義的不同，也有詞性的不同，區分了詞性，意義也就清楚了，所以我們把它們放在一起討論。

p.14："夫求道常苦，不能還其心念，今移風易俗，趨其心指，誰復與之爭者？太平樂乃從宮中出邪？固以清靖國，安身入道……"擬作："夫求道，常苦不能還其心念，今移風易俗，趨其心指，誰復與之爭者？太平樂乃從宮中出，邪固以清。靖國安身入道……"

案："不能還其心念"是"苦"的賓語，"邪"是名詞，作主語。

p.30："善物畏見，傷於地形而不生，至為下極貧……"擬作："善物畏見傷於地形而不生，至為下極貧……"

案："見"是助動詞，用在動詞前，表示被動。又 p.324："過大小盡當見，知善惡大小，亦悉當見知也。"擬作："過大小盡當見知，善惡大小亦悉當見知也。"此句中兩個"見知"並舉。

p.48："根者，乃與天地同其元也，故治。眩亂於下古者，思反中古……"擬作："根者，乃與天地同其元也。故治，眩亂於下古者，思反中古……"

案："治"名詞，作以下各句的主語。

p.163："俱大暗昧無一知，見天道言其不真，但欺謾純信，其愚心妄言，上千天文下亂地理，為百姓害災。"擬作："俱大暗昧無一知，見天道，言其不真，但欺謾；純信其愚心妄言，上千〔干〕天文、下亂地理，為百姓害災。"

案："信"是動詞，作謂語，賓語是"其愚心妄言"。

p.237："夫善為君者，乃能使災咎自伏，消其所失。至要自養之道者，反使邪氣流行，周遍天下。故生是餘災，反為承負之厄會。"

擬作："夫善為君者，乃能使災咎自伏消其所。失至要自養之道者，反使邪氣流行，周遍天下，故生是餘災，反為承負之厄會。"

案："所"是名詞，處所的意思。

p. 238："'所不及，何故病乎？道德不能及，無為無君長，萬物無長故亂，而多病奸猾，盜賊不絕也……'"擬作："'所不及，何故？'病乎道德不能及無為，無君長。萬物無長，故亂而多病奸猾，盜賊不絕也……'"

案："所不及，何故"是真人的插問。"乎"是介詞，相當於"於"。

p. 274："願聞此辰戌君，未獨男則共聚，女則共嫁，何也？"擬作："願聞此辰戌君［羅改作丑］未，獨男則共聚［娶］，女則共嫁，何也？"

案：上文說"丑未者，寅之後宮"，"辰戌者，太皇后之家婦"，"辰戌丑未"都屬十二地支，名詞。

p. 287："吾嘗中於大邪，使吾欲走言，吾欲當為人主，後當飛仙上天。"擬作："吾嘗中於大邪，使吾欲走。言：'吾欲當為人主，後當飛仙上天。'"

案："言"是動詞，以下的話是它的賓語。

p. 354："行假令正，共說一甲字也，是一事也。正投眾賢明前，是宜天下文書，眾人之醲，各有言說……"擬作："行，假令正共說一甲字也。是一事也，正投眾賢明前，是宜天下文書，眾人之醲，各有言說……"

案："行"是應對語，"假令……也"是假設句，副詞"正"和"共"

作“說”的狀語。

## 四 詞在句中的語法地位和句子結構

理解句中每一個詞，是我們理解整個句子的前提，但是，同樣一個詞可以出現在句中不同的語法地位上，和其他的詞構成不同的語法關係組成句子。所以對一個詞在句中的地位的不同理解，也就表現為對語句構成的不同理解。

p. 29：“今意極訖，不知所當復問。唯天師更開示其所不及也。”擬作：“今意極，訖不知所當復問。唯天師更開示其所不及也。”

案：“訖”作狀語，前置，本書多有此類用法。

p. 30：“古者聖賢乃深居幽室，而自思道德，所及貧富，何須問之，坐自知之矣。”擬作：“古者聖賢乃深居幽室，而自思道德所及，貧富何須問之，坐自知之矣。”

案：“所及”是“自思”的賓語。

p. 37：“噫，真人之說純。大中古以來，俗人之失也，其師內妒，反教民妄為也。”擬作：“噫，真人之說，純大中古以來俗人之失也，其師內妒，反教民妄為也。”

案：“純”狀語，修飾“失”。

p. 72：“其子適巨，可毋養身，便自老長不能行，是四窮也。”擬作：“其子適巨，可毋養，身便自老長不能行，是四窮也。”

案：“身”指父母自身，作主語。“毋養”不帶賓語，主語是“其子”。

p. 87：“其為道乃拘校天地開闢以來，天文地文人文神文皆撰簡得其善者,以為洞極之經,帝王案用之,使眾賢共乃力行之……"擬作:"其為道,乃拘校天地開闢以來天文地文人文神文,皆撰簡,得其善者,以為洞極之經,帝王案用之,使眾賢共乃力行之……"

案:"天文地文人文神文"是"拘校"賓語,"天地開闢以來"是它的定語;"撰簡"承"拘校",賓語承上省。

pp. 109—110:"子德吾書誦讀之,而心有疑者,常以此書一卷,自近旦夕常案視之,以為明戒證效,乃且得天心意也。"擬作:"子德[得]吾書誦讀之,而心有疑者,常以此書一卷自近,旦夕常案視之,以為明戒證效,乃且得天心意也。"

案:"自近"是前一謂語,"旦夕"是下一謂語"案視"的狀語。

p. 134:"以何能求之,致此治正也;以此道吾道,正上古之第一之文也。"擬作:"以何能求之,致此治正也?以此道。吾道,正上古之第一之文也。"

案:"以何能求之,致此治正也"和"以此道"是自問自答,"吾道"和"此道"同義,作下句主語。

p. 206:"天地中和,盡得相通也。故能致壽上皇,所以壽多者,無刑不傷,多傷者乃還傷人身。"擬作:"天地中和,盡得相通也,故能致壽。上皇所以壽多者,無刑不傷,多傷者乃還傷人身。"

案:"上皇"指上古時期,時間狀語。

p. 225:"兵,金類也,乃帝王賜之王者。王之名為金王,金王則厭木而衰火,金王則令甲乙木行無氣。"擬作:"兵,金類也,乃帝王賜之、王者王之,名為金王。金王則厭木而衰火,金王則令甲乙木行無氣。"

案："王者"作"王之"的主語，和"帝王賜之"句並列。

　　p. 247："凡物職當居天下地上，而通行周給；凡人之不足，反乃見埋，病悒悒不得出見。"擬作："凡物職當居天下地上而通行，周給凡人之不足，反乃見埋，病悒悒不得出見。"

案："通行"和"居"相承作謂語，但不帶賓語，"凡人之不足"是"周給"的賓語，它們的主語都是"職"。

　　p. 260："又天道至嚴，既言不敢不具，通不通名為戔道，為過劇。"擬作："又天道至嚴，既言，不敢不具通，不通名為戔道，為過劇。"

案：前一"通"受"不具"的修飾，作謂語；"不通"作下句的主語。

　　p. 287："夫天上大神，非賊人可為，便使人還此害克，故無大福也；當生反死，轉為天賊也。"擬作："夫天上大神非賊，人可為，便使人還此害克，故無大福也，當生反死，轉為天賊也。"

案："人可為"即"人所為"，作下句的主語。"非賊"和"轉為天賊"相應。

　　p. 299："一事大決毋取用，但好大言者也，是人無益於人也。"擬作："一事大決。毋取用但好大言者也，是人無益於人也。"

案："一事大決"總結上文。"但好大言者"是"毋取用"的賓語。

　　p. 318："'……上士之人眾集者，常病不多，兩三人集，固固有奸偽多者，無奸偽何也？''願聞之。'"擬作："'……上士之人眾集者，常病不多。兩三人集，固固有奸偽；多者，無奸偽。''何也？願聞之。'"

案："多者"和"兩三人"相對,是"無奸偽"的主語。"何也"句是真人對天師的發問。

p.334:"今真人,天使諸弟子問,是今既為天問事,乃為德君作大樂之經,努力勿懈也。天且報子功,子乃為皇天后土除病……"擬作:"今真人,天使諸弟子問是。今既為天問事,乃為德君作大樂之經,努力勿懈也,天且報子功。子乃為皇天后土除病……"

案："是"作"問"的賓語。"天且報子功"是"努力勿懈"的結果,當屬上。

p.343:"為人師者多難訾,真人悒悒,為子更復分別悉道其意。"擬作:"為人師者多難,訾真人悒悒,為子更復分別悉道其意。"

案："訾"有顧念義,是"真人悒悒"的謂語,主語省略。

p.363:"安得空立徵而言,其文言而無說乎?"擬作:"安得空立徵而言其文言,而無說乎?"

案："其文言"是"言"的賓語,"安得……乎"是一反問句。

## 五 標點中的複雜句子的結構分析

漢語中除了一些結構單一的句子之外,還有一些句子的結構比較複雜,對這些句子內部結構關係的分析不同,也會影響對語句意義的理解。

p.33:"子既學慎言,無妄談也。"擬作:"子既學,慎言,無妄談也。"

案："既學"是下兩句的條件,"慎言"和"無妄談"兩句同義並列。

p.40:"——而呼,此眾人以尊卑始教,其各言一,各記主名也。"擬作："一一而呼，此眾人以尊卑，始教其各言一，各記主名也。"

案：這是一個兼語句，"尊卑"和"以"構成介賓詞組作狀語限制謂語是"教"，"其"是兼語。

p. 82："天師既過覺愚不及之生，使得開通，知善惡難之，何一卒致也。"擬作："天師既過覺愚不及之生，使得開通、知善惡，難之，何一卒致也。"

案："開通"和"知善惡"相承，連動關係，作兼語句的後一謂語。"難之"和上句是轉折關係，指有疑難，"之"指"何一卒致"。

p. 171："此審得天地之分理安，王者不疑也。民臣不失其職，萬物各得其所，不若此書言，亂邪之文不可用也。"擬作："此審得天地之分理，安王者，不疑也，民臣不失其職，萬物各得其所。不若此書言，亂邪之文，不可用也。"

案："安"和"王者"構成動賓關係，它和上句"得天地之分理"的主語都是"此"。"亂邪之文"是"不若此書言"的判斷謂語。

p. 254："過仁而下，多傷難為意。故吾之為道常樂，上本天之性戒，中棄未夭之性也。"擬作："過仁而下，多傷，難為意。故吾之為道，常樂上本天之性，戒中棄未夭之性也。"

案："多傷"和"難為意"間有因果關係，點斷為好。"樂"和"戒"是兩個反義動詞作謂語，構成一對正反並列的分句。

p. 269："故從酒名為好縱，水之王長也，水王則衰太陽。"擬作："故從〔縱〕酒名為好縱水之王長也，水王則衰太陽。"

案："好縱"和"水之王長"動賓詞組，作"名為"的賓語。

p. 270："天之讖訣，金玉興用事。人大興武部者，木絕元氣，土得王。大起土者，是太皇后之宮也。氣屬西北方，太陰得大王，則生妖臣，作後宮，失路騰而起，土王則金相，復相隨騰而起，……"擬作："天之讖訣，金玉興用事、人大興武部者，木絕元氣，土得王大起；土者，是太皇后之宮也，氣屬西北方、太陰，得大王，則生妖臣作，後宮失路騰而起；土王則金相，復相隨騰而起；……"

案："金玉用事"和"人大興武部"是並列詞組和"者"結合，作"木絕元氣，土得王大起"的條件。"土得王大起"又是"後宮失路騰起""（金）隨騰而起"等句的條件。

pp. 319—320："令德君數遣信吏，問民間有疽瘻疥者，無有者，多少有疽瘻疥者，行書未究洽於神靈，自苦有餘蟲食人，……"擬作："令德君數遣信吏，問民間有疽瘻疥者、無有者多少。有疽瘻疥者，行書未究洽於神靈，自苦有餘蟲食人。"

案："有疽瘻疥者""無有者"是一並列詞組，表示兩種相反的情況，它們一起和"多少"構成一主謂詞組，又和"民間有"結合成一主謂賓詞組充當"問"的賓語，形成一個多重包孕句。

p. 328："民亦畏縣官，得其短，亦覆信也；縣官長吏居民亦畏行於他方上書者，得其短，亦信也；行上書者，亦畏縣長吏居民得其短也，亦信也……"擬作："民亦畏縣官得其短，亦覆信也；縣官長吏居民亦畏行於他方上書者得其短，亦信也；行上書者亦畏縣長吏居民得其短也，亦信也……"

案：幾個"得其短"都和前面的名詞性成分組成一個主謂賓詞組，充當全句賓語。

## 六　固定句式的標點

《太平經》多對話，書中因此有一些在一般文獻中不多見的、帶有很重口語色彩的疑問句式，對這些句式的認定，也是本書標點的一個需要注意的方面。

　　p. 141："以書付下古之人，各深自實校為行，以何上有益於天君父師，其為行增，但各自祐利而已邪？"擬作："以書付下古之人，各深自實校：為行，以何上有益於天君父師？其為行，增〔曾〕但各自祐利而已邪？"

案："曾但……邪"是一常用的反問句。

　　p. 430："天地之神保終類，人乃不若六畜草木善邪哉？"擬作："天地之神保，終類人乃不若六畜草木善邪哉？"又 p. 432："今若以真人今且言終類，此人不若六畜及糞土草耶？"擬作："今若以真人今且言，終類此人不若六畜及糞土草耶？"

案："終類"也作"中類"，"終類……耶（邪）"是一個反問句。

　　p. 39："何謙為言之？自古大聖人不責備於一人也。今子言不中，何謙乎？"擬作："何謙為？言之。自古大聖人不責備於一人也，今子言不中，何謙乎？"

案："何……為"是一個反問句式，"言之"是本書中常用的一個應答句。

　　p. 244："夫斷天道，大逆罪過，不可勝記。故財舉其綱紀，示真人是非，重罪當死明耶？"擬作："夫斷天道，大逆罪過，不可勝記，故財舉其綱紀示真人，是非重罪當死明耶？"

案："是非……耶"是一反問句，"是"是代詞作判斷句主語，"非"否定判斷句謂語。

p. 340："今見凡人死，當大冤之，叩胸心而呼天，自投擗而告地，邪？不當邪？"擬作："今見凡人死，當大冤之，叩胸心而呼天，自投擗而告地邪？不當邪？"

案：這是正反並列的選擇疑問句，即"當……邪？不當邪？"《合校》注："邪上疑脫當字。"實不脫。

p. 171："以此分明，地審相應，不水氣兄弟者，其魚鱉相類，以是為占，分別其所出，萬物凡事，其可知矣。"擬作："以此分明，地審相應不？水氣兄弟者，其魚鱉相類。以是為占，分別其所出，萬物凡事，其可知矣。"

案："地審相應不"是反問句，"……不"是一常用的正反並列句式，也可用於陳述句，如 p. 177："書辭誤與不前後宜，當以相足。"擬作："書辭誤與不，前後宜當以相足。"又 p. 180："古者聖賢，坐居清靜處，自相持脈，視其往來度數，至不便以知四時五行得失，因反知其身衰盛，……"擬作："古者聖賢，坐居清靜處，自相持脈，視其往來度數至不，便以知四時五行得失，因反知其身衰盛。"也是以"不"作為並列謂語的一部分。

pp. 58—59："一大凡事解，未復更明聽。"擬作："一大凡事解未？復更明聽。"

案："未"字當屬上，是正反選擇問句的否定項。

（原載《古籍研究》1998 年第 2 期）

# 《太平經》語言特點和標點問題

產生於漢代的早期道教文獻《太平經》，是一些有志於社會改良的下層知識份子所作，它在宗教信仰的旗幟下，融匯了當時流行的各種思想，提出了解決當時各種社會問題的一些方案和作者宣導的人生目標。它的思想以神仙方術為基礎，博采各家而成，用語和當時流行的書面語風格不同，不以先秦文獻用語作為樣板，而是主要採取了口語直錄這樣一種方式，同時也適當吸收了一些當時流行的行文特點，因而本書中保留了不少和當時其他文獻不同的、具有明顯時代特徵的、反映當時說話習慣的成分。這些成分，由於各種原因，在其他各種文獻中並不多見，是我們研究當時用語的很好的材料。但是《太平經》書出眾手，不是一時一地一人所作，在流傳過程中祗保存了一個版本，其中已缺佚三分之二以上，還有不少鈔寫錯誤，這給我們整理《太平經》帶來了很大的困難。王明先生《太平經合校》稽錄眾書中有關《太平經》的引文，校訂異文，克服了許多困難，大致恢復了《太平經》的概貌，為今人研讀《太平經》提供了一個很好的本子，但是，由於本書用語的一些特殊性，其中一些問題仍有待於進一步探討。本文擬就一些帶普遍性的語言特點，以《太平經合校》為基礎，談談這些特點對本書標點的影響。①

## 一　應對語

《太平經》採用對話直錄的形式，因此行文中有不少特有的應對語，表示應允、否定、禮敬、謙抑、提頓等，對這些用語的正確理解，有助於判定本書中的對話關係。

---

① 引文均據《太平經合校》，中華書局 1960 年版，1992 年第 4 次印本。下文簡稱《合校》本。

"唯唯"是表示恭敬、並接受對方意見的應答，用於卑者對尊者，在本書中大多是真人對天師的應答，也有在天界的大神對天君或由俗間升遷天界的人對大神的應答。"唯唯"用為應對語，大都是直接引語，有些地方把它作為敘述語處理，不太合適：

> "記之，吾告子，其精之重之慎之。"真人唯唯，不敢妄言也。真人稽首，"願更聞其將欲敗人，奈何乎哉？"（卷71，p.286）應作："記之，吾告子，其精之重之慎之。"真人："唯唯，不敢妄言也。"真人稽首："願更聞其將欲敗人，奈何乎哉？"
>
> 天君言："得次補缺之日數，上其姓名，勿失期。"大神唯唯。（卷111，p.552）應作：天君言："得次補缺之日數，上其姓名，勿失期。"大神："唯唯。"

《禮記·曲禮上》："父召無諾，先生召無諾，唯而起。"鄭注："應辭，'唯'恭於'諾'。""唯"和"諾"在用法上的這種區別，在一般文獻中表現並不明顯，但它在《太平經》中有充分的反映。本書"諾"都用於尊者，它用在語首，在表示應答的同時具有提示下文的作用：

> "吾將為真人具陳說之，子宜自力，隨而記之。""唯唯，諾。""然，夫上善之臣子民之屬也，其為行也，常旦夕憂念其君王也。"（卷47，p.132）應作："唯唯。""諾，然，夫上善之臣子民之屬也，其為行也，常旦夕憂念其君王也。"
>
> "唯唯。請如天君出教。""諾之。大神且上其人，署小職，觀望其行。"（卷114，p.612）案：此例《合校》不誤，但羅熾等先生的《太平經注譯》① 誤改作"唯唯。請如天君出教。諾之大神，且上其人，署小職，觀望其行。"

《太平經》中"諾"也常在尊者的話語中表示提頓，有時也可重疊作"諾諾"，承上啟下，表示一層意思結束，另講一個問題：

---

① 參見羅熾等先生的《太平經注譯》，西南師範大學出版社1996年版。下文簡稱《注譯》本。

故天使子反覆問是也。欲使吾更□□具言耶？諾諾。吾親見遣，為是事下，吾不敢有所匿而忿天也。（卷91，p. 350）

這方面《合校》本的處理也有不統一的地方，尊者話語中表示停頓的"諾"或"諾諾"，有時被處理作卑者的應答而獨立成句或另起一句，把同一人的話斷為兩人對話：

"……故諸真人悚悚倦倦，是天使也。""諾諾。""吾其畏天威，方為子思惟其要意而具說……"（卷86，p. 316）應作："……故諸真人悚悚倦倦，是天使也。諾諾。吾其畏天威……"

"善哉，天使子屈折問之，足知為天地使子問此也。""諾。""吾甚畏天，不敢有可隱，恐身得災。"（卷45，p. 116）應作："善哉，天使子屈折問之，足知為天地使子問此也。諾，吾甚畏天，不敢有可隱，恐身得災。"

"真人雖苦，宜加精為吾善說之。""唯唯，但恐反為過耳。""何謙？""諾。誠言……"（卷47，p. 131）應作："唯唯，但恐反為過耳。""何謙？諾，誠言。"……

"然"和"諾"相近，在對話中用於句首，表示贊同對方的意見，或僅僅引出下面的議論，不過"然"是一個尊卑都可以使用的應答提頓用語。"然"的後面也應有一個停頓：

"願聞天以此為格法意訣。""然，詳哉，六子問事也。然，天地以東方為少陽，君之始生也，故日出東方。"（卷65，p. 227）

在這方面，《合校》在重印中有多處作了補正，但仍有未盡的，如：

"善哉善哉，愚生向不力問，復無緣得知是也。""然子言是也，學而不力問，何從得日進乎？"（卷90，p. 346）案：答句應同上例作"然，子言是也……"

"唯唯。可駭哉！可駭哉！""然子已覺矣。"（卷93，p. 400）應作："唯唯,可駭哉! 可駭哉!""然,子已覺矣。"

而在《注譯》本中,則有誤去"然"後的停頓的,如:

"然,多所有者為富,少所有者為貧。""然,子言是也,又實非也。"(卷 35,p. 29)案:《注譯》本末句誤作"然子言是也,又實非也。"

"然"也可用在對話中作一停頓,承前啟後,表示話題轉入另一個內容,或開始就某一問題發表自己的議論:

"數何故止十而終?""善哉! 子深執知問此事法。然,天數乃起於一終於十,何也? 天,初一也,下與地相得為二,陰陽具而共生。"(卷 40,p. 76)

這個停頓在《合校》本中有時也被忽視了:

"今使民間記災變怪云何哉?""然,善乎,子問事也。然當見之時,支日晏蚤戶記之,月盡者共集議之。"(卷 86,p. 322)案:後一句應作"然,當見之時……"

其谷本在山有惡氣,風持來,承負之責如此矣。五事解。然真人復更危坐,詳聽吾言……(卷 37,p. 59)應作:"然,真人復更危坐……"

《太平經》中表示否定性應對,主要用"不也"。它的意義有二:一是明確否定對方的意見,意思是"不對";一是在對方自我謙責時表示安慰,意思是"不要這樣說""沒這麼嚴重",是一種委婉的禮貌用語,它都出自尊者之口。表示明確否定對方意見的用例,《合校》本標出了兩處:

"不也,事之當過其生時也。"又:"不也,但自詳計之,言事皆當應法。"(卷 36,p. 49/p. 51)

但有兩處把對話人的否定應對誤作發話人問話中的反項了：

  "是九人各異事，何益於王治乎不也?" "治得天心意，使此九氣合和，九人共心，故能致上皇太平也……"（卷42，p.89）應作："是九人各異事，何益於王治乎?" "不也，治得天心意……"

  "請問天師之書，乃拘校天地開闢以來，前後賢聖之文……遠及夷狄……曾不煩乎哉不也?" "為其遠煩而不通，故各就其為作……"（卷91，p.348）應作："……遠及夷狄……曾不煩乎哉?" "不也，為其遠煩而不通，故各就其為作……"

另有一處把雙方的話相混了：

  "……將衰者，天匿其文不見，又使其不好求之。賢臣者，但得老而已邪? 不也；老者，乃謂耆舊老於道德也……"（卷53，p.198）應作："……將衰者，天匿其文不見，又使其不好求之。" "賢臣者，但得老而已邪?" "不也。老者乃謂耆舊老於道德也……"

在對方自我謙責時表示安慰的應對語"不也"，有近十例，《合校》都誤屬上句了：

  "無壯〔狀〕不及有過，見天師說，自知罪重不也?" "為子言，事無當反天道，而以俗人之言，不順天意……"（卷35，p.38）應作："……見天師說，自知罪重。" "不也，為子言事，無當反天道……"

  心頓不能"究達明師之言，故敢不反復問之，甚大不謙，久為師憂不也。" "但為子學未精耳，可慎之……"（卷44，p.108）應作："……久為師憂。" "不也，但為子學未精耳……"

  "唯唯。天師所敕，不敢不盡雀鼠之智，悉言之不也?" "大慊。"（卷86，p.314）應作："唯唯。天師所敕，不敢不盡雀鼠之智，悉言之。" "不也，大慊。"

  "唯唯。弟子無狀，數愁天師不也。" "子不好問，亦無從知之也。"（卷102，p.461）應作："唯唯。弟子無狀，數愁天師。" "不也，子不好問，亦無從知之也。"

"……欲不問，苦悒悒，今故具問之。為弟子不謙不也，不問無以
得知之，致當問之，無所疑也。" "諾。為子微說之，不可窮極……"
（卷 119，p. 680）應作："……今故具問之。為弟子不謙。" "不也，不
問無以得知之，致當問之……"

"平"是《太平經》中使用較多的一個應對詞，其他文獻未見使用。
它專用於尊者對卑者的應答，意思大約是"免禮"，在對方表示遜讓的
時候，讓對方不用過分客氣，大膽地表述自己的意見，頗接近於後來戲
劇小說中帝王對臣下的用語"平身"。在"平"的後面應該有個語氣上
的停頓，但《合校》本都未作處理，使"平"和下文連讀了。"平"的
後面，常有"言、道、說"等動詞，其中"平"表示不用客套，"言、道、
說"作為動詞可帶賓語"之"，表示"說吧"①，"平"和"行"連用，表
示"不用過多自我謙責，繼續進行"（以下各例中"平"後的停頓，是我
們加上的）：

"……今欲復有質問密要，天之秘要，又不敢卒言。" "平，道
之。"（卷 69，p. 261）

"願請問一事。" "平，言之。"（卷 93，p. 398）

"請問一疑，甚不謙順。" "豈不言哉？平，行，勿諱。" "……今欲得
有可問，不敢卒言。" "平，行。" "今獨萬物各有君長，天地亦有君長
邪？"（卷 93，p. 384）

也有先說"行"再說"平"的：

"謹復重請問心所疑。" "行，平，言勿諱也。"（卷 115—116，
p. 639）

---

① 王雲路《〈太平經〉釋詞》認為，"平言""平道""平行"以及"行道"等都是一個詞，相當於"直說"。（載《古漢語研究》1995 年第 1 期）

在對話中，尊者也可以省去“平”或“行”，而祇說“言之”或“道之”作為應對的：

> 六方真人純等謹再拜白：“欲有所問天法，不敢卒道，唯皇天師假其門戶，使得容言乎？”“道之，勿有所疑也。”（卷 65，p. 224）
> 真人再拜：“請問一事。”“然，言之。”（卷 71，p. 281）

這方面處置不當，也會出現標點錯誤：

> “唯唯，願請問一事言之，何故必使其廣縱三丈，高三丈乎哉？”（卷 88，p. 335）應作：“唯唯，願請問一事。”“言之。”“何故必使其廣縱三丈，高三丈乎哉？”

“行”是《太平經》中很有特點的一個提頓用語，在當時其他文獻中也未發現，而在《太平經》中卻有着豐富的用例，它能比較充分地反映當時口語中一些常用的說法。王雲路先生認為它和現代口語中的應對詞“行”有關：“現代口語中可以說：‘行，你來吧，我講給你聽。’其中‘行’字是應答之詞，也可用‘好’字代替。‘行’字此用法不見於各類詞典，卻可以從《太平經》中找出其源頭。”①“行”在現代口語中作為應答用詞，主要表示贊同允許的意思，和《太平經》中的含義不盡相同。《太平經》中，“行”用於對話雙方中占主動地位的一方（尊者）示意或吩咐對方開始某個行為或在行為的某個階段結束時提示對方進行下一個行為或繼續行為的下一部分，或讓對方去做另外的事，這種“行”後也應有一個明顯的語氣停頓，它的位置也不一定在句首，也可在句中或句末：

> “願乞問明師前所賜弟子道書，欲言甚不謙大不事，今不問入，猶終古不知之乎！”“行勿諱。”（卷 46，p. 126）應作：“行，勿諱。”
> “願及天師復假一言。”“行道之。”（卷 48，p. 155）應作：“行，道之。”

---

① 參見《太平經釋詞》（《古漢語研究》1995 年第 1 期）。

"唯唯。今天師職在天,覆加不得已,欲復請問一疑。""不敢言乎?""行,今凡天事,皆為天使,有所傳耶?"(卷102,p. 462)應作:"唯唯。今天師職在天,覆加不得已,欲復請問一疑。""不敢言乎? 行。""今凡天事,皆為天使,有所傳耶?"

作為提頓用語,"行"的後面必須有一個語氣上的停頓,這不僅可以比較準確地表現它在對話中的語氣,也可以和它的其他意義區分開來,以免誤解。如:

行諸! 真人可謂已覺矣。(卷41,p. 85)應作:"行,諸真人可謂已覺矣。"

"子不及,為子說之。""唯唯。""行雖苦,復為吾具說上善之弟子。"(卷47,p. 132)應作:"子不及,為子說之。""唯唯。""行,雖苦,復為吾具說上善之弟子。"

行去歸,努力精行,有疑者來。(卷88,p. 334)應作:"行,去。歸,努力精行,有疑者來。"

"今願及天師問其是意,行明聽。""然,所以月盡歲盡見對,非獨生時不孝不順不忠大逆惡人魂神也,天地神皆然。"(卷96,p. 407)應作:"今願及天師問其是意。""行,明聽。然,所以……"

## 二 疑問句

《太平經》多對話,書中因此有一些在一般文獻中不多見的、帶有很重口語色彩的疑問句式,對這些句式的認定,也是本書標點的一個需要注意的方面。

"何謙為言之? 自古大聖人不責備於一人也。今子言不中,何謙乎?"(卷35,p. 39)應作:"何謙為? 言之。自古大聖人不責備於一人也,今子言不中,何謙乎?"案:"何……為"是一個反問句式,"言之"是本書中常用的一個應答句,上文已及。

"一大凡事解,未復更明聽。"(卷37,p. 58)應作:"一大凡事解未？復更明聽。"案："……未"句與"……不"句同義，"未"字是正反選擇問句的否定項。

"以書付下古之人，各深自實校為行，以何上有益於天君父師，其為行增，但各自祐利而已邪？"（卷47，p.141）應作："以書付下古之人，各深自實校：為行，以何上有益於天君父師？其為行，增〔曾〕但各自祐利而已邪？"案："曾但……邪"是一常用的反問句。

"以此分明，地審相應，不水氣兄弟者，其魚鱉相類，以是為占，分別其所出，萬物凡事，其可知矣。"（卷50，p.171）應作："以此分明，地審相應不？水氣兄弟者，其魚鱉相類。以是為占，分別其所出，萬物凡事，其可知矣。"案："……不"是一常用的正反並列句式，應於"不"後斷句，它也可以作為一個詞組用於陳述句中，如："古者聖賢，坐居清靜處，自相持脈，視其往來度數，至不便以知四時五行得失，因反知其身衰盛……"（卷50，p.180）應作"古者聖賢，坐居清靜處，自相持脈，視其往來度數至不，便以知四時五行得失，因反知其身衰盛。"

"夫斷天道，大逆罪過，不可勝記。故財舉其綱紀，示真人是非，重罪當死明耶？"（卷67，p.244）應作："夫斷天道，大逆罪過，不可勝記，故財舉其綱紀示真人，是非重罪當死明耶？"案："是非……耶"是一反問句，"是"作判斷句主語，"非"否定判斷句謂語。

"今見凡人死，當大冤之，叩胸心而呼天，自投擗而告地，邪？不當邪？"（卷90，p.340）應作："今見凡人死，當大冤之，叩胸心而呼天，自投擗而告地邪？不當邪？"案：這是正反並列的選擇疑問句，即"當……邪？不當邪？"《合校》注："邪上疑脫當字。"實不脫。

"天地之神保終類，人乃不若六畜草木善邪哉？"（卷97，p.430）應作"天地之神保，終類人乃不若六畜草木善邪哉？"案："終類"也作"中類"，"終類……耶（邪）"是一個反問句。

## 三　整飭句

《太平經》中使用了當時流行的四言徘句和七言韻句，這在標點中也偶有失察而誤點的。

"神人語，真人內，子已明也，損子身，其意得也。其外理自正，瞑目內視，與神通靈。不出言，與道同，陰陽相覆天所封。長生之術可開眸，子無強腸宜和弘，天地受和如暗聾。欲知其意胞中童，不食十月神相通。自然之道無有上，不視而氣宅十二重。故反嬰兒則無凶，老還反少與道通。是故畫像十二重，正者得善，不肖獨凶。天道常在，不得喪亡，狀如四時周反鄉，終老反始，故長生也。子思其意無邪，傾積德，累行道，自成才，不如力道歸其人，苟非其人，道不虛行。"（卷52，p. 193）應作："神人語真人：內，子已明也，損子身，其意得也，其外理自正。瞑目內視與神通，靈不出言與道同，陰陽相覆天所封，長生之術可開眸，子無強腸宜和弘，天地受和如暗聾。欲知其意胞中童，不食十月神相通。自然之道無有上，不視而氣宅十二重。故反嬰兒則無凶，老還反少與道通。是故畫像十二重，正者得善，不肖獨凶。天道常在，不得喪亡，狀如四時周反鄉，終老反始故長生也。子思其意無邪傾，積德累行道自成，才不如力，道歸其人，苟非其人，道不虛行。"

## 四　同義連文

《太平經》中常把一些同義詞語並列連用，這種情況，有的和當時其他文獻中所見的兩個同義成分構成一個雙音詞語是一致的，但本書中還有一些多音節同義連用的詞語，這是本書中很有特點的一種修辭手段，不恰當地把同義連用詞語拆分開來也是不妥的，標點時要注意本書在這方面的特點。

"是故唯天師既開示淺暗不達之生，願為開闢其端，首諾聽之。天下大急有二，小急有一，其餘悉不急。"（卷36，p. 43）應作："是故唯天師既開示淺暗不達之生，願為開闢其端首。""諾，聽之。天下大急有二，小急有一，其餘悉不急。"案："端首"同義連文，"首諾"在此不是一個詞。

"不知何鬼神物悉來集食，因反放縱，行為害賊，殺人不止，共殺一人者。"（卷36，p. 52）應作："不知何鬼神物悉來集食，因反放縱，行為害賊殺人，不止共殺一人者。"案："害賊殺"三字同義連文，"不止共殺一人"是對"行為害賊殺人"的補充說明。

"具說天下承負，乃千萬字尚少也。難勝既為子舉其凡綱，令使眾賢可共意，而盡得其意，與券書無異也。"（卷37，p.58）應作："具說天下承負，乃千萬字尚少也難勝。既為子舉其凡綱，令使眾賢可共意，而盡得其意，與券書無異也。"案："難勝"與"少"在此意義相同，並作"千萬字"的謂語。

"人雖〔離〕天遙遠，欲知其道真不？是與非相應和，若合符者是也，不者非也。"（卷50，p.182）應作："人雖〔離〕天遙遠，欲知其道真不、是與非，相應和若合符者是也，不者非也。"案："真不"和"是與非"同是正反對舉的並列詞組，它們組成一個並列詞組和"其道"構成主謂詞組作"知"的賓語。"相應和若合符"和"者"構成一個名詞性詞語，和"不者"相對，分別作"是"和"非"的主語。

"今愚生欲助天，太陽之氣使遂明，帝王日盛，奸猾滅絕……"（卷65，p.224）應作："今愚生欲助天太陽之氣，使遂明，帝王日盛，奸猾滅絕……"案："天"和"太陽"意義類同，都是"氣"的定語。

"行，努力精卒之，勿棄天道問一訣也。""'唯唯。願請訣事言之，天師何睹正於都市四達道上，為太平作來善文奇策密方之室乎？'"（卷88，p.334）應作："'行，努力精卒之，勿棄。天道問一訣也。''唯唯。願請訣事。''言之。''天師何睹，正於都市四達道上為太平作來善文奇策密方之室乎？'"案："勿棄"和"努力精卒之"兩個同義詞組，並列作謂語。

影響《太平經》標點的這些語言現象，雖然常見於《太平經》中，但在漢代其他文獻中卻少有同例，所以，一般不為人注意，缺乏研究，導致一些標點的失誤，在所難免。而從另一方面來看，《太平經》中這些獨特的用語正是它作為語料在漢語史研究中具有特別價值的地方，值得我們關注。

（原載《古典文獻與文化論叢》第二輯，杭州大學出版社1999年版）

# 《太平經合校》校對補說

　　《太平經》是研究早期道教的重要文獻，四十多前，王明先生廣泛搜集有關資料，對它作了一次全面的研究和整理，寫成《太平經合校》（以下簡稱《合校》）。《合校》資料齊備，體制精嚴，問世以後，受到各方面的充分肯定，為海內學者所宗奉，其後研究者討論或研究《太平經》，都以《合校》作為定本而展開。但是，本書還存在一些問題，其中除了標點和文字問題之外，《合校》在文字圖案方面還有一些有待補正的地方，這些問題在本書近二十年中的四次翻印中都未能得到訂正，實為遺憾。本文以道藏本《太平經》為基礎，從文本的角度，對《合校》作一比校，發現有以下幾個方面的問題：

## 一　形近字的出校

　　在古書的鈔寫和刊刻中，有一些形近字經常是混淆的，比如：已—己—巳、母—毋、戍—戌、日—曰、夭—天，等等，這些音義完全不同的字，由於形近的緣故，在書寫中被混同。通常對這類字的處理有兩種方式：或是直接寫定為正字，或是照原貌寫下後再出校文。《合校》在遇到這類文字時，有時直接採用正確的用字而不出校，比如（為了查對方便，以下《太平經》引文都採用《合校》，並標《合校》頁碼）：

　　　　p. 547：“辰戌之歲，天門地戶，天土地土，自當所生。”案：原文誤作“辰戍之歲”。
　　　　p. 707：“故子刑卯，丑刑戌，寅刑巳，皆出刑氣，不與同處。”案：原文誤作“丑刑戍”。

　　有不少用字，則是二者並用，即有的地方不出校而逕改，有的地方則照寫而出校，比如：

　　p. 243："噫！子日益愚何哉？"案：原文誤作"子曰益愚何哉"。又 p. 248："比若與神謀，日歌為善，善自歸之。"原文誤作"曰歌為善"。《合校》均逕改而未出校。比較 p. 54："大頑頓日益暗昧之行再拜"，校："日疑當作日。"又 p. 107，p. 381，p. 415 有相同的校文。

　　p. 444："出此之書，以戒下愚，慎毋藏之。"案：原文誤作"慎母藏之"。《合校》逕改而未出校。比較 p. 69："母者，老壽之證也，神之長也。"校："母誤作毋，今依鈔改。"

　　p. 462："始見於卯，畢生東南，辰與巳。"案：原文誤作"辰與己"。《合校》逕改而未出校。比較 p. 267："丁者以巳為家。"校："巳原作己，疑形近而訛，今依鈔改。"

　　p. 591："其家一人當得長生度世，後生敬之，可無禍患，各以壽終，無中夭者，是不善邪？"案：原文誤作"無中天者"。《合校》逕改而未出校。比較 p. 345："不知其過積大，乃亂天地而共愁其帝王，身尚得天死。"校："天疑系夭字之訛。"

　　對於同一類文字現象採取兩種處理方式，尤其是對一些文字不加說明而直接改定，雖然從體例上來看有失精密，但是，祇要是處理正確，對讀者並不會造成太大的影響。但是，如果在形近字的取捨上出現偏差，就直接影響文意的理解了：

　　p. 602："書所言約，敕前後道人之所願，為道善惡，使思之耳。不用，而自已勿自怨。"案：原文作"已"，此句標點当作"不用而自已，勿自怨"。

　　p. 624："是為可知，可使無咎。無知自己患福之間，未曾休止。"案：原文作"無知自已患福之間"。羅熾《太平經注譯》作"已"，此句標點當作"無知自已，患福之間未曾休止"。

這兩個例子中的"己"實際上都是"已"字，原文不錯，而取捨有誤。在這種情況下，如果能嚴格地遵守原文照錄再出校文的原則，即使可能出現漏校的地方，也可以避免這類形似字取捨上的失誤。

另外，《太平經》中有多處作為闕字標記的方框，在書寫上與"囗"字相近，其中三處"囗囗"，因為後面有表示言談的動詞，就定為"囗囗"：

p. 118："吾知天地病之劇，故囗囗語子也。"案：當作"故囗囗語子也"，疑闕"反復"或"為天"。

p. 124："此必皇天大疾，乃使子來，囗囗問是。"案：當作"囗囗問是"，疑闕"丁寧"或"反復"。

p. 291："故真人來，一一囗囗問此至道要也，諸弟子亦寧自知不乎？"案：當作"一一囗囗問此至道要也"，疑闕"而具"。

以上"囗囗"我們認為是闕字符號，這一方面是因為本書中其他地方的"囗囗"都是闕字符號，另一方面，"囗囗"這樣的語言形式在漢代的其他文獻中並未發現，"囗囗"的使用大約應該在宋元以下。另外，"囗囗"在這裡的意義也與它在其他文獻中的用法不同。

## 二　逕改原文訛誤而未出校

《太平經》原文有不少訛誤，《合校》對其中不少訛誤都作了校改，使讀者獲益良多。但是，有個別地方，《太平經》原文有誤，《合校》直接改動而沒有出校，這於讀者雖無不便，但是從古籍整理的原則上來說，卻還是應該避免的。比如：

p. 34："今天下失道以來，多賤女子，而反賊殺之。"案：原文為"今天下失道以采"，"來"誤作"采"。

p. 84："然，所言拘校上古中古下古道書者，假令眾賢共讀視古今諸道文也。"案：原文為"所言拘校上古中古下右道書者"，後一"古"誤作"右"。

p. 181："此所謂以近知遠，以內知外也，故為神要道也。"案：原文為"此所調以近知遠"，"謂"誤作"調"。

p. 294："故當豫備之，救吉凶之源，安不忘危，存不忘亡，理不忘亂，則可長久矣。"案：原文為"理不亡亂"，"忘"誤作"亡"，涉上文"存不忘亡"而誤。

p. 704："故生者，父也；養者，母也；成者，子也。"案：原文為"養老，母也"，"者"誤作"老"。

造成這類失校的原因，可能是《合校》原稿在這些地方沒有出校，但在本書出版的校對過程中，把古人的誤筆當成了今人排印的錯誤所致。

## 三　誤排原文

《合校》的校對，從整體上看，是相當精審的，但是，個別地方也存在著疏漏。這種疏漏，有的對文意並無太大的影響：

p. 20："君者當以道德化萬物，令各得其所也。不能變化萬物，不能稱君也。"案：原文作"不得稱君"，"得"誤作"能"，是涉上句"不能變化萬物"的"不能"而誤。

p. 144："比若寇盜賊奪人衣服也，人明知其非而不敢言，反善名字為將軍上君。"案：原文作"比若寇盜賊奪人衣物也"，"物"誤作"服"，"衣服""衣物"大意相近，但所搶劫的東西應該包括衣服和其他物品。

p. 179："灸者，太陽之精，公正之明也，所以察奸除惡害也。"案：原文作"所以察奸除害惡也"，"害惡"誤倒為"惡害"。

p. 200："是故今神真聖人為天使，受天心，主當為天地談話。"案：原文作"主當為天地談語"，"語"誤作"話"，此"談語"與下文"故聖人前後為天談語"相應。

p. 393："願聞今天下乃習俗不同，以一道往教敕之，曾不疑乎?"案：原文作"願問今天下習俗不同"，"問"誤作"聞"。"願問"和"願聞"都是《太平經》中提問時的問話格式，其中"願聞"更常見。

p. 554："所主有上下，轉有所至，為惡聞得片，退與鬼為伍，知之乎?"案：原文作"知不乎"，"不"誤作"之"，"知不乎""知之乎"文意相同，但句式不同。

有些誤排文字，對文意的影響就比較大了：

p. 24："今帝王居百里之內，其用道德，仁善萬里。"案：原文作"百重之內"，即宮殿之內，與萬里疆域相對，這在《太平經》其他地方也有提及，如 p. 316："今帝王雖神聖，一人之源，乃處百重人（人，疑衍）之內。萬里之外、百重之內，雖欲往通言，迫脅於比近，不得往達也。"

p. 40："孝悌投本鄉，至孝者用心，故使歸本鄉也。"案：原文作"故使歸木鄉"，"木鄉"指東方，上文"孝悌人使西向坐"可證。本句前一"本鄉"誤，因而導致後一"木鄉"隨之誤排。

p. 163："小人學吾道，可以長謹，父慈母愛，子孝兄長，弟順，夫婦同計。"案：原文作"子孝兄良"，p. 409："令人父慈、母愛、子孝、妻順、兄良、弟恭，鄉里悉思樂為善，無復陰賊好竊相災害。"也作"兄良"，此處"良"誤作"長"。

p. 198："雖然，帝王治將太平，且與天使其好惡而樂，象天治。"案：原文作"且天使其好善而樂象天治"，"善"誤作"惡"，文義大變。又此句《合校》標點不當，"樂象天治"中不能點斷。

p. 244："夫一人教導如此百愚人，百人俱歸，各教萬人，萬人俱教，已化億人，億人俱教，教無極矣。"案：原文作"夫一人教導，如化百愚人"，"化"誤作"此"。在此句中，"如此"上無所承，"化百愚人"則與上下文相應。

p. 293："假令人人各有可畏，或有可短。"案：原文作"假令人人各有可長"，"長"誤作"畏"，"有可長"與下句"有可短"正相對應。

p. 550："每見人有過，復還責己，不知安錯，思見義文，及其善戒。"案：原文作"思見善文"，"義"的繁體與"善"相近而誤排。

p. 578："故示後生，令心覺悟，出書無藏，歲之有罰。"案：原文作"藏之有罰"，"藏"誤作"歲"。

## 四 異體字的改動

《太平經》中有異體字，如：脉—脈、乃—廼—迺、敕—勅等，在排印中有些改動對讀者影響不大，但是，有的文字由於形體比較特殊，輕易的改動就不太合適了：

　　p. 193：“長生之術可開眸，子無強膓宜和弘。”案：原文作“子無強膓宜和弘。”

　　p. 416：“仙人神靈乃負不老之方與之，祅祥為其滅絕。”案：原文作：“祅羪為其滅絕。”

　　“膓”“羪”二字的形體特殊，在古文獻中很少見，其中“膓”字在《太平經》原本中並未使用，而《太平經》中出現一次的“羪”字連《漢語大字典》這樣的大型辭書都未收錄。這類特殊的漢字形體用例，可能對研究漢字的學者很有意義，書中對此處理不慎會降低本書作為研究材料的價值。

## 五　圖文的闕奪

《合校》中有兩處缺漏，一處漏一字，一處脫一圖：

　　p. 268：“天地之道，四時五行，其道以相足，轉而異辭，周流幽冥，無有極時。”案：此句前王校：“原書空白無字，告一段落。”但據我們看到的影印本《太平經》（天津古籍書店等印行，24 冊 456 頁 2 欄倒 2 行）這裡並不空白，而有一“行”字，所以此處當作“行，天地之道”並與上段相連。可能這裡是作者所使用的本子有殘損，下一行中的“辭”字，《合校》也校：“原書字體殘缺，似是辭字。”而今影印本此字不殘。看來，造成這一漏字的原因與底本有關。

　　p. 467：“於此畫神人羽服，乘九龍輦升天，鸞鶴小真陪從，彩雲擁前，如告別其人意。”案：《鈔》文此後還有一圖，所畫人物正是此段文字所述，《合校》未收此圖，為誤脫。另外，此段文字在《鈔》中低兩格寫出，是上文的附文，實當與《合校》卷九十四至九十五（pp. 403—404）一段相銜，而它的內容也正與此段《鈔》文中“吾圖書已盡，無復可陳，致勉學詳請其文。神人將去，故戒真人，慎之慎之……”相吻合，所以，這一段文字與所脫的圖都應該放在《合校》卷九十四至卷九十五之末。

　　以上，我們用近於苛求的標準對《合校》提出了一點意見。對於這樣一部成於四十年之前並且工程浩大的作品來說，所談的問題僅僅是白璧微瑕，本不足一提。但是，由於本書在學界的巨大影響，近年來一些新編的道教或傳統文獻的叢書中，選用《太平經》都徑以《合校》作為底本排出；更令人不安的是，一些專門從事《太平經》研究整理的論文專著，也祇以《合校》為基礎，並不參用道藏原本，這樣，難免以訛傳訛，乃至錯上加錯。所以，本文對《合校》校對工作作一點補充，以利於學人。

（原載《古籍整理研究學刊》2002 年第 1 期）

# 道教典籍《太平經》中的漢代字例和字義

漢代道教典籍《太平經》是東漢道教徒創作的一部重要道教文獻，是最早的系統闡述道教教義的著作。它的成書，史籍頗有記載，《後漢書·襄楷傳》說："初，順帝時，琅邪宮崇詣闕，上其師干吉於曲陽泉水上所得神書百七十卷，皆縹白素朱介青首朱目，號《太平清領書》。其言以陰陽五行為家，而多巫覡雜語。有司奏崇所上妖妄不經，乃收藏之。"但它的作者的詳情現在不清楚了，學術界多認為書出眾手，從本經中可以看出，這眾手都是下層的知識份子，所以書中的思想內容儘管於古有徵，而全書正如湯用彤先生所說的"辭頗鄙俚，無多精義"，行文散漫，不同於當時文人慣用的文風，幾乎完全不引經據典，用語通俗淺顯，大體是對話實錄，有的詞語不避重複，有的語句則保存了口語特有的跳躍性的缺省現象，在用字方面它也多反映了漢代的習慣，不少現象尚未引起注意或存在誤解，本書中的用例可以補闕糾失，對研究漢代文字的形體和字義有很高的價值。為了方便討論，本文引《太平經》均據王明先生《太平經合校》（中華書局 1992 年印行）

《太平經》中反映時代特徵的用字，可以從三方面來分析：

1.《太平經》中的一些特有的用字，反映了漢代俗間的一些用字現象，這些字的所表示的意義，在一般的道教以外的文獻中未見有同類用例，是研究當時用字難得的材料：

> 佷。卷50："祝是天上神本文傳經辭也。其祝有可使神佷為除疾，皆聚十十中者用之，所向無不愈者也。"（p. 181）

案：《說文》："佷，很也。"與此義無涉。又《漢語大字典》釋佷通

"懸"，《漢語大詞典》釋佡通"玄"，都不太恰當，疑當通"旋"，"隨即"
的意思。

　　　　悰。卷67："吾尚但見真人悰悰，財舉其綱，見其始。"（p. 248）
卷70："今為子意善惓惓，悰悰無慮，為其規矩。"（p. 248）卷72：
"故吾文□□悰悰，教有德人君豫備之也。"（p. 297）又："令人君暗
蔽，卒有疑事，問之不以時決解愁，乃後往求索遠方賢明溹術，何及
於悰悰當前乎哉？"（p. 298）

　　案：《廣韻·東韻》："悰，儱悰，佇劣貌。"《字匯·人部》："悰，愢
悰，愚貌。"從《太平經》中數例來看，"悰悰"與佇劣愚蠢等義無關，而
是表示專心努力的意思。

　　　　恢。卷35："今小生聞是，心大悲而恐恢。"（p. 35）卷51："純今
見明師正眾文諸書，乃為天談也，吾恐恢驚，不知先後。"（p. 187）
卷67："吾見天師說事，吾甚驚恢心痛，恐不能自愈。"（p. 252）卷
91："子知恢畏天談，子長活矣。"（p. 360）卷110："用是之故，復益
悵然有慚恢之心。"（p. 535）卷115—116："子知早恢，可長存；不知
恢，死之根也。"（p. 640）卷117："子知驚恢，生之門也；不知驚恢，
死之根也。"（p. 663）卷119："'見天師說之，甚惶甚恢。''子知
惶且恢，可謂覺悟，知天道意矣。'"（p. 677）卷154—170："下士
則不知土地山川之廣大可恢。"（p. 720）又本書各卷中多有"可恢
哉"一語。

　　案：此"恢"字，書中也多作"駭"，如卷43："臣駭因結舌為喑。"
（p. 102）另外"可恢哉"也多有作"可駭哉"的。有時"駭"字與"恢"
在上下文中並見，如卷45："可恢哉！可恢哉！……是以吾居天地之間，
常駭忿天地，故勉勉也。……吾所以常恐駭者，見天地毒氣積眾多，賊殺
不絕，帝王愁苦，其治不平，常助憂之。"（p. 122）"恢"字此類用例，在
《太平經》中甚多，但《漢語大字典》《漢語大詞典》"恢"字下祇收有
"愁苦"一義，未錄此義。

悃悒。卷45：“意所欲言，不能自止，小人不忍情願，五內發煩懣悃悒。請問一大疑。”（p.112）又：“母內獨愁恚，諸子大不謹孝，常苦忿忿悃悒，而無從得通其言。”（p.114）又：“獨母愁患諸子大不謹孝，常苦忿忿悃悒，而無從得道其言。”（p.115）又：“子今欲云，何心中悃悒，欲言乃快。”（p.117）卷86：“人生於天地，乃背天地，斷絕天談，使天有病，乃畜積不除，悃悒不得通。”（p.318）

案：“悃”有誠懇、至誠意，但此“悃”為“困”義，“悃悒”表示憂鬱壓抑一義，辭書未有收錄，也未見他書例。

慊。卷86：“‘唯唯。天師所敕，不敢不盡雀鼠之智，悉言之不也？’‘大慊。’”

案：“慊”有多義，但通“謙”一義，未見於他書。在本書中，此義多數情況下寫作“謙”，或作“嗛”。

眥（些）。卷37：“今眥子悒悒，已舉承負端首，天下之事相承負皆如此，豈知之耶？”（p.61）卷67：“天地開闢以來，凡人先蒙後開，何眥理乎？”（p.241）卷90：“行，為人師者多難，眥真人悒悒，為子更復分別悉道其意。”（p.343）卷93：“今眥子悒悒，為子更明之。”（p.395）卷109：“太平氣常欲出，若天常欲由此兩手，久不調御之，故使閉不得通，出治悒悒可眥，咎在此兩手不調。”（p.518）

案：“眥”有“思”義，又有“希求、思慮”義，以上列諸例來看，它還有顧念、憂慮的意義，未見論及。“眥”也誤作“些”。卷40：“然，今既為天語，不與子讓也。但些子悒悒常不言，故問之耳。”（p.82）

愷。卷90：“一里百戶不好學，不若近一大德乎？萬目愷愷，不若一大綱乎？天下擾擾無不有，不若天獨神且聖乘氣而飛行乎？”（p.346）卷93：“今已受天明師嚴敕文愷愷，小覺知一大部。”（p.397）卷102：“今天師教敕下愚弟子，胸中愷愷，若且可知，不敢負也。"

案：《玉篇·心部》："懅，謹敬也。"《漢語大詞典》"懅懅"條下釋為"勤懇貌"，與此用例不合，此三例都是指眾多、明細之貌。

　　綝。卷93："然觀弟子問事，未大究洽知天道也。適應校綝綝若且及，而内獨不及。夫俗人冥冥憒憒，因是也，以真人況之，吾不非也。"（p.395）卷113："上士且自以一承萬，通知其意，亦不須為其悉說也；中士亦且自綝綝幾知之，亦不須為其悉說也；下士或得而反妄語，亦不須為其悉說也。"（p.588）

案：《說文·糸部》："綝，止也。"《爾雅·釋詁上》："綝，善也。"《漢語大字典》又釋"綝"為"衣裳、羽毛下垂貌"，都與上例不合。此"綝綝"，據上下文應為似懂非懂的意思。

　　踶躅。卷72："夫蚊虻俱生而起飛，共來食人及牛馬，牛馬搖頭踶躅，不能復食。"（p.297）

案：踶躅，同"躑躅"或"蹢躅"，徘徊不前的樣子。"踶"字這一用法，未見論及。

　　等₁。卷117："天者主執清明，比若居帝主之前，不可得容奸惡人也。故天上本不與等子為治也，地上亦然也。天上不與不謹孝子為治，比若聖王不與不謹孝人為治也。"（p.657）又："夫皇天，乃是凡事之長，人之父母也，天下聖賢所取象也，何用等失道妄為無世類之子，為與共事乎？如天但與此子共為治……何可以為聖、治人上師乎？"（p.658）

案：此"等"應是"此等"、"是等"的略說，它的意義相當於一個指示代詞，如"此""是"。"等"的這一用法，尚未見有論及。
　　2.《太平經》中的有些字在史籍中很少有同類用例，因此本書中的這些用例有的可以為前人的訓釋提供進一步的佐證，有的可以糾正前人訓釋的失誤，這也是很難得的：

叔。卷 114："其子孫而承後得善意，無有小惡，亦復得壽，白髮相次。子子孫孫，家中人備，亦無侵者。佃作商賈，皆有利入；為吏數遷，無刑罰之意，善所叔也。"（p. 625）

案：《廣雅·釋言》："叔，屬也。""叔"有"屬"義，罕有用例。"叔"古音覺部書母，"屬"古音屋部禪母，二字聲韻相近，疑或相通。

哀。卷 110："往昔有是人，天右哀之，近在左右。"又："所誡眾多，所諫亦非一人所聞，持是久遠相語者，誠重生耳，言特見厚哀尤深。"（p. 530）又："人有善大恩，有哀以思，力自善。"（p. 535）

案：《呂氏春秋·報更》："人主胡可以不務哀士。"高誘注："哀，愛也。"《淮南子·說林》："狐死首邱，寒將翔水，各哀其所生。"高誘注："哀，愛也。"《釋名·釋言語》："哀，愛也，愛乃思念之也。""哀"有"愛"義，與同情、憐憫義不同。

黨。卷 43："善哉善哉！愚生已解。今唯明天師既陳法，願聞其因而消亡意，黨開之。"

案：《方言》卷一："黨，知也，楚謂之黨。"《荀子·非相》："法先王，順禮義，黨學者。"俞樾平議："黨學者，猶言曉學者。""黨"有知曉解悟義，例不多見。

等$_2$。卷 41："今當名天師所作道德書字為等哉？"（p. 87）卷 67："夫為子乃不孝，為民臣乃不忠信，其罪過不可名字也。真人乃言何一重者，等也？"（p. 257）卷 120 至 136："說天地上下中央八遠郵亭所衣食止舍何等也？作道德而懷疑者，取決於此識。今天上有官舍郵亭以候舍等？地上有官舍郵亭以候舍等？"（p. 698）卷 137 至 153：

"天封人以等，地封人以等，人封人以等，豈可聞耶？"（p. 707）

案：王明先生合校注 p. 87 一例："為下疑脫一何字。"其實不脫，把"何等"簡略成"等"，是漢魏習語，唐顏師古《匡謬正俗》卷六引《後漢書·禰衡傳》"死公云等道"和應璩《百一詩》"用等稱才學"兩例，與此相同。也有把"何等"和"等"二者並用的，如上引 p. 698 例。唐宋以後，文人有據顏說仿古，多有在詩文中用此"等"字的。

億。卷45："今一大里有百戶，有百井；一鄉有千戶，有千井；一縣有萬戶，有萬井；一郡有十萬戶，有十萬井；一州有億戶，有億井。"（p. 119）卷67："夫一人教導如此百愚人；百人俱歸，各教萬人；萬人俱教，已化億人。"（p. 244）

案：《漢語大字典》《漢語大詞典》都釋"億"為十萬或萬萬，此承古說，自然不謬，但漢代還有以百萬為億的，如《逸周書·世俘》："馘魇億有十萬七千七百七十九。"此與上引各例相合。張永言、向熹等先生編的《簡明古漢語字典》中收了這個義項（四川人民出版社1986年版），但是，後來出版的《漢語大字典》《漢語大詞典》中都沒有收錄這個義項。另外，《太平經》中也有把億作為萬以上的一個位數作十萬使用的：如卷41："一卷得一善，十卷得十善，百卷得百善，千卷得千善，萬卷得萬善，億卷得億善。"（p. 84）卷50："當更求億億萬萬、千千百百、十十一一，事皆當相應，然後乃審可用也。"（p. 169）卷51："以一況十，十況百，百況千，千況萬，萬況億，正此也。"（p. 192）也常把億作為一個極數，表示一個極大的、不明確的數目：如卷42："行吉凶有幾何乎？有千條億端？"（p. 93）

娉。卷97："故古者聖賢應天心，娉真道德士仁人，而放佞偽猾，以稱皇天之心。"（p. 436）

案："娉"本指男方遣媒向女方問名求婚，漢代也作徵聘、聘用解。《巴郡太守樊敏碑》："再奉朝娉，十辟外臺。"《漢語大字典》《漢語大詞典》都以為"朝娉"是"國與國之間遣使訪問"，不當。"朝娉"與"外臺"相對，應是任朝官與地方官的區別，不是對異國的訪問，《太平經》此例可證。

嚵。卷86："俱食氣乃嚵不通……夫氣者，所以通天地萬物之命也；天地者，乃以氣風化萬物之命也；而氣嚵不通者，是天道閉，不得通達之明效也。"（p. 317）

案：《文選·王褒〈洞簫賦〉》："啾咇嚵而將吟兮。"李善注："咇嚵，聲出貌。"《集韻》亦據此說。以《太平經》此例參證，李注於此未為精當，"嚵"應為哽噎阻塞義，"啾咇嚵而將吟"指蘊氣將發的意思，這是一個漢代用詞。

3.《太平經》中，有一些字是漢代典籍中比較特殊的用字，這些用字在漢代流行一時，而在此之前或之後並不多見，反映了當時一些字的形體變化軌跡或形體的變異：

埧。卷69："庚者屬乙，是國家諸侯王之埧也。壬者屬丁，是帝王女弟之埧也。"（p. 266）

案：《睡虎地秦墓竹簡·為吏之道》："贅埧後父，勿令為戶。"此即"婿"字。在下文中，也寫作"壻"："天與地法，上下相應……申者屬卯，侯王之壻也……子屬巳，巳，帝王女弟之壻也。"（p. 273）以"耳"代"胥"是秦漢間俗寫。由"壻"寫作"埧"，又把"士"旁上移並訛作"工"，將"口"訛作"几"成為"聟"；或將"士"訛作"矢"上移成為"智"，流行於漢魏六朝，對當時"婿"字形體流變的考察，"埧"是很重要的一個環節。

枇。卷72："夫古者聖賢之設作梳與枇，以備頭髮亂而有虱也……頭中之虱不可勝數，共食人，頭皆生瘡矣，然後得梳與枇，已窮矣。"（p. 297）

案：《鳳凰山一六七號漢墓遺冊》第十簡："女子二人持敕【梳】枇繡

大婢。" "枇" 作為 "篦" 的古字用於漢代, 此又一例。

漿。卷 67: "今漿道人, 或默深知之。" (p. 243) 又: "故大漿大德之人, 當象此為行。" 又: "皆使凡人知守漿抱德, 各自愛養其身。" (p. 245) 又: "為善不止, 大賢漿明舉之, 名聞國中。" (p. 246) 又: "苟言天地無數, 賢漿無知。" (p. 249) 又: "聚謹順善不止, 因成大漿師。" (p. 250) 又: "賢漿得吾道, 宜深思遠慮。" (p. 252) 又: "上士樂生, 可學其道, 大漿大賢可學其德。" (p. 253) 又: "大漿幸先知德, 力不相化。" 又: "令賢明漿長, 獨懷狐疑。" (p. 255) 卷 69: "夫京師乃當并聚道與德, 仁與賢漿, 共治理天下。" 又: "古者京師到今, 諸聚道德賢漿者, 天下悉安其理。" 又 "仁漿道德賢明聖人悉屬東南。" (p. 271) 卷 71: "今賢漿得師文學之。" (p. 281) 又: "為邪所推, 從漿得滅亡。" (p. 287) 卷 72: "如有變事, 欲問古今比列, 不豫有大漿道德之人, 無能卒對解者。令人君暗蔽, 卒有疑事, 問之不以時決解愁, 乃後往求索遠方賢明漿術, 何及於倈倈當前乎哉?" (p. 298) 又: "眾賢漿下及愚人, 莫不爭欲為之也。" (p. 299)

案: "漿" 同 "柔", 在本經中有證, 如卷 47: "人君職, 會當與眾賢柔共平治天下也。" (p. 139) 卷 98: "眾賢柔欲樂輔帝王治。" (p. 541) 《漢語大詞典》釋: "漿, 通 '柔'。軟。" 從 《太平經》 的用例來看, "漿" 有二義: 柔德, 有柔德的人。未有其他意義的 "柔" 寫作 "漿" 的, 漢碑中用例也與此相合。如 《隸釋 · 漢北海相景君碑》: "晶白清方, 克己治身, 寔漿寔剛, 乃武乃文。"

這 (只)。卷 42: "故行欲正, 從陽者多得善, 從陰者多得惡, 從和者這浮平也。" (p. 94) 卷 72: "此有七人, 各除一病, 這去七病…… 盡諸巧工師, 各去一病, 這去七病, 其餘病自若在, 不盡除去。" (p. 294) 卷 91: "笞十者以謝於地, 笞十者以謝於帝王, 天地人各十, 合這為三十也。" (p. 362)

案: "這" 作為 "適" 的別體, 流行於漢晉, 是草書近似所致, 陳治文先生在漢代石刻和晉代墨蹟中發現了數例（參見《中國語文》1964 年第 6 期《近指指示詞“這”的來源》），我們在漢魏西晉佛經中也發現了數十例，都作“適”字解，並且在不同版本的異文中多有寫作“適”的。另外，“這”字在唐代被借用作指示代詞，與“者”“遮”“拓”“只”等同用，而《太平經鈔》中，也有把“適”寫作“只”的，如丙部六“其子只大，可毋養身，便自老長不能行”，《太平經》卷 40 作“其子適巨，可毋養身”。（p.72）又《太平經鈔》丙部十七“一字只遺一字起”，《太平經》卷 50 作“一字適遺一字起”。（p.185）《太平經》由於歷史原因，本文祇存《正統道藏》一個版本，但是，在唐代以前，從漢代起，《太平經》就一直流傳，經文的原文可能有異文，正如佛經中每每以“這”與“適”相通用，此例“適”也可能寫作“這”，考慮到唐代“這”與“只”作為指示代詞互相通用，很可能這個“只”字是“這”字的同音通假，是當時人不明“這”字的字義所致。唐人釋佛經，如《慧琳音義》中多有誤釋“這”字的，可見由於時過境遷，“這”“適”相通在唐時已鮮為人知。所以出現了把“這”寫作“只”，而使“適”與“只”相通的情況。

抵、詆。卷 110：“為善不行侵人，無所欺抵，誠信不敢有所負。”（p.550）又卷 112：“有命家得見此文，慎無自傷，抵欺善人。”（p.556）

案：《周禮·春官·典瑞》：“四圭有邸”鄭玄注引鄭司農曰：“邸，讀為抵欺之‘抵’。”“抵”有欺瞞謊騙的意義，《太平經》例可補鄭說。字也寫作“詆”。卷 114：“君得箋書默召其主，為置證左，使不得詆。罪定送獄，掠治首葳。”（p.622）“詆”字《墨子》《漢書》中已見，其意為“詆毀”“詆謗”，與此例不盡一致。《漢語大詞典》中有“詆讕”一詞，意為詆賴，義與此例同，但用例出自《資治通鑒·隋文帝開皇十八年》，稍晚。“詆”與“抵”相通，“抵”有謊騙義，《漢書》中已有用例。在本經中，二字也有通用的例子，如卷 86：“將吉者易開導也，將凶者好抵冒人也，不可開導也。”卷 117：“子慎吾言，吾言正天之兵，不可詆冒。詆冒令人傷，小詆小傷，大詆滅亡。”（p.663）“抵冒”或“詆冒”，都是抵觸不順服的意思。

附：

埒。卷1—17："毒龍電虎，獲天之狩，羅毒作態，備門抱關，巨蚪千尋，衞於牆埒。"（p.7）

案：《龍龕手鏡·土部》："埒，音岸。"《漢語大字典》引此例，未加釋義。以此例觀之，"埒"字應指牆。不過，《太平經合校》卷1—17是王明先生據《太平經鈔》補，而《太平經鈔》此段鈔自《靈書紫文》及《上清後聖道君列紀》，所以此字不是漢人用字，而是唐代俗字。

（原載《宗教學研究》1997年第1期）

# 《太平經》中的漢代熟語

漢代道教典籍《太平經》大多採用對話形式,是一部口語性很強的文獻,書中一些熟語,具有特定的意義,罕見於當時其他文獻〔注〕,但在本書中有很高的使用率,比如:

**萬不失一(萬萬不失一)**——a/完全符合,沒有例外。b/沒有失誤;絕不出錯。

a/其中事善,善相應;賤,賤相和,其多少高卑,萬不失一也。(卷50,p.171)是故古者聖人帝王欲自知優劣,以此占之,萬不失一也。(卷66,p.238)吾之書,萬不失一也。(卷88,p.333)以此占人,萬不失一也。(卷96,p.410)是乃自然天地之格性,萬不失一也。(卷116,p.630)也作"萬萬不失一":吾文□□,萬萬不失一也。(卷98,p.450)案:《韓非子·解老》:"治鄉治邦蒞天下者,各以此科適觀息耗則萬不失一。"《史記·淮陰侯列傳》:"以此參之,萬不失一。"《漢書·翼奉傳》:"於以知下參實,亦甚優矣,萬不失一,自然之道也。"例不多見。

b/故古者聖賢重災變怪,因自以繩正,故萬不失一者。(卷43,p.102)天乃為人垂象作法,為帝王立教令,可儀以治,萬不失一也。(卷44,p.108)收聚其中要言,以為其解,謂之為章句,得真道心矣……是者,萬不失一也。(卷51,p.191)故賢者善御,萬不失一也。(癸部,p.719)

**絲髮之間、毛髮之間、銖分之間**——一絲一毫,形容極小的量。多用在否定結構中,表示沒有絲毫的偏差、完全吻合。

其善訣事,無有遺失若絲髮之間。(卷41,p.85)夫聖賢高士,見文書而學,必與吾書本相應,不失絲髮之間。(卷49,p.163)今故悉使民間言事,乃不失天心絲髮之間,乃治可安也。(卷86,p.322)為受一子之

分，勢不敢有忘絲髮之間。（卷 114，p. 610）

輒惟論思其意，不敢懈忽失毛髮之間。（卷 43，p. 100）其心與天地意深相得，比若重規合矩，不失毛髮之間也。（卷 45，p. 112）毛髮之間，無有過差。（卷 101，p. 458）

故古者聖賢飲食氣而治者，深居幽室思道，念得失之象，不敢離天法誅〔銖〕分之間也。（卷 36，p. 48）所上皆得實，不失銖分之間，則令帝王安坐幽室無憂矣。（卷 86，p. 322）

**不失銖分（不失絲髮）**——a/ 絲毫不差；完全吻合、沒有偏差。b/ 嚴格遵守。

a/ 此三者常當腹心，不失銖分，使同一憂，合成一家。（乙部，p. 19）此猶若日出而星逃，星出而日入，不失銖分。（卷 92，p. 374）皇天常獨視人口言何，故使響隨人音為吉凶，故回應不失銖分也。（卷 97，p. 430）書審如言，不失銖分。（卷 101，p. 458）善惡異處，不失銖分。（卷 112，p. 567）夫樂者致樂，刑者致刑，猶影響之驗，不失銖分也。（卷 113，p. 588）聖人乃深知天意，故獨常法象之，不失銖分也。（卷 117，p. 659）也可以說"不失絲髮"。如：夫上德之君……儀此為天法，不失絲髮也。（卷 86，p. 329）

b/ 隨師之教敕所言，不失銖分。（卷 47，p. 132）今但案吾文行之，不失銖分，立相應矣，是吾文大信。（卷 49，p. 165）今為諸弟子具陳天格法，使不失銖分，自隨而記之。（卷 65，p. 224）知其意，當常以是為念，不失銖分，此亦小度世之術也。（卷 71，p. 283）

**回應**——a/ 追隨跟從；隨之發生相應的變化。b/ 見效；有直接的效驗。

a/ 這個意義漢代常用，本書多例，此略舉二例：得萬國之歡心，令使八遠回應。（卷 46，p. 127）德覆民臣，光被四表，遠邇回應，恩及草木。（壬部，p. 716）

b/ 信用之者，事立效見回應，是其明證也，乃與天合，故回應也。（卷 39，p. 66）皇天常獨視人口言何，故使響隨人音為吉凶，故回應不失銖分也。（卷 97，p. 430）亡道神書必敗，欲以為利，反以為害，此即回應，天地之性也。（卷 101，p. 458）

**莫不回應**——a/ 無不追隨跟從；無不隨之發生相應變化。b/ 無不見效；無不產生效驗。

a/洞洽天地陰陽，表裡六方，莫不回應也，皆為慎善，凡物莫不各得其所者。（卷41，p.87）四月巳，德在上九，到於六遠八境，盛德八方，善氣陽氣莫不回應相生。（卷44，p.105）天地善氣莫不回應，道德日至，邪偽退。（辛部，p.686）《淮南子·主術訓》："智欲員者，環復轉運，終始無端，旁流四達，淵而不竭，萬物並興，莫不回應也。"《管子·七法》："制儀法，出號令，莫不回應。"《春秋繁露·郊語》："王者有明著之德行於世，則四方莫不回應風化。"

b/案行吾書，唯思得其要意，莫不回應，比若重規合矩，無有脫者也。（卷46，p.127）以類相聚，日益高遠，為之積久，因成盛德之人，莫不回應，眾人歸向之。（卷67，p.250）如此，天氣自為平安，邪氣自消滅，善人自至，惡人自去，莫不回應也。（壬部，p.704）

**響相應（響相應和）**——如回聲一樣地反應，喻指相吻合。

親以驗徵起，乃與天地響相應（卷42，p.92）得即效司之，與天地立響相應，是吾文信也。（卷48，p.152）今人求道德及凡人行……以何而與天地響相應也？（卷96，p.425）以徵之文，與天地響相應也，是天合信符也。（卷98，p.448）得吾書心解行之，與眾賢共議，以化萬民，必與天立響相應。（卷102，p.461）其欲樂知吾道書信者，取訣於瘠疾行之，且與天響相應，善者日興，惡者消，以為天信。（卷108，p.510）也作"響相應和"：吾之為道，不效辭語，效立與天道響相應和，以是為神。（卷92，p.381）《晏子春秋》卷八："誹譽為類，聲響相應。"

**影響**——影子和回聲。喻指即時反應。

心意謀事於內，回應於外，欲知其道，正影響之應也。（戊部，p.311）故天為視其影響，使聞音，以是為效。（卷114，p.619）凡所復，天地群神亦復之以影響哉！（辛部，p.694）《書·大禹謨》："惠迪吉，從逆凶，惟影響。"《韓詩外傳》卷四："則下之應上，如影響矣。"又卷五："則下應其上，如影響矣。"《鹽鐵論·和親》："其從善如影響。"《風俗通義》卷五："推誠應人，猶影響也。"

**重規合矩（重規遯矩）**——完全符合標準。形容完全吻合。

宜皆上下流視考之，必與重規合矩無殊也。（卷37，p.56）其心與天地意深相得，比若重規合矩，不失毛髮之間也。（卷45，p.112）案行吾書，唯思得其要意，莫不回應，比若重規合矩，無有脫者也。（卷46，

p. 127）行之得應，必如重規合矩。（卷49，p. 167）其言相似，猶若重規合矩，轉以相彰明，不得不也。（卷70，p. 279）書文且大合，比若與重規合矩無殊異也。（卷96，p. 415）是明天恨惡之證也，與重規合矩、券書何異哉？（卷117，p. 657）也作"重規遝矩"：凡事相須而成事者，皆兩手也，天上名為重規遝矩，皆當相應者也。（卷109，p. 518）

**并力同心（并力同計、并心同力、同意并力）**——齊心合力。

女之就夫家，乃當相與并力同心治生。（卷35，p. 35）天地與中和相通，并力同心，共生萬物。（卷48，p. 148）故賢父常思安其子，子常思安樂其父，二人并力同心，家無不成者。（丁部，p. 216）其善者，上可助天養且生長之物，下可助地畜養向成之物，悉并力同心，無有惡意。（卷67，p. 245）相類的有"并力同計、并心同力、同意并力"：如不并力同計，不以要道相傳……為天下大災。（丁部，p. 217）故德者與天并心同力，故陽出亦出，陽入亦入；刑與地并力同心，故陰出亦出，陰入亦入。（卷44，p. 110）此八者，皆與皇天心相得，與其同意并力，是皆天人也，天之所欲仕。（丁部，p. 223）案：《史記·秦始皇本紀》："且天下嘗同心并力而攻秦矣。"《漢書·枚乘傳》："并力一心以備秦。"又《楊敞傳》："又不能與群僚同心并力。"又《王莽傳上》："與宰衡同心說德，合意并力，功德茂著。"又《王莽傳下》："有不同心并力，疾惡黜賊，而妄曰饑寒所為，輒捕系，請期罪。"《後漢書·劉焉傳》："乃同心并力，為璋死戰。"

**不可名字**——無法述說；不能用言辭來描述。

跂行各有所志也，不可名字也。（卷36，p. 47）故陰勝則鬼物共為害甚深，不可名字也。（卷36，p. 50）"人有幾迫窮乎？……其所窮獨無有名字邪？""不可名字也。"（卷40，p. 72）夫為子乃不孝，為民臣乃不忠信，其罪過不可名字也。（卷67，p. 257）

**難為財用（難為才用、不可為才用）**——沒有用處。財用，同"材用"，有用的器物。

夫大不仁之人過積多，不可勝紀，難為財用，真人宜熟思之。（卷67，p. 248）今尚但為真人舉其端首，人惡不可勝紀，難為財用。（卷67，p. 249）欲盡為子說之，難為財用，又復太文，反令益憒憒。（卷69，p. 268）宜自深思其意，亦不可盡記也，難為財用。（卷93，p. 385）欲復為子具說，無窮竟，難為財用。（卷93，p. 398）也作"難為才用、不可為才用"：今子樂欲令吾悉具說之耶？不惜難之也，但恐太文，難為才用。（卷37，p.58）今非不能為子悉記天地事立以來事事分別、解天下文字也，但益文難勝記，不可為才用，無益於王治。（卷48，p.155）案：《史記·貨殖列傳》："其在閭巷少年，攻剽椎埋，劫人作奸，掘塚鑄幣，任俠並兼，借交報仇，篡逐幽隱，不避法禁，走死地如鶩者，其實皆為財用耳。"《太平經》中都用於否定形式。

**周窮救急**——扶貧濟困；救助窮困受饑寒的人。

是故當以此賜之也，此名為周窮救急。（卷65，p.231）或積財億萬，不肯救窮周急，使人饑寒而死。（卷67，p.242）不助君子周窮救急，為天地之間大不仁人。（卷67，p.247）

**舉其端首（舉端首、舉其端見其始）、舉其大綱（舉其凡綱、舉其綱紀）、舉綱見始（舉其綱見始、舉其綱見其始、舉其大綱見其始、舉其綱紀見其始、舉道其大綱見其端首）**——列舉要點；指出關鍵、要害。

今尚但為真人舉其端首，其惡不可勝記，難為財用。（卷67，p.249）也作"舉端首、舉其端見其始"：今訾子惛惛，已舉承負端首，天下之事相承負皆如此。……今天師都舉端首，愚生心結已解。（卷37，p.61）故但為子舉其端首，不復盡悉言之也。（卷116，p.632）故略為子舉其端，見其始，著其大綱，自思出其紀。（卷117，p.654）

今已為子舉其大綱，自思其意，以付上道德之君，以示眾賢，各加努力在所求。（卷90，p.344）也作"舉其凡綱、舉其綱紀"：既為子舉其凡綱，令使眾賢可共意，而盡得其意。（卷37，p.58）夫斷天道，大逆罪過，不可勝記，故財舉其綱紀，示真人。（卷67，p.244）

吾是但舉綱見始，天下之事皆然矣。（卷42，p.94）但為真人舉綱見始，令諸賢柔自深察之耳。（卷98，p.446）也作"舉其綱見始、舉其綱見其始、舉其大綱見其始、舉其綱紀見其始、舉道其大綱見其端首"：今吾之言，但舉其綱見其始，凡事不可盡書說也。（卷42，p.103）吾尚但見真人悚悚，財舉其綱，見其始。（卷67，p.248）吾尚但舉其綱，見其始，不學之惡，不但盡於是也。（卷67，p.251）舉其綱，見其始，使可儀而記。（卷68，p.260）天下若此者積眾多，不可勝記，才為真人舉其綱，見其始。（卷93，p.384）此有六事，才舉其綱，見其始耳。（卷109，p.518）行，為真人舉其大綱，見其始。（卷96，p.421）今吾之文，才舉其大綱，見其始。（卷116，p.648）今尚但為真人舉其綱紀，見其始。（卷67，p.245）但為真人舉道其大綱，見其端首，使賢明深見吾文，自精詳。（卷98，p.440）《論衡·程材》："通達眾凡，舉綱持領。"

**相對而語**——形容非常清楚。

是乃獨深得天意也，比若重現［規］合矩，相對而語也。（卷43，p.102）其要亂［辭］自同神聖所記，猶重規合矩，雖相去億億萬年，比若相對而語也。（卷68，p.260）常安［案］觀下所上，以占民臣大小忠信與不，以其事對之，比若窺明鏡、相對而面語。（卷86，p.326）

還有一些詞語，雖然在本書中使用頻率不高，但是它們也不能祇從字面上來理解，而具有特定意義：

**以一推萬、以一況萬、以一承萬、舉其一綱使萬目列而張**——通過一件事或一個方面，知道各種事情各個方面。同"以一持萬"。

吾文以一推萬，足以明天下之道矣。（卷98，p.47）

天道之為法，以一況萬，亦不可盡書也。（卷98，p.447）

上士且自以一承萬，通知其意，亦不須為其悉說也。（卷113，p.588）

文多使人眩冥，不若舉其一綱，使萬目自列而張也。（卷98，p.448）

《荀子·非相》："故曰：以近知遠，以一知萬。"《荀子·儒效》："以古持今，以一持萬。"《荀子·王制》："以類行雜，以一行萬。"《韓詩外傳》卷五："又以淺持博，以一行萬。"《論衡·案書》："以一況百，而墨家為法，皆若此類也。"

**開雲見日、陰日除雲**——掃除陰雲現出光明；豁然開朗。

見天師言，昭若開雲見日無異也。（卷37，p.56）案：《後漢書·袁紹傳》："曠若開雲見日。"

天地災變怪疾病奸猾詖臣不詳邪偽，悉且都除去，比與陰日而除雲無異也。（卷41，p.87）

**掃地除去**——徹底清除。

使眾賢共乃力行之，四海四境之內，災害都掃地除去。（卷41，p.87）

**感心易意**——因主觀偏向而改變立場，採取不合原則的態度。

所案行，不得有私相信，感心易意。（卷110，p.533）

**洗心易行**——轉變思想，改正錯誤行為。同"洗心革面""悔過自新"。

故復洗心易行，感動於上，欲見升進，貪慕其生。（卷114，p.606）

**雲亂席轉（雲亂）**——紛亂不堪。

九物傷，輒為惡究竟陰陽，令物雲亂席轉也。（卷93，p.398）案："雲亂"表示紛亂，見於賈誼《新書·大都》："或奉公子棄疾內作難，楚國雲亂。"《漢語大詞典》僅此一例，《太平經》中這個詞很常用，如：天下雲亂，家貧不足。（卷37，p.58）萬物雲亂，不可復理。（卷50，p.176）人民雲亂，皆失其居處。（卷51，p.188）其法反使火治憒憒雲亂。（卷65，p.225）帝王悁悒，吏民雲亂，不復相理。（卷67，p.256）帝長愁苦，吏民無所投頭足，相隨雲亂，不能相救。（卷97，p.434）乃使帝王愁苦，治雲亂。（卷109，p.522）故天道雲亂而難理也。（壬部，p.712）

**犯非歷邪**——為非作歹；胡作非為。

從見教於師之後，不敢犯非歷邪，愉愉日向為善，無有惡意，不逆師心。（卷47，p.132）無所畏忌，而功［動］犯非歷邪，自以可意，不計其命，不見久全。（卷114，p.603）

注：

今存《太平經》包括《太平經》五十七卷和唐人摘抄的《太平經鈔》十卷，本文所引例證，主要據王明先生《太平經合校》，出自《太平經》的標以卷數，出自《太平經鈔》的標出部別，並附以《合校》的頁碼。個別地方的文字和標點作了必要的訂正。

（原載《西南民族學院學報》（語言學研究專輯）2001年）

# 《太平經》中的應歎提頓語

　　漢代道教典籍《太平經》用語通俗淺顯，大體是對話實錄，集中保存了許多口頭常用的應對提頓用語，這在其他文獻中很少能看到。其中，有的是先秦以來文獻中習見慣用的，有的卻是其他文獻罕有記載的；一些古代常用的應歎提頓語，由於本書對話語體的特點和豐富的用例，使我們能對它們基本意義和使用特點作出比較準確的分析和理解。以下從表示感歎、應答、提頓三個方面來進行討論。①

## 一　《太平經》中的感歎用語（咄、咄咄、噫、善哉、善乎、善邪）

　　《太平經》中的感歎語大多常見於先秦以來的各種文獻中，其中常用的"咄""咄咄""噫"都是表示驚訝的感歎詞：

　　　　咄，子其愚不開，又學實自若未大精也。（卷96/405）
　　　　咄咄！六真人為皇靈共來問事，益精進天焉哉！（卷86/312）
　　　　噫，真人之說，純大中古以來俗人之失也。（卷35/37）

　　"咄""咄咄"和"噫"在《太平經》中，可以表示鄙薄的意義，也

---

　　①　本文引《太平經》均據俞理明《太平經正讀》，巴蜀書社2001年版。《太平經》原本據天干分10部，170卷，366篇，今已殘缺，有唐人所錄《太平經鈔》可參補。本文所引《太平經》各例後標出卷次和篇次，所引《太平經鈔》各例後標出部次。

可以表示驚喜、讚歎的意義，有時它們連用，使感歎的語氣更為強烈：

> 咄咄，噫！六子雖日學，無益也，反更大愚，略類無知之人，何
> 哉？（卷 65/232）
> 咄，噫！子今且言，有萬死之責於皇天后土，不復除也。（卷
> 97/429）
> 噫，善哉！天乃使子問是邪？咄咄！可駭哉。咄咄！可駭哉。
> （卷 93/391）

用"善"和語氣詞"哉、乎、邪"結合作"善哉"或"善乎""善
邪"，表示對對方意見的讚歎和嘉許。《太平經》中"善哉"常常重疊使
用，或與其他類似的詞語連用，使語氣更強：

> "古者聖賢乃深居幽室，而自思道德所及，貧富何須問之，坐自
> 知之矣。""善哉善哉！今唯天師幸哀帝王久愁苦，不得行意，以何
> 能致此貧富乎？""善哉善哉！子之難問也，已入微言要矣。"（卷
> 35/31）
> 天地和合，三氣俱悅，人君為之增壽益算，百姓尚當復為帝王求
> 奇方殊術，閉藏隱之文莫不為其出，天下回應，皆言：咄咄，善哉，
> 未嘗有也。（卷 47/133）
> "願聞地之十二支，當云何哉？""善耶！……"（卷 69/266）
> 善哉！深邪遠邪眇邪！子所問也。（卷 92/368）
> 善哉精哉！吾無以加六子言。（卷 86/313）
> "善哉善哉！願聞其與禽獸同命意。""善乎，子難，深得其數。"
> （卷 96/425）

由於語氣的作用，"善哉、善乎、善邪"中感歎的意味強於應答。在
《太平經》中有時"善"後也可以不加語氣詞單用，這時它的語氣變得舒
緩，沒有感歎的意味，祇有贊同的意義，是一個單純的應答用詞，我們在
下文中再作討論。

## 二 《太平經》中的應答用語（唯唯、諾、然、善、不也、不然、平、行）

《太平經》中的應答用語很有特色，其中有的應答用語雖然在其他文獻中也有使用，但是它們在《太平經》中的充分表現，為我們提供了難得的材料，更有一些應答用語歷來未受關注，很值得一看。

"唯唯"是表示恭敬、並接受對方意見的應答，用於卑者對尊者，在本書中大多是真人對天師的應答，也有在天界大神對天君或由俗間升遷天界的人對大神的應答：

> "真人解未？""唯唯。""今甞子悒悒，已舉承負端首，天下之事相承負皆如此，豈知之耶？""唯唯，今天師都舉端首，愚生心結已解。"（卷 37/61）
>
> "天下流災害猶不絕，前後合同，皆由強說之生不知道要之過也，真人知之邪？""唯唯。""行，欲復為子具說，無窮竟，難為財用，又且複重，故一小止。疑，復來問之。""唯唯。"（卷 93/398）
>
> 天君言："得補缺之日數，上其姓名，勿失期。"大神："唯唯。"（卷 111/552）

"唯唯"也偶見用於交談之初表示對對方的禮敬：

> 真人稽首再拜："唯唯，請問一疑事解。""平，言。何等也？"（卷 39/63）

"諾"也可以單獨表示應允的回答，但是"諾"在《太平經》中是一個尊者對卑者使用的應答提頓用語，和"唯唯"相反：

> "今唯明師開示下愚弟子。""諾。""今師前後所與弟子道書，其價直多少？"（卷 46/126）

《禮記·曲禮上》"父召無諾，先生召無諾，唯而起"，鄭玄注："應辭，'唯' 恭於 '諾'。"本書中沒有 "唯" 字單用作應對語，而 "諾" 不用於卑者十分典型，它常和對話方謙順應承的 "唯唯" 相呼應。另外，與 "唯唯" 另一個不同的地方是，"諾" 很少單獨表示應答，在多數情況下，"諾" 用在尊者說話的開頭，在應答的同時還有提示下文的作用：

> "是故唯天師既開示淺闇不達之生，願為開闢其端首。""諾，聽之。天下大急有二，小急有一，其餘悉不急。"（卷 36/43）
>
> "夫天地變革，是其語也。""唯唯。皇天師既示曉，願效於人。""諾，子詳聆吾言而深思念之……"（卷 43/102）
>
> "吾將為真人具陳說之，子宜自力，隨而記之。""唯唯。""諾，然，夫上善之臣子民之屬也，其為行也，常旦夕憂念其君王也。"（卷 47/132）

"然" 在古漢語中可以作代詞、連詞等，也可以在對話中表示對對方意見的贊同。但是在《太平經》中，"然" 的詞義更加虛化了，它可以在對話中用於句首，意義和 "諾" 相近，表示贊同對方的意見，並承對方語氣引出自己的意見：

> "夫女今得生，不見賊殺傷，故大樂到矣。""然，子說是也，可謂知之矣。今天下一家殺一女，天下幾億家哉？……"（卷 35/36）
>
> "善哉善哉，初學雖久，一睹此說耳。""然，子當精之，不精無益也。""唯唯，見天師言，夫天道固如迴圈耶？""然，子可謂已知之矣。行，去，有疑勿難問。""唯唯。"（卷 42/96）
>
> 真人："唯唯，吾為之，未嘗敢懈也。"神人言："然，努力通道，天地之間，各取可宜，亦無妄也。"（卷 71/289）
>
> "真人前，今凡人舉士以貢帝王、付國家，得其人幾吉，不得其人幾凶，得其人何所能成，不得其人何所能傾，諸真人自精且對。""然，得其人有四吉，不得其人有四凶。"（卷 109/520）

本書中 "諾" 祇用在尊者的話語中，"然" 卻是一個尊卑都可以使用的應答提頓用語。"善" 也是表示贊許和肯定的用詞，如：

大神言："令敕天官神給姓名，勿令空乏。"天君言："善。"（卷110/534）

生言："見誠受敕，請如所言，思惟念之，不敢懈有忘也。雖生素不知，會見之後，益親無異。"大神言："善，善，亦當惠成名，宜卒竟其功，是神常誡也。"（卷114/609）

大神言："唯唯，請使使神往卓視之。"天君言："善。"（卷114/613）

在本書中，"善"和語氣詞"哉、乎、邪"等連用表示感歎，和不帶語氣詞的"善"除了在語氣上有強弱的差別之外，它們的使用者也有不同，本書中"善"單用衹見於尊者對卑者，而"善哉"等則是尊卑都可以使用的應對詞。

《太平經》中用於表示否定性應對，主要用"不也"。"不也"用於語首表示反對對方意見的用法，出自尊者之口，尚未見有論及，這也是《太平經》中"不"的一個特殊的用法，它的意義有二：

一是明確否定對方的意見，意思是"不對"：

"……是九人各異事，何益於王治乎？""不也，治得天心意，使此九氣合和，九人共心，故能致上皇太平也……"（卷42/89）

"請問天師之書，乃拘校天地開闢以來，前後賢聖之文……遠及夷狄……曾不煩乎哉？""不也，為其遠煩而不通，故各就其為作……"（卷91/348）

二是在對方自我謙責時表示安慰，意思是"不要這樣說""沒這麼嚴重"，是一種委婉的禮貌用語：

"無壯〔狀〕不及有過，見天師說，自知罪重。""不也，為子言，事無當反天道，而以俗人之言，不順天意……"（卷35/38）

"……心頓不能究達明師之言，故敢不反復問之，甚大不謙，久為師憂。""不也，但為子學未精耳，可慎之……"（卷44/108）

"今見天師分別為愚生說之，已解矣，有過。""不也，夫人既學也，當務思惟其要意，勿但習言也，而知其意訣。是天地與道所怨

也。"（卷 65/233）

"唯唯。弟子無狀，數愁天師。""不也，子不好問，亦無從知之
也。"（卷 102/461）

"……欲不問，苦悒悒，今故具問之。為弟子不謙。""不也，不
問無以得知之，致〔故〕當問之，無所疑也。諾。為子微說之，不可窮
極……"（卷 119/680）

"不也"作為應對用語，和"不然"有些近似。在《太平經》中，
"不然"用於應對也可表示否定對方意見的：

"人行有幾何乎？""有百行萬端。""不然也。真人語幾與俗人語
相類似哉！"（卷 42/93）

"平"在《太平經》中使用較多，專用於尊者對卑者禮敬和自謙的應
答，意思大約是"免禮""不用客套"，在對方用"請""不敢"等表示謙
敬的時候，讓對方不用過分客氣，坦誠地表述自己的意見，頗接近於後來
戲劇小說中帝王對臣下的用語"平身"，其他文獻罕有使用。作為應對語，
"平"由於自身意義上的特點，在對話中通常和"言、道、說、行"等詞
連用，但在它的後面，語氣上應該有個停頓，因為它和後面的成分表達的
是兩層意思，"平"表示不用客套，"言、道、說"作為動詞可帶賓語
"之"，表示"說吧"①：

"願請問一疑事。""平，言之。"（卷 41/87）
"今已有二過於天師，不敢復言也。""行，子宜自力加意言之。……
平，說之。"（卷 47/132）
真人再拜曰："……今欲復有質問密要，天之秘要，又不敢卒
言。""平，道之。"（卷 69/261）

---

① 王雲路《〈太平經〉釋詞》（載《古漢語研究》1995 年第 1 期）認為，"平言""平道"
"平行"以及"行道"等都是一個詞，相當於"直說"。

"平"和"行"連用，表示"不用過多自我謙責，繼續進行"，其中"行"是一個提頓用語，是示意對方開始或繼續做某一件事（"行"的提頓用法我們將在下文中討論）：

> "今唯天師原之，除其過。愚生欲言，不能自禁止。""平，行，何所謙。"（卷 45/124）
>
> "請問一疑，甚不謙順。""豈不言哉？平，行，勿諱。""……今欲得有可問，不敢卒言。""平，行。""今獨萬物各有君長，天地亦有君長邪？"（卷 93/384）

"平"和"行"也有先說"行"再說"平"的：

> "謹復重請問心所疑。""行，平，言勿諱也。"（卷 115—116/639）

如果不注意卑者自謙的態度，尊者可以不說"平"而直說"言之"或"道之"：

> 六方真人純等謹再拜白："欲有所問天法，不敢卒道，唯皇天師假其門戶，使得容言乎？""道之，勿有所疑也。"（卷 65/224）
>
> 真人再拜："請問一事。""然，言之。"（卷 71/281）
>
> "唯唯，願請問一事。""言之。""何故必使其廣縱三丈，高三丈乎哉？"（卷 88/335）

"行"也可以作應對語，在談話告一段落或完成時引出總結、鼓勵或叮囑的話，這是它表示上一行為結束、示意下一行為開始這種提頓用法的引申：

> "行，子已覺矣。而象吾書以治亂者，立可試不移時也。無匿此文，使凡人當自知質文所失處，深念其意，宜還反三真，無自愁苦以邪偽也。真人慎之。""唯唯。"（卷 36/48）
>
> "唯唯，誠歸思過，惟論上下，不敢失一也。""行，戒之慎之。"

（卷 44/111）

　　行，各自慎努力，念所行安危之事，書誠亦自可知也。天書文欲使人為善，不欲聞其惡也。（卷 114/601）


## 三　《太平經》中的提頓用語（行、諾、諾諾、然）

　　《太平經》中的提頓用語也很有特點，其中不少用語或用法，在其他文獻中還未經發現，而在《太平經》中卻有着豐富的用例，它能比較充分地反映當時口語中一些常用的說法。

　　"行"是一個提頓用詞，王雲路認為和現代口語中的應對詞"行"有關："現代口語中可以說：'行，你來吧，我講給你聽。'其中'行'字是應答之詞，也可用'好'字代替。'行'字此用法不見於各類詞典，卻可以從《太平經》中找出其源頭。"①"行"在現代口語中作為應答用詞，主要表示贊同允許的意思，和《太平經》中的含義不完全一樣。《太平經》中，"行"常用於對話雙方中占主動地位的一方（尊者）示意對方在結束一個話題之後，轉入另一個話題，或者在談話終了的時候，示意對方談話已經結束，讓對方離去。這個意義與它的動詞義"行動""實行"密切相關。這也是天師對真人所用的詞，含有長者吩咐卑者的意思，"行"的後面也有一個語氣上的停頓。

　　1. 示意對方發問或開始講述，多用"行，言""行，道之""平，行"：

　　　　"願乞問明師前所賜弟子道書，欲言甚不謙大不事，今不問入，猶終古不知之乎！""行，勿諱。"（卷 46/126）

　　　　"唯唯，已解。願及天師復假一言。""行，道之。"（卷 48/155）

　　　　"今六真人受天師嚴教，謹歸各居閑處，思念天師言，俱有不解，唯天師示訣之。""行，言。何等也？"（卷 65/232）

　　　　"真真愚暗日益劇不曉大不達之生謹再拜，問一從〔疑〕事，言之必為過，不問又愚心不能獨自解。""行，言之。"（卷 97/429）

---

① 參見《太平經釋詞》，《古漢語研究》1995 年第 10 期。

"行言""行道"連文在本書中形成了一種常見的應對形式，但是也可以在這兩個詞之間插入其他成分：

> "天師將去，無有還期，願復乞問一兩結疑。""行，今疾言之，吾發已有日矣。所問何等事也？"（卷 46/127）
>
> 行，今為真人道之。（卷 86/321）

2. 提示向對方發問或要求對方就某一問題闡明意見：

> "唯天師更開示其所不及也。""行，真人來。天下何者稱富足，何者稱貧也？"（卷 35/29）
>
> 子說似類之哉，若是而非也。子之所說，可謂中善之人耳，不屬上善之人也。行，真人復為吾說最上善孝子之行當云何乎？宜加精具言之。（卷 47/131）
>
> "子不及，為子說之。""唯唯。""行，雖苦，復為吾具說上善之弟子。""今已有二過於天師，不敢復言也。""行，子宜自力加意言之。"（卷 47/132）

3. 在談話開始或中間提示對方聽講多用"行，明聽""行，安坐……"：

> 吾親見遣，為是事下，吾不敢有所匿而忿天也。行，真人明聽，為子條訣解之，更以上下悉說道之，但安坐。（卷 91/350）
>
> 行，且重戒真人一言，使其有似天行也。（卷 98/452）
>
> "愚生不曉其意。""行，且使子知其審實。天下所來所珍，悉未嘗見而善珍者也，以上其君，是上忠臣也。"（卷 108/514）
>
> "小生性愚且蒙，不及，唯天師。""行，諸真人安坐，為子悉陳之。"（卷 117/652）

4. 在講述完一個問題後，提示對方將講述下一個問題：

> 是真人之一大愚，無知冥冥之大效也。行，復為子說一事……

（卷 72/296）

　　"天意所欲為，子不可不慎也。不行、不順，令使人心亂也。真人慎之。""唯唯。""行，復誠真人一言。天不欲行，子獨行之，且病之。"（卷 92/376）

　　念生得生，是為知，惡會當盡，不得久在，知之不乎？行，復小說。人居天地之間，皆得為人，奈何忘天地恩乎？此為何等哉？（卷 110/527）

5. 提示談話結束，讓對方離去或做其他事，多用"行，去"或"行，語竟"等：

　　行，子已知之，去矣。行，思之。（卷 47/142）

　　"癸亥為數終也。真人知之邪？""唯唯，未得其意也，今眩冥。""行，子思久久，自得其意。行，子思之。"（卷 93/390）

　　子已知其意，吾無復以戒子也。行，辭小竟，事畢。異日有疑，乃復來。（卷 98/453）

　　"吾受天教之明效也。子知之邪？""唯唯。""行，語竟，天辭絕，傳之德君。""唯唯。""行，去，勿復問。""唯唯。"（卷 108/516）

但是，在《太平經》中，勤學好問的真人往往在天師結束一段講道之後，仍不滿足，所以每每在天師提示談話結束後又提出新問題，使談話繼續進行下去，當然，以下又是新的話題、新的內容：

　　"善哉善哉！見天師言，昭若開雲見日無異也。""行，子可謂已得道意矣。""愚生蒙恩，已大解。今問無足時，唯天師丁寧重戒之。"（卷 37/56）

　　"行，吾辭小竟，疑乃復來。""唯唯。請問音聲和，得其意與不得，豈可知邪？"（卷 115—116/632）

實際上，在這樣的句子中，起提示作用的"行"可以不用：

"今愚生得天師文書，拘校諸方言，歸居閑處，分別惟思其要意，有疑不能解，請問一事。""言之。"（卷 93/383）

是尚但珍物耳，何言當傳天寶秘圖書，乃可以安天地六極八遠乎？出，子復重慎之。（卷 46/129）

善哉善哉！諸真人問疑事也，天使子來問之。諾，安坐，善問身聽，今為真人悉道之。（卷 98/439）

子安坐詳聽之，為子一二分別道其至意。（卷 115—116/635）

"行"提示談話結束、讓對方離去這一意義的發展，可以作表示行為過程終結的應對用語，這我們在上文中已作了討論。

"諾諾"和"諾"用於提頓，和"唯唯"一樣，也獨自成句，但是它們和"唯唯"相反，多用在尊者對卑者的對話中，在一段話的中間承上啟下，起着提頓轉折的作用，表示一層意思結束，另講一個問題，或直接領起一段話：

故諸真人悚悚惓惓，是天使也。諾諾。吾其畏天威，方為子思惟其要意而具說。（卷 86/316）

善哉，子之問法何其常巧也。皇天久疾災害憐帝王愁苦，令使真人主問凡疑事邪？諾諾。安坐，吾不敢有可匿也，匿之恐得天責。（卷 115—116/635）

"天地神精居子腹中，敬子趣言，子固不自知也。凡人所欲為，皆天使之。諾，不敢有可匿也。子明德〔聽〕。""唯唯。"（卷 45/117）

"真人雖苦，宜加精為吾善說之。""唯唯，但恐反為過耳。""何謙？諾，誠言。"（卷 47/131）

善哉，子之言。子果見使主問是邪！諾，今為真人具分別說之，使其昭然可以畢除天下病災。（卷 93/391）

"然"作提頓用語的用法，是它的應對意義的發展，但在《太平經》中，句首的"然"表示提頓比表示應對的比率要高得多。表示提頓的"然"在話語中有兩種情況：

1. "然" 常用在語首，提示對方自己開始發表意見：

"行，真人來，天下何者稱富足，何者稱貧也？" "然，多所有者為富，少所有者為貧。" "然，子言是也，又實非也。" （卷 35/29）

"願聞天以此為格法意訣。" "然，詳哉，六子問事也。然，天地以東方為少陽，君之始生也，故日出東方。" （卷 65/227）

"願復請問不忠信佞行，亦可知邪？" "然，可知也。與之交也，觀其所言行也。" （卷 93/400）

"何故名是為短命之符哉？" "然，治當長，反為其短；年當多，反為其少；舉事逢凶，無益於身，天地不悅，除算減年，故天上名為短命之符也。" （卷 109/522）

2. "然" 用在對話中作一停頓，承前啟後，表示話題轉入另一個內容，開始就某一問題發表自己的議論：

"天愛子可為，已得增算於天，司命易子籍矣。" "不敢也，不敢也。" "無可復讓，此乃天自然之法也。然，天下所以殺女者，凡人少小之時，父母愁苦，絕其衣食共養之……" （卷 35/34）

其咎本在山有惡氣，風持來，承負之責如此矣。五事解。然，真人復更危坐，詳聽吾言……（卷 37/59）

善哉，子之問也。然，欲候得其術，自有大法。四時五行之氣來入人腹中，為人五藏精神，其色與天地四時色相應也。（卷 72/292）

子所言常善是，今旦一言，名為大逆天地，從古到今，人君所得愁也。然，真人前，人安得生為君子哉？皆由學之耳。（卷 97/433）

"然" 和 "諾" 在意義和用法上都十分相近，所以它們也常有先後連用的時候，在這種情況下，"然" 祇有單純的提示作用，而 "諾" 的尊長對卑下訓導教誡的含義就更明顯了：

然，精哉，真人問事，常當若此矣。善哉善哉，諾，吾將具言之，真人自隨而記之，慎毋失吾辭也。（卷 41/83）

噫，子愚亦大甚哉！乃謂吾道有平耶？諾，為子具說之，使子覺
悟，深知天道輕重，價直多少。然，今且賜子千斤之金，使子以與國
家，亦寧能得天地之歡心，以調陰陽，使災異盡除，人君帝王考壽，
治致上平耶？（卷 46/127）

"吾將為真人具陳說之，子宜自力隨而記之。""唯唯。""諾。然，
夫上善之臣子民之屬也，其為行也，旦夕憂念其君王也。"（卷 47/132）

然，子欲核眾方知賢者處耶？諾，安坐，為真人道之。積方億
卷，不能得壽，何益於命乎？（卷 98/446）

諾，安坐，方為子言之。天地之性，陽好陰，陰好陽……然，子
明聽。陽者以其形反為陰形，陰者以其形反為陽形……（卷 98/449）

善哉，子之言，得其意。諾，安座方解之。然，夫上善大樂歲，
凡萬物盡生善，人人歡喜，心中常樂欲歌舞……（卷 115—116/646）

"請問：今或有山潰雲上，皆可睹，而言不可睹，何也？欲不
問，苦悒悒，今故具問之，為弟子不謙。""不也，不問無以得知
之，致〖故〗當問之，無所疑也。諾，為子微說之，不可窮極。然，
雲雨潰山，此者陰之盛怒，而不自忍傷陽化，凶事也，非善變也。"
（卷 119/680）

有時，"然"的用法和"行"差不多：

善乎，子之問事。然，詳聽之，為子說其意。（卷 115—116/636）

"然，詳聽之"和本書中多見的"行，明聽"同出一轍。所以，"然"
也有和表示進行下一行為的"行"連用的例子，在這裡，它們的意義是並
行不悖的：

"行，更開兩耳聽，勿失銖分也。""唯唯。""行，然，陽在外之
時，凡物盡上懷妊於上枝葉之間，時天陽氣在外，未還反下根也，故
皆實於表也。"（卷 93/388）

《太平經》中出現的應歟提頓用語，在其他文獻中不多見，由於對這

類用語缺乏正確的理解，本書的標點和斷句很容易出現錯誤，① 需要注意；同時，作為漢語詞匯的一個部分，這類詞語的本身的發展也值得我們注意，因此，在此作一討論。

(原載《漢語史研究集刊》第五輯，巴蜀書社 2002 年版，第 39—52 頁)

---

① 參見俞理明《〈太平經〉語言特點和標點問題》，《古典文獻與文化論叢》第二輯，杭州大學出版社 1999 年版，第 2 頁；《〈太平經〉中非狀語地位的否定詞"不"》，《中國語文》2000 年第 3 期。

# 《太平經》中的"平"和"行"

## ——答連登崗教授

產生於東漢的道教典籍《太平經》是一部通俗的對話體作品，行文不引經據典，用語淺俗平易，跟當時一般文獻中的典雅用語有區別，跟現代用語也不一樣，因此存在着解讀的困難和分歧。

連登崗教授《釋〈太平經〉"平言""平道""行言""行道""平行"》一文認為，《太平經》對話句中的"平""行"跟"言"同義，構成同義連文的"平言平道行言行道平行"等詞，並指王雲路解"平"為"徑直講來"以及拙作《太平經正讀》對"平"和"行"的解釋和處理並誤①。連先生的意見多可斟酌。

## 一　基礎材料

材料是討論的基礎，涉及我們討論的"平""行"，在《太平經》中有不少實例，連先生檢得《太平經》中 25 例並逐一陳列，但遺漏不少，有 17 例未及，當補：

1. "平言"已舉 7 例，另有 1 例：

　　"今念每言有過，欲不言也，又不知。""平，言。"（卷 97—154，p. 352/p. 431）②

---

① 載《青海師專學報》2008 年第 4 期。

② 王明先生《太平經合校》搜羅齊備，為《太平經》研究作出了巨大貢獻，但《合校》在標點方面的缺憾也是學界公認的。本文為討論方便，引《太平經》標點均據《太平經正讀》（巴蜀書社 2001 年版），括弧中用數字標出《太平經》的卷次—篇次，並標《太平經正讀》和《太平經合校》中的頁碼。原文有誤的文字，據《太平經正讀》用〔　〕號標出正字，不另作說明。

2. "平道"已舉 2 例，另有 1 例：

　　真人再拜曰："愚賤生緣天師常待之以赤子之分，恩愛洽著，倉
皇得旦夕進見，天功至大，不可謝。今欲復有質問密要、天之秘道，
又不敢卒言。""平，道之。子既為天問事，當窮竟，不得中棄而止
也。"（卷 69—105，p. 219/p. 261）

3. "行言"已舉 5 例，另有 8 例：

　　"唯唯。誠言心所及，不敢有可匿。""行，言之。"（卷 36—44，
p. 51/p. 42）
　　"然，天師既哀弟子，得真［直］言不諱。君賢則臣多忠，師明
則弟子多得不諱而言。""善哉，子之言也，得覺意。行，言之。"（卷
47—63，p. 120/p. 138）
　　"願復請問一事。""行，言。"（卷 47—63，p. 123/p. 142）
　　"今六真人受天師嚴教，謹歸各居閑處，思念天師言，俱有不解，
唯天師示訣之。""行，言。何等也?"（卷 65—101，p. 197/p. 232）
　　"唯唯。願問一疑。""行，言。"（卷 69—105，p. 224/p. 270）
　　"今願訣問一疑。""行，言之。"（卷 93—138，p. 315/p. 387）
　　"真真愚暗日益劇、不曉、大不達之生謹再拜，問一從［疑］事。
言之必為過，不問又愚心不能獨自解。""行，言之。"（卷 97—154，
p. 351/p. 429）
　　"請問一大疑事。""行，言之。"（卷 98—156，p. 358/p. 438）

4. "行道"已舉 3 例，另有 1 例：

　　"願及天師復假一言。""行，道之。"（卷 48—65，p. 133/p. 155）

5. "平行"已舉 7 例，另有 4 例：

　　"今愚生欲復有所問，不敢卒言。""平，行。"（卷 49—66，p. 142/

p. 166）

　　真人純稽首戰慄："吾今欲有所復問，非道事也。見明師言事，無不解訣者，故乃敢冒慚復前，有可問疑一事。""何等？平，行，吾即為子說矣。"（卷 53—79，p. 165/p. 195）

　　"吾所問積多，見天師言事，快而無已，其問無足時，復謹乞一兩言。""平，行。"（卷 54—81，p. 170/p. 202）

　　"雖每問事，犯天師諱，不問又無緣得知之，欲復乞一言。""平，行。"（卷 66—102，p. 201/p. 237）

6. "平說"當在討論之列，但連先生未有舉例：

　　"今已有二過於天師，不敢復言也。""行，子宜自力加意言之。為人弟子見教而不信，反為過甚深也；但不及者，是天下從古到今所共有也。平，說之。"（卷 47—63，p. 116/p. 132）

7. "行平言"連用，連先生也未提及：

　　"謹復重請問心所疑。""行，平，言勿諱也。"（卷 116—206，p. 474/p. 639，《合校》作："行，平言勿諱也。"）

　　材料的疏略，會影響分析的準確性，造成認識上的偏差，影響結論的可靠性。

　　另外，連先生認為"行"後點斷是錯誤的，但所舉僅限於 25 例中的 15 例，沒有提及《太平經正讀》另外 262 例，由於數量太多，本文除了上補材料中已有的 15 例以外，其餘不一一補列，衹在下文討論中適當列舉部分用例。

## 二　《太平經》對話中"平"的意義

《太平經》對話中有 24 個用"平"的例子，都出現在天師應對真人表達提問意願的答語中，比如：

"今天師事事假其路，為剝解凡疑，遂得前問所不及。今欲有可乞問，甚不謙，不知當言邪，不邪？""疑者，平，言勿諱。"（卷39—50，p. 71/p. 70）

"今愚生舉言，不中天師心，常為重謫過。不冒過問，又到年竟猶無從得知之。願復請問一言。""平，道之，何所謙哉？不知而問之，是其數也。"（卷97—155，p. 355/p. 434）

第一，連先生認為其中的"平"相當於"言"，是"語氣平靜舒緩地說""慢慢地說"的意思，綜觀24例天師答句中的"平"，沒有一例適用"語氣平靜舒緩地說"這個解釋：當一位卑者表示"我想提問但不敢說"的時候，對話的尊者用"（你）語氣平靜舒緩地說"或"（你）慢慢地說"來回復，似有不切語境之嫌。

體味這類對話，真人除了有提問的要求以外，還有很強的自謙意思。因此，天師答語中"平"是對這種謙抑的應答，表示不必過謙。由於古今用語的差異，現代漢語中沒有適當的對譯形式，王雲路先生解"平"為"徑直講來"① 很切合語境：真人表示要提問而又不敢，天師讓他祇管直說。我們解作"免禮"就是理解為天師讓真人不要過度謙抑和拘謹，用平常的心態說出自己的疑問。當對方表示想說而不敢說的時候，應該鼓勵對方大膽放開、不要顧忌或不加拘束地說，而不是"心平氣和"地說，"平"指心理和行為上不要抑制緊張。

第二，連先生主張"平言""平道"是同義連用，但所舉《鬼谷子》中與"難言""諛言""戚言""靜言"並舉的"平言"，和所引唐孔穎達疏《毛詩正義》的"直平言之"等例，"平言"都是偏正結構，不是並列式的同義連文，無法作為《太平經》中"平言"是同義連用的佐證。

第三，"平言"跟"疾言"的關係不對應，沒有可比性。《太平經》中"疾言"共有兩例，一例跟"平言"在前後文使用（另一例我們在下文討論）：

"日益愚闇蒙不閏生謹再拜，請問一事。""平，言。"真人乃曰：

---

① 王雲路：《〈太平經〉釋詞》，載《古漢語研究》1995 年第 1 期。

"自新力學不懈，為天問事。" "吾職當主授真人，義無敢有所惜也，疾言之。"（卷41—55，p. 80/p. 83）

照連先生的解釋，天師應對真人的提問，先說的 "平言" 如果是 "平靜地說" "慢慢說" 的話，接着又要求 "趕快說"，前後差異太大，自相矛盾。合理的理解應該是，天師先說 "不用多禮（平），說吧（言）"，然後再催促 "快說吧（疾言之）"，前後就一致了。

第四，以 "平" 為 "評" 是古代常見的用法，問題是，評論是否一定 "心平氣和"？其實很多的評論都富有激情，比如毛澤東當年辦《湘江評論》，"指點江山，激揚文字"（毛澤東《沁園春·長沙》），評論時事，激情洋溢。孔子感歎 "觚不觚，觚哉！觚哉！"（見《論語·雍也》）時，也未嘗不是一種評論。評論者的情緒不一定平靜，意見也不一定正確，但是，評論者在評論時，是有一定的尺度或標準的，因此，"平" 的評論義跟 "心平氣和" 沒有關係。"平" 很早就有平定、平正、公平的意思，它的評論評價義，應該跟公平衡量有關。

第五，《鬼谷子》等引例中的 "平言" 不是出現在交際應對語境的用語，表示評論意義的 "平" 也不能用於應答，用法完全不同的材料不足以作為討論的直接佐證。

總之，出現在《太平經》對話中，出現在 "言" "道" "說" 等動詞前的 "平" 應該是一個表示應對的禮貌用詞，因為真人的話中有兩個要素：（1）要提問，（2）不敢。前者是實際要表達的意思，後者是一種禮敬和謙抑的表示。天師的答話中，"平" 是禮貌性的，對應真人的禮敬謙抑；"言" "道" "說" 等應對真人的提問，是實義性的，像 "疑者，平，言勿諱" 就是 "有疑問的話，不必多禮（不用過度拘束），說來不用隱諱"，這是很正常的交際應對。

有時，禮貌應對中也可以不用 "平"：

"數言而不中，多得過，故不敢復言也。" "嗛乎，行。"（卷67—103，p. 214/p. 254）

"嗛" 通 "謙"，在話語中的意思就是 "不要太謙抑了"。

### 三 《太平經》對話和陳述中"行"的意義

"行"是一個意義十分寬泛的動詞，可以表示包括言說在內的各種行為，至少到東漢的時候，它已經經常用在其他動詞之前，表示相關的行為，朱慶之先生因此認為這樣的"行"有演化為詞頭的趨向。① 不過，在《太平經》中，"行"往往出現在語首或語末，有單獨使用的特點，跟依附在動詞前的"行"不同。《太平經正讀》把 277 處"行"單獨點開，其中有些跟王明先生《太平經合校》一致，也有一些與王明先生不同，但"行"可在對話中獨立於語句之前，是沒有疑問的。對於這個"行"，俞理明《〈太平經〉中的應歎提頓用語》② 認為它的功能是提頓，示意對方繼續相關的行為，有五種用法。簡要轉述如下：

1. 示意對方發問或開始講述，多用"行，言""行，道之""平，行"，"行言""行道"連文在本書中形成了一種常見的應對形式，但是也可以在這兩個詞之間插入其他成分：

> "天師將去，無有還期，願復乞問一兩結疑。""行，今疾言之，吾發已有日矣。所問何等事也？"（卷 46—62，p. 111/p. 127）
>
> 行，今為真人道之。（卷 86—127，p. 268/p. 321）

2. 提示向對方發問或要求對方就某一問題闡明意見：

> "唯天師更開示其所不及也。""行，真人來。天下何者稱富足，何者稱貧也？"（卷 35—41，p. 41/p. 29）
>
> "子不及，為子說之。""唯唯。""行，雖苦，復為吾具說上善之弟子。""今已有二過於天師，不敢復言也。""行，子宜自力加意言之。"（卷 47—63，p. 115/p. 132）

3. 在談話開始或中間提示對方聽講，多用"行，明聽""行，安坐……"：

---

① 參見朱慶之《佛典與中古漢語詞匯研究》，臺北文津出版社 1992 年版，第 141 頁。
② 載《漢語史研究集刊》第五輯，巴蜀書社 2002 年版。

吾親見遣，為是事下，吾不敢有所匿而忿天也。行，真人明聽，為子條訣解之，更以上下悉說道之，但安坐。（卷91—132，p. 290/p. 350）

“愚生不曉其意。”“行，且使子知其審實。天下所來所珍，悉未嘗見而善珍者也，以上其君，是上忠臣也。”（卷108—175，p. 383/p. 514）

4. 在講述完一個問題後，提示對方將講述下一個問題：

是真人之一大愚，無知冥冥之大效也。行，復為子說一事。（卷72—110，p. 242/p. 296）

念生得生，是為知，惡會當盡，不得久在，知之不乎？行，復小說。人居天地之間，皆得為人，奈何忘天地恩乎？此為何等哉？（卷110—179，p. 391/p. 527）

5. 提示談話結束，讓對方離去或做其他事，多用“行，去”或“行，語竟”等。

連先生沒有注意到“行”作為應對語在《太平經》中的這些區別，似乎也不瞭解我們對此的分析，把上述第五種情況的解釋套在第一種情況的用例上作出批評，不盡妥當。

把“行言”或“行道”看成同義連文的詞語，必須認真面對《太平經》中其他與“行”相關的材料。

首先，如何解釋“行，……言”“行，……說”分離的用例：

“天師將去，無有還期，願復乞問一兩結疑。”“行，今疾言之，吾發已有日矣。所問何等事也？”（卷46—62，p. 111/p. 127）

“今已有二過於天師，不敢復言也。”“行，子宜自力加意言之。為人弟子見教而不信，反為過甚深也；但不及者，是天下從古到今所共有也。平，說之。”（卷47—63，p. 116/p. 132）

善哉！真人言，吾無以加之也。行，雖苦，復說二事。（卷86—127，p. 262/p. 313）

"行，今疾言之"和"行，子宜自力加意言之"就是"行，言之"，句中增加了主語和狀語，但沒有改變它的主體結構。"行，雖苦，復說二事"就是"行，復說二事"，"雖苦"是一條件分句，用在主句"復說二事"前。如果"行言""行說"是同義連文的詞語，它的中間怎麼能插入這麼複雜的成分？顯然它們根本不是一體，而且不同義。

其次，《太平經》中還有"行，今為真人道之""行，復小說"等許多用例，也是在"行"之後出現了言說類動詞，是"行，言"句的擴展，不過，言說動詞的主語已經不是對方，而是天師本人。說話人本身不可能說"*說吧，我再給你講一點"，因為對話中的"說"總是針對對方的。這類用例都說明"行"與"言"沒有同義關係，衹是表示提頓而已。

把"行言"組合中的"行"理解為"言"，還要考慮同一段話裡同類並用的"行"，比如：

"行，子已知之，去矣。行，思之。""唯唯。願復請問一事。""行，言。""天師陳此法教，文何一眾多也？""善哉，子之難也，可謂得道意矣。然，天下所好善惡，義等而用意各異，故道者，大同而小異。一事分為萬一千五百二十字，然後天道小耳，而王道小備。若令都道天地上下八方六合表裡所有，謂此書未能記其力也。真人寧知之耶？""唯唯。""行，子已知之矣。以此書付道德之君，令出之，使凡人自思行得失，以解天地之疾，以安帝王，其治立平。真人曉邪？""唯唯。""行，去，自屬勿忽也。""唯唯。"（卷47—63，p. 127/p. 142）

"行，子可謂已知之矣。六子詳思吾書意，以付上道德之君，以示眾賢，吾之言不負天地賢明也。行，去，辭小竟也，事他所疑，乃復來問之。""唯唯。今六真人受天師嚴教，謹歸各居閑處，思念天師言，俱有不解，唯天師示訣之。""行，言。何等也？"（卷65—101，p. 197/p. 231）

"今雖每問天師而怖駭者，又問乃訣乃大解，不問又無緣得知之。""然，子言是也。暗而不好問，何時復得昭昭哉？行，言，欲問何等？""今謹已聞至誠動天，願聞動地意。""善哉！子言日益大深，不惜之也。行，安坐，為子道之，不言恐得過於子。若天獨疾後世人不至誠，而使真人來主問之也。諾，今為子說之，明聽。"（卷96—

153，p. 349/p. 426）

"唯唯。今天師職在天，覆加不得已，欲復請問一疑。""不敢言乎？行。""今凡天事，皆為天使有所傳耶，獨天師與愚生邪？""噫！子益愚何？知天下凡物，皆為天使，故各有所職，共成天道也。一物不具足，即天道有不具者，子何故乃不知是乎？其冥冥何劇也。""愚蒙未悉開，得天師解之昭然。""行，子亦易示矣。行，弩〔努〕力勉之。凡民各有所職，乃復為天使物，敢獨自勞自然也。""不敢不敢。""行，去矣。"（卷 102—166，p. 375/p. 462）

這類例子不少，同一語段中的"行"有的採用"言"的解釋可以說得過去，但是其他並行句中的"行"卻無法用"言"解釋，因此，應該充分考慮這些"行"的共同特徵，理清其中的"行"，跟"行言""行道"（我們點作"行，言""行，道"）中的"行"的關係，對它作出了有統括意義的解釋，而避免隨文釋義，漫無定準。

## 四　分歧的原因

對於同樣的材料，產生了矛盾的意見，原因在於對這些材料的觀察角度和思考方法不同，討論這些差異，或許有助於達到對材料真正理解的目的。本文主要立足於以下基點：

第一，語篇視角。《太平經》是一種對話體的文獻，比較細緻地記載了當時對話中的一些用語，因此，解讀這部文獻，不能拘泥於字詞意義的理解，還應該更多地從篇章和語句的角度，對其中的用語有一個宏觀的整體把握。對字詞的意義的理解是解讀古代文獻重要而基本的依據，但是，字詞在語境中的具體用法往往跟辭書中的解釋有別，應該注意語境的作用，就"平""行"而論，它們在《太平經》語句中的具體位置，是解讀的重要基礎。

第二，話語標記。本文討論的"平""行"，在《太平經》中的地位特別，它們出現在句中但又相對獨立，處在主句結構之外。它們的功能是表達說話人的情緒或態度，從表意的角度看，可以刪去而不影響文句意義的完整性。這類成分，我們稱作應歎提頓語，相當於以前句子分析中的"插入成分"，近年來學界稱為話語標記。作為話語標記的詞語，本來都有很實在的詞匯意義,但是,在語用中,它們被插入句子中間,主要為渲染對話氣氛,詞匯意義已經淡化或消失。比如《漢語大詞典》"好"字下的一個引例:

> "好,我不要活了,我拿這條命來跟你們拼了吧!"(巴金《春》十一)

句中的"好"已經失去了贊同的意思,祇有提頓的功能,語法化成為話語標記。這樣的"好"在日常表達中十分常見,比如一個教師在開始上課的時候說"好,現在開始上課",講課中間說"好,請看下一部分""好,這個問題請大家發表意見",結束時說"好,現在下課",等等。這類成分游離於句子結構之外,主要功能是連接篇章,營造對話語境,不能按原有的實義理解。

第三,《太平經》的通俗特徵。《太平經》跟其他漢代文獻有共時性,其中大量語料可以跟其他同時文獻互相參證,但是,社會用語有雅俗之分,其中典雅用語代表了社會文化的主流,也是傳世文獻用語的基礎,歷代訓詁研究也主要基於這類用語,而《太平經》是在道教社團中流傳的通俗文獻,它的用語中部分淺俗的成分跟典雅文獻用語存在差異,可能於經典訓詁無據。本文討論的"平""行"就是這樣的成分,此外還有一些這樣的成分,比如"不也"。

《太平經》中"不也"有兩種用法,一是在應對中否定對方意見,這種用法也見於佛經等漢代文獻,可以參證。二是"不也"可作禮貌用語,在對方自我謙責時表示安慰,這是《太平經》以外的文獻沒有發現的,如:

> "無壯〔狀〕不及有過,見天師說,自知罪重。""不也,為子言,事無當反天道,而以俗人之言,不順天意……"(卷35—42,p.47/p.38)
> "唯唯。弟子無狀,數愁天師。""不也,子不好問,亦無從知之也。"(卷102—166,p.374/p.461)

這裡還可能有書面語與口頭語之間的差別。文獻記載一般偏重簡潔,語言材料中的話語標記性的成分，因為不表達實質性的內容，在書面記載的時候常常被刪除。《太平經》原文 170 卷 366 篇，現在殘存 57 卷 129 篇，"平""行"見於其中的 78 篇。《太平經》另有一個版本，即唐人據《太平經》全文抄錄的《太平經鈔》9 卷，內容跟《太平經》原文 1—153 卷對應。我們發現，出現在《太平經》各篇中的這類話語標記，在唐人摘抄的時候，都被忽略不錄。正因為這樣的原因，《太平經》中的許多話語標記很難在其他文獻中得到印證，也是它的價值所在。

第四，系統和照應的綜合性。對一種現象的分析，應該有一個全面的觀念，充分注意各類相關的現象，考察它們之間的關係以及各自在這種關係中的位置，分清層次，然後才能作出恰當的定位。《太平經》中對話陳述中有一批獨立於句子結構的成分，在"平""行"之外，還有"然""善""不也""不然"等，瞭解它們語篇功能和各自的作用，對於理解其中各個成分都是很有必要的。就每個成分而言，比如"行"在《太平經》中有多個意義和多種用法，理清這些用法的關係，對於確定它在不同語句中的意義是有益的。詞語在全民語境中的意義也是要充分考慮的，雖然《太平經》中"平""行"的用法不見於其他文獻，但是，它們的這個用法，跟它們的本義和引申義之間仍可建立聯繫，"平"有平等、平常的意思，用來應對對方過於謙抑，讓對方進入正常的表達，是合情合理的。"行"指行動，對話中用它來提示繼續往下或繼續下一個行為，在語義上也完全一致。

《太平經》中確有大量同義連文的詞語，這方面的材料已經有多人作過討論。但是，這些詞語都衹用在句子中間，表達具體的意義，不見於應對場合。不考慮具體的語用情況，因為《太平經》敘述語中多用同義連文，從而認定應對語中的"平言""平道"也是同義連用，缺乏說服力。

（原載《青海民族大學學報》2011 年第 2 期）

# 下　篇

---

# 基於佛道文獻的詞匯語法研究

# 東漢佛道文獻詞匯研究的構想

## 一 東漢的佛教翻譯用語

佛教在漢代傳入中國，它在給漢民族帶來一種新的人生觀的同時，也給漢語帶來了大量新的成分。伴隨佛教的傳入，從東漢後期開始，出現了一大批漢譯的佛教經文，在當時，這既是來自西域的傳教者為佛教傳播而努力的結果，也反映了中土人士對佛教瞭解的需求。

佛經漢譯是一項艱難而具開創意義的工作。佛教的思想觀念與當時中國流傳的各種思想觀念差別很大，不同的地域環境、不同的文化背景和不同歷史，產生了不同的事物、不同的行為和對客觀世界的不同認識，這些差異給佛經翻譯帶來了很多困難。當時漢語的文白的差異，又要求翻譯者作出語用的選擇。

本來，佛經的翻譯者有理由採用文言，因為這樣可以使譯文具有典範的色彩，從而增加它的權威性和對上層社會以及民眾的影響力——這樣做，也符合佛教重視感化上層人物的一貫傳統。但是有幾個因素制約了這樣的選擇，使譯經用語明顯地轉向另一方面。

首先是翻譯者的文化素養。最初的佛經翻譯者基本沒有兼通胡漢語言的，參與經文翻譯有兩個方面的人：初曉漢語的胡人和略知胡語的漢人，他們互相配合，共同完成艱難的翻譯工作。初曉漢語的胡人主要通過口頭學習漢語，由於沒有大量書本知識的接觸，他們對漢族的傳統、歷史和文化的瞭解，在深度和廣度上都受局限；而在漢人中，處於主流地位的知識份子的人生理想是"兼濟天下"，祇有不入主流或脫離主流的知識份子，會有人因感歎人生無常而對這種厭棄塵俗的宗教感興趣，而這樣的人對主流思想或主流文化具有一種逆反心理（參見 Erik Zurchrr 1991 A New Look at the Earlist Chinese Buddhist Texts，許理和《關於初期漢譯佛經的新思考》，顧滿林譯，漢語史研究集刊第四輯）。由這兩類人組成的譯人隊伍，使譯文傾向於非文言化。

其次是由於不被代表典雅文化的漢族知識階層主流所接受，佛教自覺不自覺地帶有通俗色彩，它的宣傳對象也以通俗階層為主，包括一些貴族和初通文墨的商人小吏或其他民眾。

早期翻譯中，胡漢譯人對對方的語言，尤其是書面語的掌握還不夠純熟，很多地方不能做到一對一的細緻理解，一些原文祇能作籠統的解釋。意義表達上遇到的障礙，使得譯人把更多的精力放在達意方面。此外，譯人還要考慮譯文文體與原文風格一致，詩歌體的原文（如偈頌）在翻譯中，對句式有相當的要求，這也使譯人在用語上，偏向於採用淺顯易於表達的口語性成分。

## 二　漢譯佛經用語的特點

早期佛經翻譯的用語中，出現了大量新質，這些新質大體來自兩個方面，外來文化影響帶入的外來語成分和不同於典範文獻用語的漢語成分，它們使漢譯佛經的用語面貌，與當時已經形成的帶有典範性的書面語很不一樣。

翻譯通常有兩種手段：音譯和意譯。音譯仿照外語，用本語的形式來表達，而不顧及它內部的或字面上的表意性，也稱為借詞，對本語來說，音譯增加了新的形式和意義。而意譯則利用本語的詞或語素來表達外語的意義，通常不增加本語的基本形式。

音譯在使用中受到限制，這種限制主要來自於本土人士的外語能力。採用意譯，就相當於用本語的發音習慣說外語，無法與不懂外語的本土人士溝通。因此，佛經用語的翻譯，意譯是主要的手段。

對於意譯，有一種狹義的理解，專門指那些因翻譯而意義略微變化，採用本語語素創造新形式，即翻譯中由外來影響觸發本語變化的成分。而那些用於翻譯而並不發生變化的本語成分，通常不在關注範圍之內。

所以，佛經中用語的外來影響，可以從幾個方面來看：

（1）純音譯的借詞，它們的外來性質毋庸置疑；

（2）發生轉義的意譯詞，是外來影響的結果。為了便於理解，翻譯中把佛教或異域的概念和漢語原有的概念相比附，不少用來翻譯佛典原文的漢語詞，與它的本來意義祇是相似或近似，翻譯改變了這個詞的意義，為它增加了一個引申義；

（3）通過語素對譯產生的複合詞，即仿譯詞，即在外語形式的基礎上，對其中語素逐一對譯造成的。雖然這些語素的組合是漢語所允許，並且可以通過漢語語素的組合關係來理解詞的意義，但這些成分在形式上是漢語的成分，來源上卻具有外來性，是漢語受外語刺激而出現的新成分；

（4）一些漢語本有的不常用的語言成分，在翻譯中被採納，有的因此成為佛教用語或者全民用語的常用成分，譯經促使了這些本語詞的流行。

## 三　東漢的道教文獻

漢代也是中國道教的孕育時期，當時出現的《老子指歸》《老子河上公注》等，都通過對道家思想的闡發，為道教的產生作了思想上的準備。其後出現的早期道教文獻《老子想爾注》《周易參同契》等，仍通過注釋或闡述古人表達道教思想。注釋性的文獻，受原文和體裁的影響，用語近雅。但是，有些道教理論創立者通過自己的著述，來闡發道教的思想，《太平經》就是這些道教理論家的思想結晶。

今傳《太平經》已經殘缺，保存在《正統道藏》中的有二十多萬字。本書經多人多次增補而成，其中大多數篇章產生於漢代，祇有少量六朝人竄入的反佛內容（如卷112“有過死謫作河梁第一百八十八”對“乞丐之人”的抨擊）。和那些注釋性道典不同，《太平經》基本不引用古代思想或文獻，而是以當時人的口氣，通過對話的方式，闡述道教的人生觀和社會觀，用語平易，較多地反映了當時的口語實際。

《太平經》和漢代佛教譯經在幾個方面有共同點：都是宗教性質的文獻；都不反映主流的（儒家的）思想意識；都在民間或下層有廣泛影響；都產生在漢代末年；都不以文言為基礎用語而帶有口語性；今存的文獻量（字數）接近。當然，二者也有一些很重要的不同，比如：本土與外來的不同；話題和文化背景不同，內容差異較大；佛經翻譯以洛陽為中心，而《太平經》的作者則在黃河下游活動，可能有不同地方用語習慣的影響。儘管如此，在各種文獻中，《太平經》與佛經最為接近，是最合適的比照材料。

## 四　東漢詞匯和佛道文獻中的詞匯材料

在詞匯研究中，大量的詞匯個體最容易引起我們的注意，這方面的研究解決了大量的詞語解讀障礙，成績可觀。但是，這種視角也使得詞匯的研究顯得零散瑣細，因此，有必要從宏觀上對詞匯研究作一思考。

根據"一種語言裡所有的詞和固定詞組的總匯"（辭海·語言文字分冊）這麼一個界定，我們討論東漢的詞匯，應該是當時漢語詞語的總匯。但是，文獻在保存語言材料方面具有隨機性的特點，記錄的内容、方式以及記錄者的用語習慣等，都影響詞語在文獻中的出現。並非所有的東漢詞匯成分都有機會出現在我們所能看到的東漢文獻中，肯定有一部分沒有被文獻記載，或者雖然曾被文獻記載後來卻失傳了。所以，保存至今的東漢詞匯材料，對於整個東漢詞匯而言，具有抽樣性質。

東漢佛道文獻中的詞匯材料對於目前保存的所有東漢詞匯材料而言，還有它的不完整性。這種不完整性不僅由於這些材料本身的不完整性（比如文獻缺佚而造成的材料不完整），還在於佛教和道教對社會事物關注的傾向性。出於佛教或者道教本身的立足點，一些方面的事物受到特別關注，而另一些方面的事物則不被注意。這樣，反映當時社會一部分事物的詞匯成分在這類文獻中可能比較集中和全面，而反映另一部分事物的詞匯成分則很少出現或者完全沒有出現，所以，這一部分材料也是不完全的，是有偏向的抽樣材料。不過，這並不影響這些詞匯材料的典型意義，雖然一部分詞匯成分的使用有特定的限制，但是，使用率高、流行面廣的基本或常用詞匯成分應該出現在各種文獻中。因此，應該從普遍性和特殊性兩個方面加以關注。

很多詞匯學著作都主張詞匯具有全民性，對這個全民性，可能有兩種理解：一是從語言材料的角度出發，詞匯的全民性指這種語言的使用者都掌握或基本掌握的詞語，而那些使用範圍窄，祇有部分人或者少數人使用的詞語，就沒有全民性；一是從人的角度出發，全民性指某種語言的全體使用者的用語，包括他們在使用這種語言時的所有用語，不論這些用語是否在全民的範圍内通行。

問題在於，在一種語言中，總是有一批數量可觀的詞語祇被個別的社交集團使用，並且每個人都可能掌握一批流行不廣的詞語。這些祇被部分或少數人使用的詞語是否屬於這種語言的詞匯，是否可以在全民性的界定下進入這種語言的詞匯呢？索緒爾提出語言和言語的區分，在某些討論中一些成分被作為言語成分而排除了。但是，在歷史研究中，對文獻中的詞語作這樣的區分並不可取，我們很難把語料中特殊或變異的詞語排除在視野之外，而衹討論千古不變的成分，恰恰相反，那些特異的成分在詞匯的歷史研究中總是受到我們更多的注意。

我們以為，立足於"一種語言裡所有的詞和固定詞組的總匯"，詞匯應該包括衹有部分人使用的成分。我們不能因為某些成分沒有全民通行，就說它不屬於這種語言，或不是這種語言中的一個成分。簡單地說，我們在說漢語時所用的詞匯成分，不論多麼生僻，都是漢語詞匯的一員。問題是不同的詞匯成分在詞匯中的地位是不一樣的，應該區分漢語詞匯內部的不同層面。

習慣上，詞匯被分為基本詞匯和一般詞匯兩個部分，這種區分過於粗略，不足以說明詞匯內部的複雜構成，因此，幾乎無法以此為基礎對詞匯作深入的研究。考察歷時和共時兩個方面的因素，我們以為，詞匯大致應該包括四個層次：

（1）基本層，指長期穩定並且普遍使用的詞匯成分；

（2）通用層，指普遍性或穩定性略遜的詞匯成分；

（3）局域層，指使用受到限制，在某些語言社團內使用的詞匯成分，地域、行業、社會地位、年齡性別、文化教養、興趣愛好或者語體等因素，都是語言社團的成因，因此，在這一層中還可以分為若干塊；

（4）邊緣層，指那些缺乏社團基礎的詞匯成分，比如已經淘汰而沒有完全遺忘的舊詞語，僅見於書面的古語詞，陌生的新造詞、新出的外來詞，等等。

其中，基本層和通用層是詞匯的主體部分，是交際用語的基礎，普遍適用；而局域層則滿足特定環境或特定人群的交際需要，是對前兩個層面的補充；邊緣層的成分僅僅偶或一用。

佛教文獻要面對漢族人群，它的用語衹有高度依賴漢語詞匯的基本層和通用層，才可能達到交際溝通的目的，這決定了它的基礎成分的漢語特性。當然，大量新觀念的引入，使佛教文獻使用了很多特殊的詞匯成分，包括大量的外來成分，其中有的在佛教團體內部穩定使用，以致後來為大眾所熟悉，有的則很不穩定，甚至衹是個別現象，這就是我們所說的局域層和邊緣層的詞匯成分。比較而言，萌生於漢文化的道教文獻材料的漢語特性毋庸置疑，但是，同樣出於特殊的思想表達的需要，也使用了不少限用於本社團的詞彙成分，與其他的文獻用語中的詞彙面貌有所不同。因此，利用佛道文獻展開的詞彙研究，在涉及當時漢語詞彙中基本層和通用層的同時，還有大量涉及詞彙局域層和邊緣層中的宗教社團用詞的情況。

### 五　使用者主觀態度對詞彙的影響

語言作為人類最主要的交際工具，它的功能是表達思想。立足於存在決定意識這樣的認識，可以說語言是客觀世界的反映。但這是不完全的，作為思想的表達工具，語言具有主觀性，這種主觀性不僅在於語言有表現主觀意識的功能，也在於語言對客觀世界的表達是經過主觀加工的。人類認識世界，自然站在自身的角度，以人為中心，因此，人們對世界的認識以及思想的表達，都帶有先天的偏向性和主觀性。我們可能給予一些事物更多的關注，而忽略其他的事物，或者把有些事物聯繫在一起、混為一談，而對另一些事物作刻意的區分。客觀事物在語言中的反映，與人們對客觀事物是否關注，或者關注的程度差異直接相關；同時，也跟人們對事物的關聯性和關聯程度的認識有關。

詞語表達概念，但是，詞語和概念之間的關係並不等同。概念具有概括性，一個概念下，包括相當數量的同類事物，因此，一個概念下可以細分為更多的小類，或者把相似的概念加以合併。比如在漢語歷史上，"馬"根據年齡、毛色、體力等方面的差別，出現過數以百計的不同名稱，反映不同特點的馬之間的差別，反之，也可以把馬和牛合稱為"牲口"，混為一談。另外，人們對同一概念的表達，可以有多個形式，形成詞的同義關係；或者，用一個形式表達多個概念，形成多義詞語。對事物關心的程度，決定了表達上的精細粗疏。

很多時候，我們相信，客觀外界的變化是語言變化的主要動力，但是，主觀作用對語言變化的影響也是顯而易見的。新概念和新形式二者之間沒有嚴格的對應關係，很多新事物被我們歸入了舊有事物的分類中，祇是造成了舊概念的外延擴大，而沒有新形式的產生；而一些舊有事物，我們可以為它們再創造新的表達形式。語言的創新要求出自多個方面，客觀事物的變化固然引起語言的變化，主觀認識的變化或者主觀需求也會引起語言的變化，關鍵是人的態度。當人們的認識或態度發生變化的時候，即使這些事物不變，也會有新的表達需求發生。

### 六　經濟原則和衍餘原則

由於主觀性的作用，有兩條相反的原則活躍在語言的運用過程中：經濟原則和衍餘原則。這兩條原則，對語言的組合和聚合產生了不同的影響，在組合中它們影響語言形式的長度，在聚合中可以看到它們對語言形式個體數量的影響。這些局部的影響可能改變語言系統中各部分的數量，影響語言系統的面貌。

經濟原則是指語言表達中，採用更為簡捷的方式，以達到省便的目的。經濟原則作用於組合關係，使得表達某一意義的某個具體語言形式（比如語句或詞），長度趨縮短，發生簡化。經濟原則對聚合的直接作用是，使表達某個或某類意義的語言形式個體減少，合併歸一，從而使語言系統的某些部分發生萎縮性的變化。經濟原則可以使記憶和表達更為簡略快捷，減輕學習和記憶負擔，提高交際速度和效率。

經濟原則在多數情況下是對語言系統起簡化作用，但也有繁化的情況：在組合中出於經濟目的產生的新形式，為聚合增添了新成員，導致了聚合成員的增加，這是它對聚合的間接作用。對比之下，衍餘原則的作用較為單純。

衍餘原則是在語言的表達上，採用更為繁複的方式，以達到強調、細化或準確的目的。衍餘原則作用於組合關係，是在意義不變的情況下，使語言形式發生延長性的變化，導致繁複形式的出現。而衍餘原則作用於聚合關係，則使表達某個意義的形式個體分化、增加繁衍，包括同義形式的出現和同類事物名稱的細化區分，使語言系統中的某個局部發生擴充性的變化。衍餘原則在表達上對所指意義有強化的作用，也有助於表達各種細微的區別，可以使我們在表達中有更多的選擇，使表達更為精密細緻或準確。

這兩條原則有不同的語用特性，經濟原則可以使我們在表達中避免繁冗累贅，而衍餘原則可以避免粗略草率，二者互有長短，各有所宜，相輔相成。語言不可能無限止地簡化，也不能承受無限繁複的表達，對所表達內容的關心程度，決定了人們在表達中採取偏簡或偏繁的方式。關心程度高的內容，在表達上偏向於繁複，而關心程度低的內容，在表達上偏向於簡略。

有一些因素影響着關心的程度：

（1）事物與表達者的密切程度，和我們息息相關的事物，我們對它們的關心程度要高些；

（2）事物給人們的印象，印象深刻的事物，關心程度要高些，而決定這種印象的是事物的新奇程度，新鮮的事物或信息更能吸引人們的注意；

（3）對於事物差別的關注，我們關心那些我們認為有必要區分的事物，或者我們會特別在意某些事物的某些特徵，因此提高了表達中的關心程度；

（4）我們對事物認識水準或觀察瞭解的程度，觀察細緻、認識深刻的事物，關心程度要高些；

（5）個人態度（是否重視）產生了強調和淡化的需要，出於強調的需要，我們會提高自己的關心程度，反之，對於想要淡化的內容，則會在表達中降低對它們的關心程度；

（6）表達時的態度，莊重嚴肅的氣氛會提高表達的關心程度，而在漫不經心的時候，關心程度就會降低。

關心程度引起詞匯成分的變化，使得共時的條件下，某些概念的表達形式十分豐富，具有為數眾多的同義詞語，或者同類事物的細緻區分，名目繁多，而另一些概念的表達則十分簡略或籠統；這樣，從整體上看，詞匯內部的各個部分不相平衡，從語義區分的詞匯各層級，與事物的邏輯分類層級不相對應。

## 七　研究材料的時代性

太田辰夫在《中國語歷史文法·跋》中提出“同時材料”和“後時材料”的觀念，指出了語言歷史研究中對材料甄別的重要性，極具啟發性，受到廣泛重視。對於後時的研究來說，保存到目前的材料中具有很多不確定因素，需要再加思考。

從懷疑的角度來看，通過傳抄轉寫的歷史語料，在時代上可靠性都可以質疑。傳抄中的訛誤和不當的校改，都在不加說明的情況下改變了語言材料的歷史面貌，導致語料的失真。但是，我們不可能因此放棄大量現有的材料，而把歷史語言研究的重點全部放在未經傳抄的同時文獻上。因為這類文獻實在難得一見，把研究局限在這樣的語料基礎上，會陷入無米下鍋的窘困局面，阻礙研究的開展。關鍵是尋找一種適宜的方法，來排除不可靠因素、提高語料的可信度。

另外，當時人記當時事的同時性語料，也有兩面性。記錄人的主觀態度、文化修養、語體特徵等因素都影響材料作為語料的價值。態度認真、文化修養高的記錄者，可能傾向於採用書面色彩濃重的文言語體寫作，從而使語料很少反映當時的口語或者尚未進入典範的新興成分；而態度隨便、文化修養低的記錄者，他們的用語可能較多地反映當時語言的新變化，但是，也會有一些其他問題，比如文字使用不當（比如書寫錯誤、異體的文字或異形的詞語），不當的語體使用（比如口語中依託語境有一些表達上的跳躍省缺，在書面記錄時缺乏必要的交代），等等。需要對歷史上保留下來的語料作一個全面的認識。

第一，文獻對詞匯反映的不完整性。除了文獻本身保存的不完整性以外，由於人們對不同事物評價的巨大差異，使文獻記錄有很強的選擇性，使不同的詞匯成分進入書面記載的機會很不均等，其中既有詞匯成分本身的原因，也受詞匯成分所表達的概念的影響。話題、語境、個人用語習慣和文體風格等因素都會使詞匯成分在文獻中的保存數量偏多或偏少，有些詞語因此不能進入書面。

第二，文獻對事實記述的非同時性。文獻記述大多晚於事實的發生，其中存在一個時間差，這個時間差有時很大。所以，就如太田所強調的，記述的時代與所記載的時代存在差別，所記載的事件發生的時代不能決定材料的用語時代，其中可能含有記述時代的用語成分。

第三，書面記錄的語言新成分有非同時性。不少語言成分，先在人們的口頭使用，後來才進入書面；當然也有一些書面創造的語言成分，通過文獻進入口頭。文獻對口語詞的記載總是後時的，創造書面新詞語的文獻，也可能失傳，因此，保存在文獻中的詞語最早用例，不等於這個詞語的產生時間。

第四，文獻用語中的非同時因素。記錄者的用語當然不可能超越他所處的時代，不過，他的用語也不會是完全現時的，他可以參考前人的記述，也可以採用記憶中的表達方式，可能要在今語、古語以及自創之間作出選擇。這樣實際上可能有四種選擇：

（1）採用現時流行而事件發生時沒有出現的詞語；

（2）採用事件發生時使用而現時不用的詞語；

（3）採用當時和現時都使用的詞語；

（4）新創詞語。

從記錄的時間來看，（1）（3）（4）是同時的，（2）是歷史的；但從事件發生的時間來看，則（2）（3）是同時的，（1）（4）是後時的。其中還有交叉，如③對於事件的發生或記錄時間來說都是同時的。需要注意，由於詞語有一個或長或短的使用期，詞語的同時性並不等於它的產生期。

第五，文獻傳承中的文字訛變。正如太田指出，文獻在傳抄和整理中，由於整理者有意或無意的作用，會出現很多文字的改變，其中不乏以今替古的情況，今傳文獻中可能雜入抄寫者或整理者所處時代的用語。

對於這麼多的不確定因素，需要有一些克服的辦法。

第一，對同一文獻材料性質，要有綜合的認識。從歷時角度分析，一種涉古的文獻，假如排除傳抄整理中的變異，其中可能有幾種不同性質的語言成分：

（1）記錄用語，即記錄者根據自己所處時代的用語進行記載；

（2）轉述用語，可能有部分所記時代的用語，或者用語片段；

（3）引述用語，原文抄錄，或者較早的記錄轉述內容的抄錄，排除抄錄中可能出現的改動，就是事件發生時代的實際用語，具有同時性。

出於描寫生動或重現當時場景等目的，記錄者可能會刻意使用或摹仿事件發生時使用過的原話或原詞語，其中，引述中採用事件當時的記述，使後時記錄的語料具有了同時的特性；而轉述的材料與事件關係比較密切的人事後復述的內容，雖然不如當時記述那樣具有確切的同時性，但還是比較接近當時的。因此，對於一種文獻，簡單地根據記錄者的時代或所記錄的時代，來決定它所反映的語言的時代，是不妥的，有必要對其中的材料分別對待。

第二，採用同時性材料作為研究基礎或者參考。如太田所舉的甲骨、金石、木簡、法帖、與作品同時代的刊本以及帛書等出土材料。另外，帶有後時性質的古抄本或古刊本保存原貌的可能性要高些，值得重視。不過，這類材料的數量太少，有不少限制。但是，利用這類文獻中的材料，可以比較可靠地確定其他後時性文獻中材料的同時性。

第三，在沒有同時性材料的情況下，利用不同來源的後時性文獻中的材料互相參證，也可以確定一些材料的在所記時代方面的同時性，比如用南朝人編寫的《後漢書》作為東漢語料的佐證並非絕對不妥。

第四，從詞語發展的關係作內部考察。不少詞語在運用中有形式或者意義方面的發展，不同時期的發展形成系列的過程，其中各個環節遞相銜接。詞語發展中的這種形式或者意義演變關係，也含有時間先後的因素，有助於我們考察某些詞語的某個形式或者某個意義的時代特性。

## 八　研究的設想

汪維輝指出目前研究譯經用語有三難：懂佛學、通梵漢、譯經時代的可靠性（《〈普門學報〉2003 年讀後感》），這是很中肯的，但是，誠如汪先生所言，我們不能因此裹足不前。佛經用語中存在着大量的外來因素，並需要對早期佛學和梵語有較多的瞭解，這都是短時期內不能解決的問題，需要利用科學的手段來排除這些困難，理出頭緒，使目前的研究沿着科學的方向逐步推進。

如果用舉例的方法說明漢譯佛經中的口語性或者外來影響，在現有的材料中，當然可以找到許多實例，能說明不少問題，但是，這樣無法準確估量二者在譯經用語中的地位，如果再考慮譯人本身在用語上創造的可能，許多地方各執一詞，我們可能陷入紛繁雜亂、沒有頭緒的境地。為了避免這樣的情況發生，最好以一個共時範圍為限，對其中所有的詞彙成分展開調查，找出其中的詞彙新質，為深入研究提供一個平臺、一個可以依據的範圍。

依照這樣的思路，我們對東漢翻譯的佛經作全面的調查。這一段的材料有一些優點：它是佛教進入漢地之初的漢語材料，當時譯經還處於摸索的階段，缺乏借鑒，各家對漢語的取捨不同，在翻譯用語的很多方面還沒有共識，比較純真粗樸；同時，這一時期的材料近三十萬字，比較豐富，文獻前後間隔的時間約五十年，對於一個共時段來說，不算太長，對於歷史研究中共時材料的取樣來說，是比較合適的。但是，要考察譯經中的新質是否受外來影響，還要有同時的對照材料，應該說，由於佛教文獻內容的特殊性，很難找到一種十分滿意的材料，我們用兩個辦法來解決這個問題，一是選用《太平經》和佛經放在一起作調查，二是通過對其他共時或前時的材料作檢索，瞭解詞語的產生時代。

在這一時期中，還有許多詞語產生了新的意義，由於不涉及新的形式，所以，它們不在新詞觀察的範圍之內，但是，它們也是詞彙變化的結果，是詞彙中的新質，有必要對它們進行描寫。通過這兩個方面的瞭解，我們可以從目前的材料中，看到當時的詞彙系統中新出現了什麼，從而展開進一步的研究。

(原載《漢語史研究集刊》第八輯，巴蜀書社 2005 年版，第 16—30 頁)

# 從《太平經》看道教稱謂對佛教稱謂的影響

中國道教源遠流長，到東漢形成了自己的體系，其中，包括對神和人的等級系統：

> 神人者象天，天者動照無不知；真人者象地，地者至誠不欺天，但順人所種，不易也；仙人者象四時，四時者，變化萬物，無常形容，或盛或衰；道人者象五行，五行可以卜占吉凶，長於安危；聖人者象陰陽，陰陽者象天地以治事，合和萬物，聖人亦當和合萬物，成天心，順陰陽而行；賢人象山川，山川主通氣達遠方，賢者亦當為帝王通達六方；凡民者象萬物，萬物者生處無高下悉有，民故象萬物；奴婢者衰世所生，象草木之弱服者，常居下流，因不伸也，故象草木。故奴婢賢者得為善人；善人好學得成賢人；賢人好學不止，次聖人；聖人學不止，知天道門戶；入道不止，成不死之事，更仙；仙不止，入真；成真不止，入神；神不止，乃與皇天同形。（《太平經合校》卷五十六至六十四）

在這個等級系統中，神人、真人、仙人、道人是超脫世俗、解知天地、有不同程度道行的教中人，其餘則是塵俗中人。其中聖人、賢人是社會的最高統治者和其他統治階級的分子，凡民（也稱善人，即平民）和奴婢屬被統治者。

佛教傳入中國也在漢代，並從東漢末期開始大量翻譯佛經。作為一種外來宗教，佛教當時人地兩疏，儘管也有一個完備的宗教體系，但這個體系中的許多觀念與當時漢族社會的傳統思想差距很大，使人難以接受。因此根據佛教方便說法、隨鄉入俗的傳教原則，佛教在中國最初混同於漢地流行的各種方術信仰，自甘與道教為伍，在早期的譯經中參考選用了大量的道教詞語來表達佛教的概念，包括在稱謂方面對道教稱謂的利用和改造。

在漢文佛經中，也使用了神人、真人、仙人等稱謂，但其中含義與道教有所不同。佛經中，"神"的地位不高，佛家常說的"天龍鬼神"中，"神"的地位在"鬼"之下，這種神，指的是在世間依附於各種自然物的精靈，比如山神、土神、海神、水神、樹神、城神、池神、廟神等，它們都居於塵俗，不是天界的成員。佛教居天界的叫"天"，比如天子、天男、天女之類，一個天界成員叫"一天"，眾多天界成員叫"諸天""眾天"等。"天"也可以稱"天神"或"天人"（天人有時指天和人），在這種情況下，作為天神的簡略說法的"神"才可能依託上下文的支持表示"天神"的意義。另外，佛經中也有"神人"一稱，都是由異教徒（包括尚未皈依佛門的人）對佛的尊稱，也可稱作"大神人"。但是，已皈依佛門的信徒就絕不再用"神人"來稱佛了，而改用"眾祐""天中天""世尊"這樣的叫法。

"仙人""仙士"在佛經中也很常見，但通常都是稱修行得道的異教徒。佛的弟子，在皈依佛門之前崇奉異教修行有造詣的，也稱"仙人"。另外，異教徒也往往尊稱佛教徒為仙，而對佛則有尊為"大仙人"的。在唐人翻譯的《楞嚴經》卷八中記載了異教十仙，正反映了佛教對"仙"的認識：

> 復有從人不依正覺修三摩地，別修妄念民，存想固形游於山林人不及處，有十仙種。阿難，彼諸眾生，堅固服藥而不休息，食道圓成名地行仙；堅固草木而不休息，藥道圓成名飛行仙；堅固金石而不休息，化道圓成名遊行仙；堅固動止而不休息，氣精圓成名空行仙；堅固津液而不休息，潤德圓成名天行仙；堅固精色而不休息，吸粹圓成名通行仙；堅固禁咒而不休息，術法圓成名道行仙；堅固思念而不休息，思憶圓成名照行仙；堅固交遘而不休息，感應圓成名精行仙；堅固變化而不休息，覺悟圓成名絕行仙。

《漢語大詞典》"地行仙"條引上文"地行仙"一句，釋作"佛典中所記的神"，會使人誤以為佛教中也有神仙，未為確當。

"真人"祇在漢魏譯經中偶而有之，意思是有道行的修行者，或者作佛教稱謂"羅漢"的意譯：

> 迦葉弟子，直起瞻候，見佛光明，謂是龍火，舉聲悲呼："可惜真人，竟被龍殃！"（東漢·康孟詳、曇果《中本起經》卷上 4—150/2）
> 居靜正身，修德履道，忽榮棄利，義曰真人。（同上卷下 4—160/3）
> 即見獵師驅遊被法衣，太子喜念言："此則真人衣，度世慈悲服。"（舊題東漢·康孟詳、竺大力《修行本起經》卷下 3—469/1）
> 一心之道，謂之羅漢。羅漢者，真人也，聲色不能汙，榮位不能屈，難動如地。（同上，3—467/2；又三國吳·支謙《太子瑞應本起經》卷上 3—475/1）

在佛經漢譯的初期，大量佛教詞語找不到合適的漢語詞對譯，採用了表義性差的音譯。漢魏之際的譯人嘗試用道教的"真人"來比附佛教的"羅漢（阿羅漢）"，以便提高譯文的漢化水準，以利於佛教的傳揚。但是這種嘗試終因教門之別而沒有成功。

早期道教把聖賢明確地列在神真仙道之下，反映了當時道教與統治階級和統治階級崇奉的儒家思想對立的一面。而佛教則不然，佛教徒歷來重視利用統治者的權勢擴大自己的影響，佛本人也一再告誡弟子們不要觸怒統治者以致招來橫禍。因此，佛經中聖賢的地位比道教高，而與儒家的習慣用法一致，君王和佛本人都被尊為聖、大聖，佛弟子和佛的世俗信徒則常以"賢者""諸賢"相稱，也可用作對一般人的尊稱。

道人本指有道之人。"道"的含義很廣，先秦以來各種學派、各種方術信仰都有自己的道，佛教傳入中國，也被認為是一種道，它的教徒也以道弟子或道德弟子自稱，這在最先大量譯經的高僧安世高的譯經中十分常見：

> 比丘，所有道弟子，當受是八種行諦道。（《八正道經》2—505/1）
> 彼道德弟子，從苦為已解相應。（《陰持入經》卷下 15—179/1）

佛教既然以"道"自居，所以佛經中稱異教為"外道""他道""餘道""異道"等，由於"道"是個各方共用的詞，所以，佛經中把各種從事宗教信仰活動的人都稱為道人或道士，祇在需要的時候用"外道人""餘道人"等稱異教徒，用"沙門道人（沙門道士）"稱佛教徒，以示區分。而俗間對佛道兩教教徒都稱"道流"。

明清以來的學者，發現南北朝時"道人"與"道士"成了兩個對立的概念，根據主要是《南齊書·顧歡傳》中的這麼一段話：

> 吾見道士與道人戰儒墨，道人與道士獄是非。

"道士"與"道人"並舉，一指道教徒，一指佛教徒，二者的區別是明確的。但是這種區別不是絕對的，事實上，道教徒在歷代都可稱道人，而南北朝時佛教徒稱道士也不乏其例，如北魏吉迦夜等譯《雜寶藏經》卷二說，有一和尚被誤捕入獄十年，他的弟子向國王申訴：

> 王即遣人，就獄檢校。王人至獄，唯見有人，威色憔悴，鬚髮極長，為獄監馬除糞。還白王言："獄中都無沙門道士，唯有獄卒。"比丘弟子復白王言："願但設教，諸有比丘，悉聽出獄。"王即宣令："諸有道人，悉皆出獄。"

所以，統而言之，"道人""道士"並無區別，祇有在二者相對的情況下，才有佛道之分。不過，東晉以後，佛教盛行，成為當時社會上最有勢力的宗教，佛教已無須用委婉曲折的方式來宣傳本教的教義，它的特點越來越鮮明，因而與中國傳統的思想和宗教的矛盾也尖銳起來，於是在南北朝時先後發生了儒釋之爭、道釋之爭，這些爭論的結果自然使佛道兩教之間的界限更加分明。由於道教崇道稱道，對佛教徒來說，稱道士、道人都失去了原有的尊崇含義，而改用"釋""僧""和尚"等"正宗"的佛教稱謂。

道教崇尚道德，但道與德是有區別的，如《太平經》卷九十六說："天者純為道，地者純為德。"道屬天，地位在德之上。佛教也把自己的教義稱為道或道德，認為有道就有德，並不講究道與德的區別，所以從漢魏起，佛教徒就用"大德"作為尊稱：

> 爾時大德阿難語郁伽長者："汝見何利，樂在家中，有聖智不?"
> 答言："大德，不成大悲不應自謂我是安樂。"（三國魏·康僧鎧《郁
> 伽長者會》11—480/1）
>
> 長跪叉手向佛："大德，願聞優婆塞五戒。"（舊題東漢安世高
> 《出家緣經》17—736/2）

"大德"本指德行高尚的人，《孟子·離婁》說"天下有道，小德役大
德，小賢役大賢"，《太平經》卷九十六說"一里百戶不好學，不若近一大
德"，但沒有直接用來稱呼人的。可能受佛教的影響，"大德"一稱推廣開
來，後來僧道凡俗都可稱大德，如唐趙璘《因話錄》卷四：

> 元和以來，京城諸僧及道士，尤多大德之號……各因所業談論，
> 取本教所業，以符大德之目……至有號文章大德者。

儘管如此，在大多數情況下，"大德"還是作為佛教徒的專稱。與趙
璘幾乎同時的、從日本來華求法的僧人圓仁在他的《入唐求法巡禮行記》
中記道：

> （會昌三年六月）十一日，今上德陽日，內裡設齋。兩街大德及
> 道士御前論義……道士二人，敕紫衣，而大德總不得著紫。

這裡記述唐武宗抑佛崇道的事件，"大德"專指佛教徒，與此相應，
女僧便稱"大德尼"。後代僧徒更有用"名德""先德""古德""宿德"
等稱謂稱前代高僧（大德）。

佛道兩教在唐宋時發生過好幾次激烈的衝突，這種衝突到了宋徽宗時
可說是達到極點。宋代道士林靈素早年出家佛門受到折磨，逃依道教，後
來得到宋徽宗的信任，說服宋徽宗滅佛尊道，於是下詔改稱佛為大覺金
仙，男僧稱德士，女僧稱德姑，未受大戒的行童稱德童，服裝也仿道士。
《太平經》卷一百三十七至一百五十三中說："道人屬天，德人屬地，仁人

屬中和。"因為"天道乃生德，德乃生仁"。道德之別，一為天，一為地，用德士、德姑、德童與道士、道姑、道童相應，尊卑昭然；佛本人也降至真人之下的"仙"，無疑是把佛教變成受道教統領的附庸了。由於當時佛教在朝野有很深的影響，而林靈素本人不久又得罪被黜，這次崇道滅佛活動不久就廢止了，但從佛教内部來看，"道"在佛教稱謂中的地位明顯下降了。宋代以後，在佛教中，受戒剃髮的僧人一般不再稱"道"了，"道人""道姑"都指皈依佛門而沒有受戒落髮的人。像《水滸傳》中瓦罐寺裡的崔道成和丘小乙，一個叫和尚，一個叫道人，區別就是落髮和未落髮。明代戲曲《玉簪記》中投尼庵出家而沒有落髮的陳妙常，也稱做道姑。他們在寺院中的地位，自然都在僧尼之下。另外，佛教寺院裡還有一些依附寺院為生、從事雜役的人也叫作道人，或者道婆，如香火道人、火工道人之類，這在明清小說中是很常見的。像《紅樓夢》中櫳翠庵裡打雜服侍妙玉的幾個婦女都叫道婆——而在唐宋禪宗語錄中（如《五燈會元》）記載的道婆，都是雖未出家卻虔奉佛教、有道行、有悟性的婦女，絕非下愚之流。

南宋以後，儒道釋三教合一的理論影響逐漸擴大，佛道兩教的關係也相對穩定，兩教在稱謂方面的紛爭也告一段落。

佛道兩教以漢語稱謂方面的歷史糾葛，反映了兩教間互相影響又互相矛盾的關係。佛教傳入中國之初，為了擴大自己的影響，佛教徒大量借用道教方術的用語，包括稱謂，同時又根據本教的需要有意識地作了調整，抬高聖、賢的地位，把神、仙斥為異教，而和道教徒共用"道士""道人""道流"這樣的稱謂。到佛教在中國站穩腳跟，兩教對抗加劇之後，"道士""道流"等稱謂先後被佛教徒所擯棄，"道人""道婆"被用來稱寺庵中未受法戒、相當於僕役的俗人，褒貶是明顯的。兩教在這些稱謂用辭方面的歷史變化，既反映了佛道兩教之間關係的變化，也反映了佛教在中國地位的不斷提高，影響不斷擴大，從依混於中土眾多方術流派到獨立門戶以至爭先居上這麼一個歷史過程。

（原載《四川大學學報》1994 年第 2 期）

# 從《太平經》看漢代文獻中的"億"

## ——兼談古代漢語數詞中的外來現象

### 一 《太平經》中的"億"

"億"是漢語中表示"萬"以上數量的高位數詞,這樣的數量,在日常生活中使用較少,跟一般人的關係比較疏遠。加上語用中它常被用來虛指極大的數量,具體數值徃徃並不確定,在使用和理解上容易發生分歧。因此,"億"的數值,有時在同一文獻中也不同。比如在《太平經》中,"億"除了虛指巨額數量之外,還可以有以下兩種理解:

1. 十萬為億:

(1) 一卷得一善,十卷得十卷,百卷得百善,千卷得千善,萬卷得萬善,億卷得億善;善字善訣事,卷得十善也,此十億善字;如卷得百善也,此百億善字矣。(《太平經》卷四十一)

(2) 當更求億億、萬萬、千千、百百、十十、一一事皆當相應,然後乃審可用也。(《太平經》卷五十)

(3) 子前所記吾書不云乎,以一況十,十況百,百況千,千況萬,萬況億,正此也。(《太平經》卷五十一)

以上三例,都是從個位到億位,以十進位的進率遞變,億是高於萬的第六個數位,相當於我們現在所說的十萬。

2. 百萬為億:

(4) 今一大里有百戶,有百井;一鄉有千戶,有千井;一縣有萬

戶，有萬井；一郡有十萬戶，有十萬井；一州有億戶，有億井。（《太平經》卷四十五）

（5）夫一人教導如此百愚人；百人俱歸，各教萬人；萬人俱教，已化億人；億人俱教，教無極矣。（《太平經》卷六十七）

以上兩例中，例 4 也是十進位，但是，在萬以上，先是十萬位，後是億位。據十進位推算，十個十萬是億，那麼，這個億就相當於百萬了。例 5 是一個百倍遞乘的例子，一而百，百而萬，萬而億，萬人的百倍為億人，億為百萬也是確鑿的。

在同一部文獻中，一個"億"字，既可以表示十萬，又可以表示百萬，其中緣由應該作一討論。

## 二 古代文獻中對"億"的解釋

漢代人對"億"的理解是有分歧的，常見的分歧是萬萬為億和十萬為億兩種。比如《詩·伐檀》"胡取禾三百億兮"一句中的"億"，毛傳說："萬萬曰億。"鄭箋卻說："十萬曰億。"

對於這兩種解釋的差異，韋昭注《國語·楚語下》"五物之官，陪屬萬，為萬官。官有十醜，為億醜"時說："十萬曰億，古數也。今以萬萬為億。"把這一分歧歸結為時代的差異。

在古代文獻中，關於"億"的數值的討論或記述，反映了對這個數的不同理解：

（6）十十謂之百，十百謂之千，十千謂之萬，十萬謂之億，十億謂之兆，十兆謂之經，十經謂之垓，十垓謂之補，十補謂之選，十選謂之載，十載謂之極。（《太平御覽》卷七五〇引漢應劭《風俗通》。《慧琳音義》卷三十引《風俗通》作"十垓謂之秭，十秭謂之選"。案：在十進位計數系統中，每一個高位數相當於低位數的十倍，因此，居於"萬"以上的"億"，相當於十萬。）

（7）凡大數之法，萬萬曰億，萬萬億曰兆，萬萬兆曰京，萬萬京曰垓，萬萬垓曰秭，萬萬秭曰壤，萬萬壤曰溝，萬萬溝曰澗，萬萬澗曰正，萬萬正曰載。（《孫子算經》卷上。案：這是萬進位計數系統。

從"萬"以上，按每一位乘以一萬倍的進率計數，其中的"億"跟現代漢語中"億"的數值相同。)

（8）按黃帝為法，數有十等；及其用也，乃有三焉。十等者，謂億、兆、京、垓、秭、壤、溝、澗、正、載也。三等者，謂上中下也。其下數者十十變之，若言十萬曰億、十億曰兆、十兆曰京也。中數者萬萬變之，若言萬萬曰億、萬萬億曰兆、萬萬兆曰京也。上數者數窮則變者，言萬萬曰億、億億曰兆、兆兆曰京也。若以下數言之，則十億曰兆；若以中數言之，則萬萬億曰兆；若以上數言之，則億億曰兆。（北周甄鸞《五經算術》卷上。案：這裡講了三種"萬"以上的進率，其中前兩種即《風俗通》的十進率和《孫子算經》中的萬進率，第三種則採取累進的方式，在"萬"以上的數位中，高位的數值，相當於低位數值的自乘，即低位數值的平方。不過就"億"而論，它也跟現代"億"的數值相當。)

（9）億之數有大小二法，其小數以十為等，十萬為億，十億為兆也。其大數以萬為等，萬至萬，是萬萬為億，又從億而數，至萬億曰兆，億億曰秭。故《詩·頌》毛傳曰："數萬至萬曰億，數億至億曰秭。"兆在億秭之間，是大數之法。（唐孔穎達疏《禮記·內則》"降德於眾兆民"）

（10）黃帝筭法總二十有三數，謂一、二、三、四、五、六、七、八、九、十、百、千、萬、億、兆、京、垓、垶、壤、溝、澗、正、載。從壤已去，有三等數法。其下者十十變之，中者萬萬變之，上者億億變之。（宋張浚《紫岩易傳》卷十）

以上各家的意見，差異在於兩個方面。一是萬以上數的進位有幾類，有人認為有兩類，大數和小數，但多數人認為有三類，我們採用向熹先生《簡明漢語史》（高等教育出版社 1993 年版）中的意見，把它們稱為上法、中法、下法。在數的三類進位法中，十進位是下法或小數，大家都很一致，而大數或中法、上法中，各數位的進率到底是多少，各家分歧較大，歸納起來，主要有：

1. 萬以上全部為萬進位；

2. 萬萬為億，億以上億（萬萬）進位；

3. 萬以上累進位，如萬萬為億，億億為兆，兆兆為京，等等。

在通行的意見中，不論是萬進位還是累進位，從萬到億，中法跟上法的進率其實是相同的，都是萬萬為億。至於億以上的進率，因為跟本文關係不大，這裏不加討論。

## 三　"百萬為億"的可靠性

雖然在一般討論數詞進率的文獻中，都沒有提及百萬為億，但《太平經》中這兩例百萬為億的例證應該是可靠的。這樣的進率，在其他漢文文獻記數時比較罕見，但也不是絕對沒有，比如：

> （11）武王遂征四方，凡憝國九十有九國。馘魔億有十萬七千七百七十有九，俘人三億萬有二百三十，凡服國六百五十有二。（《逸周書·世俘》）
>
> （12）帝命豎亥步，自東極至於西極五億十選九千八百步，豎亥右手把算左手指青丘北。一曰禹令豎亥。一曰五億十萬九千八百步。（《山海經·海外東經》。郭璞注：豎亥，健行人。選，萬也。）
>
> （13）九天。天圍，闊南北二億三萬三千五百里七十五步，東西短減四步；周六億十萬七百里二十五步。從地至天一億一萬六千七百八十七里，下度地之厚，與天高等。（《廣雅·釋天》）
>
> （14）《淮南子》：紂之地，左東海，右流沙，前交趾，後幽都。師起容關至浦水，士億有餘萬，然皆倒戈。（《繹史》卷二十。注引《鶡子》：武王率兵車以伐紂，紂虎旅百萬陳於商郊，起自黃鳥，至於赤斧。三軍之士靡不失色，武王乃命太公把白旄以麾之，紂軍反走。）

張永言、向熹等先生編寫的《簡明古代漢語詞典》（四川人民出版社1986年版）中，指出"億"有"百萬"一義，並引《逸周書》一例為證，甚是。

## 四　如何認識"億"的不同數值

據韋昭的意見，十進位的小數或下法，是漢語數詞系統中的"古法"，從漢語數詞的使用情況來看，是有道理的。

歷史上各家大都認為，漢語的數詞系統來源於"黃帝算法"，在這個系統中，從十位算起，百、千、萬以上，數位詞多達十四個，以十進位計，可以記錄十五位數詞，而日常的計算用數，以百以內為最多，其次有涉及萬以內的，超過萬的數量，在日常生活中就很少涉及了。

不過，對於某些專業計算來說，這十四個數位詞所記錄的十五位數，有時不夠用。在這種情況下，若再創造新的數位詞，就會過於複雜（其實，已有的十四個數位詞對一般人的記憶來說，已經非常沉重了），於是就在原有的數位系統基礎上，通過改造，出現了中法和上法之用，是比較便捷有效的。

中法和上法，都是在現有計數概念基礎上擴大計數量的有效辦法，這樣的改造，既便於記憶，對原有系統也沒有太大的干擾。它的原則是，萬以下的計數方式保持不變，避免了跟人們日常計數習慣發生衝突。而在萬以上的改造，也非常有規則，或是萬進位，或是萬萬進位，或是累進位。

然而，百萬為億，從漢語一般的計數方法來看，是以十進位為基礎，進位到萬以後，改變了進率以百進位到億，而這種高位的百進位，沒有太多的道理，因為在此之前，基礎的進率都是十進位，從萬到億改成百進位，而在億以上又沒有同樣的百進位現象，這就成了數詞進位系統中的一個特例，不具備類推性，而是進位規則的特殊變化，對系統有擾亂作用。

另外，從大數計數的需要來看，從十進率改到百進率，擴大計數量的效果十分有限，遠不如萬進位那樣適於滿足巨大數額計算的要求。

因此，這是一個既不符合漢語通行的數詞系統規則，又缺乏實用效果，並且很容易引起錯亂的數詞進率，在漢語中未能流傳普及是正常的。

但是，漢語文獻中為什麼會出現這樣的數詞進率，這個進率的依據是什麼，值得考慮。我們注意到，像漢語中以萬為常用大數的情況，在有些語言中並不如此。一些語言，比如印歐語，常用數詞中的大數是以千為準的，在千之上不再有十進率的數位詞。在這類語言中，在千以上，則由十千、百千複合表數，大於千的數位是在千千（$1000^2$，即百萬）再命名，比如現代英語中的 million，千千這個數量，正與漢語中"百萬為億"的"億"數值相當。

進一步關注漢語中的數詞，可以發現，雖然漢語中"萬"是一個相當常用的數詞，在甲骨文時期已經出現使用，但我們仍然看到，先秦漢代有些文獻不用"萬"而用"十千"：

　　（15）倬彼甫田，歲取十千。（《詩·小雅·甫田》）
　　（16）亦服爾耕，十千維耦。（《詩·周頌·噫嘻》鄭箋：於是民大事耕其私田，萬耦同時舉也。）
　　（17）從而歸之者十千餘家。（《韓詩外傳》卷十）

　　對這種現象，或許可以有多種解釋。我們的解釋是，儘管漢語一般的計數法在千以上有一個命名為"萬"的數位詞，但同時也存在着千位以上不用"萬"這樣數位專稱的計數系統。而"十千"這樣的計數法，跟剛好是"千千"的"億（百萬）"聯繫起來，說明當時漢語的計數系統中存在着某些外來的影響，即在漢語主流的十進率數詞系統以外，還存在着一個以"千"為十進率終點的數位詞系統。

　　正如上文所述，大約在秦漢時期，漢語的數詞系統，為了滿足巨額數量計算的需要，在保持基礎數位十進率的基礎上，在萬以上作了改進，出現了萬進率的"萬萬為億"，這樣就形成了漢語中"十萬為億"和"萬萬為億"兩種進率。這樣的改進，解決了某些計數的需要，但同時也影響了人們對"億"以及"億"以上數位數值的理解或把握，"億"的具體數值似乎有相當的可塑性。

　　在這種情況下，來自另一數位系統的"千千"在漢語中的表示形式，也採用了"億"。因為，"千千"不宜用使用率高而數值非常明確的"萬"表示，"億"就正好滿足了這種需求。不過，這種表達手段使"億"在原有的十萬、萬萬兩個數值基礎上，又增加了百萬一解，進一步加重了對"億"的數值的理解混亂，跟漢語數位系統的規則也有明顯的衝突，因此未能在漢語中站住腳，成為一些文獻中的偶發現象。

　　附：
　　秦漢以前漢語數詞中存在的外來影響，還有一些材料，比如《馬王堆漢墓帛書·五十二病方》中以"七"為計數單位的做法，可以作為本文的一個佐證，比如：

> 以冥蠶種方尺，食衣白魚一七，長足二七。
> 取塊大如雞卵者，男子七，女子二七。
> 以月晦日之丘井有水者，以敝帚掃疣二七。

其中的“一七”就是七個，“二七”就是十四個。在東漢安世高翻譯的佛經《道地經》中，也有一組以“七”計日的用例，講述從受孕開始人的胚胎的生長過程：

> 即時得兩根身根心根精已，七日不滅；二七日精生，薄如酪上酥肥；三七日精凝，如久酪在器中；四七日精稍堅如酪成；五七日精變化如酪酥；六七日如酪酥變化聚堅；七七日變化聚堅藏，譬如熟烏麩；八七日變化滅烏麩，譬如磨石子；九七日在磨石子上生五腄，兩肩相兩髖相一頭相；十七日亦在磨石子上生四肘，兩手相兩足相；十一七日亦在磨石子上生二十四肘，十在手指相十在足指相，四在耳目鼻口止處相；十二七日是肘為正；十三七日為起腹相；十四七日心脾腎肝心生；十五七日大腸生；十六七日小腸生；十七七日胃生；十八七日生處肺處熟處；十九七日髀膝足臂掌節手足趺約；二十七日陰臍乳頸項形；二十一七日為骨髓應分生，九骨著頭，兩骨著頰，三十二骨著口，七骨著咽，兩骨著肩，兩骨著臂，四十骨著腕，十二骨著膝，十六骨著脅，十八骨著脊，二骨著喉，二骨著髖，四骨著脛，十四骨著足，百八微骨生肌中，如是三百節，從微著身譬如瓠；二十二七日骨稍堅，譬如龜甲；二十三七日精復堅，譬如厚皮胡桃，是為三百節連相著，足骨連腨腸，腨腸連髖骨，髖骨連背脊，腰骨連肩，肩連頸脰，頸脰連頭頤，頭頤連齒，如是，是骨聚魂礌，骨城筋纏，血澆肉塗革覆，福從是受，靡不知痛癢隨意隨風作俳掣；二十四七日為七千筋纏身；二十五七日生七千脈尚未具成；二十六七日諸脈悉徹具足成就如蓮花根孔；二十七七日三百六十節具；二十八七日肉栽生；二十九七日肉稍堅滿；三十七日皮膜成臘；三十一七日皮膜稍堅；三十二七日腫月里肌生；三十三七日耳鼻腹脾脂節約診現；三十四七日身中皮外生九十九萬孔；三十五七日九十九萬孔稍稍成現；三十六七日爪甲生；三十七七日母腹中若干風起，或風起令目鼻口開已開入，

或復風塵起，令髮毛爪生端正亦不端正，或復風起盛肌色，或白或黑
或黃或赤，好不好，是七日中，腦血肪膏髓熱寒涕大小便道開；三十
八七日母腹中風起，令得如宿命行好惡，若好行者便香風起，可身意
令端正可人，惡行者令臭風起，使身意不安不可人，骨節不端正，或
月蔑　或僂或　或魃，人見可是；三十八七日為九月不滿四日，骨節
皆具足……（《大正藏》卷 1，p. 234a—c）

佛經是翻譯作品，其中的數詞使用具有外來性是很正常的，但時間早
於佛經翻譯的《馬王堆漢墓帛書》中出現的這類用例，也在暗示漢語數詞
中的外來現象由來已久，可以作為"百萬為億"來源的參考。

**參考文獻**

向熹：《簡明漢語史》，高等教育出版社 1993 年版。

張永言等：《簡明古漢語詞典》，四川人民出版社 1986 年版。

（原載《項楚先生欣開八秩頌壽文集》，中華書局 2012 年版，第 589—
593 頁）

# 《太平經》中的"者"和現代漢語"的"的來源

　　《太平經》① 中"者"的用例比較全面地反映了當時"者"的各種用法，通過對這些用例的分析，可以看出"者"字從後附性的成分向定語和中心語之間的發展過程，這一發展，與現代漢語的"的"的來源應該是有關係的。從語法作用和功能來看，可以把"者"的用法分成三大類，考慮到文章的篇幅，對一些常用的"者"的用例，舉例從簡。

## 一　"者"字在非名詞性的詞語之後，構成一個名詞性成分，在句中充當一個名詞

　　1. 動詞 + "者"，這是"者"字最常見的用法之一，"者"前可以是一個單獨的動詞，也可以是一個動賓詞組：

　　　　"行，真人來。天下何者稱富足，何者稱貧也?""然，多所有者為富，少所有者為貧。""然子言是也，又實非也。"（卷 35—41）

　　　　事已發覺，而復故為者，名為故犯天法，其罪增倍，滅世不疑。（卷 35—41）

　　2. 形容詞 + "者"，"者"前通常用一個單獨的形容詞（有時可在形

---

① 《太平經》原書按天干分 10 部，每部 17 卷，共 170 卷，366 篇，今殘存丙丁戊己庚五部中的 57 卷。另有唐人摘抄的《太平經鈔》十卷，每卷一部，其中甲部是後人誤入，癸部則是原甲部的內容，原癸部的內容全佚。另外在敦煌文獻中發現了《太平經目錄》，基本完整地保存了《太平經》的分部和篇章目錄。本文討論以本經的 57 卷為主，各例後標出卷次和篇次，出於《太平經鈔》的則標出它的部次以及參照敦煌本《太平經目錄》所定的對應篇次，以便查對。

容詞前加一限定成分）表示具有某種特性的人或事物：

> 尊者之傍不可空，為一人行，一人當立坐其傍，給侍其不足。
> （卷 35—41）
> 今學道者純當象天為法，反多純無後，共滅消天統。其貞者，尚天
> 性也，氣有不及。其不貞者強為之，壅塞陰陽，無道。（卷 117—208）

3. 數詞 + “者”，表示幾項上文並列列舉的人或事物：

> 飲食陰陽不可絕，絕之天下無人，不可治也。守此三者，足以竟
> 其天年，傳其天統，終者復始，無有窮已。（卷 35—44）
> 夫邪多則共害正，正多則共禁止邪，此二者，天地自然之術也。
> 子知之邪。（卷 92—135）

數詞與 “者” 的結合中，“者” 也可以祇表示一個語氣的停頓①，這
時，這個數詞就沒有表示事物的作用，而祇有表數的作用，表示一個數量
或位序，這三種不同的意義都以 “數 + 者” 出現，沒有形式上的差別。

## 二 “者” 字表示一個句中的語氣停頓，構成一些固定的表達方式

1. 判斷句主語 + “者”，表示下文將是對上文的判斷：

> 故一者，乃象天也，二者，乃象地也，人者，乃是天地之子。
> （卷 35—41）
> “今人所不宜聞、所不宜言、所不宜用者，何等也？”“然，凡人
> 乃不宜聞非真要道，非真要德。”（卷 97—154）

2. 句首時間狀語 + “者”，如果 “者” 後是一個短小的結構，這個停
頓就不明顯了：

---

① 參見本文第二部分：“者” 字表示一個句中的語氣停頓，第 1、3 項。

"善哉善哉！古者同當太平，何不禁人民動土地哉？""善乎，子之問事也。天地初起，未嘗有今也。""以何明之？""今者天都舉，故乃錄委氣之神人真人仙人道人聖人賢人，皆當出輔德君治，故為未嘗有也。"（卷 45—61）

今者天道大周更始，以上下，純陽治天治〔地〕，故急斷刑罰也。（卷 119—212）

"者"偶而也用在方位詞後作句首狀語：

九月刑在六五，在戌，上及天中，時刑在道巷，萬物莫不且死困，隨德入藏，故內日興，外者空亡。（卷 44—60）

3. 表序數詞 + "者"，用於句首表示位序：

一者，道之綱；二者，道之橫行；三者，已亂不可明也。（卷 50—77）

六方真人俱謹再拜："前得天師教人集共上書嚴敕，歸各分處，結胸心，思其意，七日七夜。六真人三集議，俱有不解。三集露議者，三睹天流星變光：一者，見流星出天門，入地戶；再者，見流星出太陽，入太陰；三者，見列宿流入天獄中。"（卷 86—127）

4. 句首探詢原因的"所以……者"，後面通常都有一個停頓，其中"所以"虛化，沒有"用來……"的意義，祇是引出結果，構成一個分句，提示下文將說明原因：

今所以為真人分別具說此者，欲使真人以文付上德之君，以深示敕眾賢，使一覺悟，自知行是與非、亦當上有益於君父師不邪。（卷 47—63）

吾道之所以而〔能〕長久養者，人而〔能〕樂道樂德樂仁，忽於凡事，獨貪生耳，道正長於養守此二〔三〕人也。（卷 119—213）

這種句式，大多是由果推因，但是也有用於判斷句謂語，表示由因及果的：

> 夫市少人，所求不得。故人不博學，所睹不明，故令使見其真
> 道。不得其要意，不通道，則疑不篤乎？各［咎］在此，人之所以自
> 窮者也。（卷55—82）

不過，多數作判斷句謂語的"所以……者"中，"所以"的意義沒有
虛化，這個結構相當於一個名詞，表示某一事物，意思可以是"用來……
（的事物）"：

> 北方為鑲楯刀，北方者，物伏藏逃，鑲楯所以逃身者也。（卷
> 72—111）
> 其第一曰不孝，第二曰不而［能］性真，生無後世類，第三曰食
> 糞飲其小便，第四曰行為乞者。故此四人者，皆共污辱天正道，甚非
> 所以興化而終古為天上、天下師法者也。（卷117—208）

從比較的用例來看，這種"所以……者"中的"者"相當於一個名詞：

> 如最下愚，有不樂守行者，名為天下最惡凶人也，天地疾惡之，
> 鬼神不復祐之也。凡人久久共不好利之也，此即天書所以簡人善惡之
> 法也。（卷96—152）

"所以簡人善惡之法"相當於"所以簡人善惡者"，但是，實際上，
"所以簡人善惡"本來就足以表示"所以簡人善惡之法"或"所以簡人善
惡者"的意義，加上"者"或"之法"祇是更明確這個"所"字結構所
指的對象。

5. "者"用於複句中的前一分句後表示停頓，這多數是一些假設分句：

> 有酒者，賜其各一器；無酒者，賜其善言者，使相助為聰明。已
> 畢也，君坐間［閑］處，居戶內，自閉也。——而呼此眾人以尊卑，
> 始教其各言一，各記主名也。所言所記，後當相應，後不相應者坐

之。（卷 35—43）

子自若愚乎！愈於俗人無幾耳。以為吾言可犯也，犯者亂矣，逆者敗矣。（卷 44—60）

"吾書即天心也［地］意也，子復深精念之。""唯唯。""子能聽吾言者，復為子陳數不見之事。"（卷 46—62）

也有用在順承關係複句的前一分句末表示停頓的：

今但為乏衣食而殺傷之，孰若養活之者，而使各自衣食乎？（卷 35—41）

真人尚乃以此為善，何況俗人哉！自見行謹信，不犯王法，而無罪名者，啼呼自言不負天、不負君父師也，汝行適財［才］自保全其身耳，反深自言有功於上，而啼呼天地，此悉屬下愚之人也，不能為上善之人也。（卷 47—63）

夫人欲樂全其身者，小人尤劇，子亦知之乎？（卷 47—63）

還有用在並列複句兩個分句之末：

或有一家乃殺十數女者，或有妊之未生出反就傷之者。其氣冤結上動天，奈何無道理乎？（卷 35—41）

"者"用在否定詞"不"後表示與上文相反的一種情況，並引出下文，這可以看作是省略了謂語，表示假設：

凡事欲正之者，各自有本可窮，陰陽不復易，皆當如此矣。不者，名為孤說獨言；不得經意，遂從一人之言，名為偏言。（卷 50—72）

唯天師開示其要意，使得知之，則知之。不者，終古冥冥昏亂，無從得知之也。（卷 109—177）

行，且各為身計，勿益後生之患，是為中善之人。不者，欲為惡人也，天所不祐，地不欲載，致當慎之。（卷 114—195）

6. "者"用於句末表示停頓，有時後面還可以再加語氣詞"也"：

　　不知何鬼神物悉來集食，因反放縱，行為害賊殺人，不止共殺一人者。見興事［凶事］不見罪責，何故不力為之乎？（卷36—46）

　　六月刑居六二，在未，居土之中，未出達也，時刑在堂，時刑氣在內，德氣在外，擾擾之屬莫不樂露其身，歸盛德者也。（卷44—60）

　　善哉善哉！明師幸哀為其解上字，願復聞皇為字者。（卷48—65）

　　上有占人，具知是非，何所隱匿，何所有不信者也？故得自理，求念本根，未曾有小不善之界也。（卷110—179）

## 三　"者"用於名詞或名詞性成分之後，不改變這個詞或詞組的意義和功能，並且往往沒有表示停頓的作用

1. "所"＋謂詞＋"者"，"所"與謂詞性成分已經構成了一個名詞性的成分，再加上一個"者"，祇有標記這個名詞性成分的作用，沒有引起意義或功能上的變化：

　　今且戒真人一大戒。吾道乃為理天地、安帝王、生天地所愛者，乃當愛真道與真德也。（卷96—153）

　　故夫要道秘德，乃所以承天心而順地意，可以長安國家，使帝王樂者也；而反禁絕，不以力化人，有謫於天，罪不除也。（卷97—154）

2. 名詞＋"者"，"者"字用在非判斷句的主語後表示停頓，具有協調節律或強調主語的作用，這是套用判斷句式的陳述句：

　　善哉，子難問也。然，上善第一孝子者，念其父母且老去也，獨居閑處念思之，常疾下也，於何得不死之術，向可與親往居之。（卷47—63）

但是，有時"者"的停頓作用並不明顯，它祇是依附在名詞的後面形

成名詞帶"者"的結構：

"是故古者為治，神者致真神為治，鬼者致鬼為治，物者致物為治，蟲者治〔致〕蟲為治。""何畏〔謂〕也？願聞之。""然，神者，動作與天合心，與神同意，故神者，天之使也，天愛之。"（卷92—136）

其於佃家活〔治〕生，萬未一人得億萬也，千未一人得千萬也，百未一人得百萬也。凡事者皆如此矣，故其本者眾多，其度世及富貴者少也，愚生甚憂之。（卷98—156）

3. 代詞 + "者"，代詞可代替名詞或動作行為，但當它與"者"結合之後，就相當於一個名詞，作主語或賓語，作主語時後面往往不作停頓：

是者名為弱養強，不足筋力養有餘也，名為逆政。（卷35—41）

真人前，凡為人臣子民之屬，何者應為上善之人也？（卷47—63）

吾者為天傳言制法，非敢苟空佞〔妄〕語也。（卷44—60）

真人再拜："謹問天師道。太平氣至，誰者當宜道哉？誰者不宜道乎？"（卷119—213）

立冬之後到立春，盛行用太陰氣，微行少陽之氣也。常〔當〕觀其意，何者病為人使。（《太平經鈔·癸部2》）

神人言：明行效道，視命在誰乎？令人昭然覺悟，知命所從來，法審誰者持其正也。人法陰陽生，陽者常正，陰者常邪；陽者常在，陰者常無。（《太平經鈔·癸部16》）

4. （名詞 + ）謂詞 + "者"，放在名詞中心語之後作後置定語，多數修飾賓語：

故賜國家千金，不若與其一要言可以治者也；與國家萬雙璧玉，不若進二大賢也。（卷46—62）

夫人生而不櫛，頭亂不可復理，蟻虱不可復得困，乃後求索南山善木及象骨奇物可中櫛者，使良工治之，髮已亂不可復理，頭中之

虱，不可勝數，共食人頭，皆生瘡矣。（卷 72—110）

此亭長，尚但吏之最小者也，何況其臣［大］者哉？（卷 86—127）

今何故必為其四方作疏與面齊者？（卷 88—129）

“……者”在主語後限定主語，如果這個定中結構比較短小，“者”後的停頓就不明顯了：

人後生者惡且薄，世之極也；萬物本興末無收者，物之極也。
（卷 42—58）

5. 謂語性成分 + “者”（ + 名詞），《太平經》中有一些用在定語與中心語之間的“者”，這些定語其實都是一些由謂詞性成分加“者”構成的名詞性成分充當的：

試取上古人所案行得天心而長吉者書文，復取中古人所案行得天心者書策文，復取下古人所思務行得天意而長自全者文書，宜皆上下流視考之，必與重規合矩無殊也。（卷 37—47）

地善，則居地上者人民好善，此其相使明效也。（卷 40—53）

今但以小井計之，十井長三丈，百井長三十丈，千井三百丈，萬井三千丈，十萬井三萬丈，天下有如此者凡幾井乎？（卷 45—61）

方和合而立愈者，記其草木，名為立愈方；一日而愈者，名為一日愈方；二日而治癒者，名為二日方；三日而治癒者，名為三日方。一日而治癒者方，使天神治之；二日而治癒者方，使地神治之；三日而治癒者方，使人鬼治之；不若此者，非天神方，但自草滋治之，或愈或不愈，名為待死方。（卷 50—70）

今天師拘校諸方，言十十治癒者方，使天神治之也；十九治癒者方，使地神治之；十八治癒者方，使人精神治之；過此以下者，不可用也。（卷 93—137）

行，為子道學而得大官者決意。（卷 98—156）

行，復為子說道其不度者意。（卷 98—157）

作定語的"者"字結構，從結構上看，是把"者"字結構當成一個一般的名詞，用來修飾限定其他名詞，但是在有的情況下，它所限定的中心語和它本身有同指關係，是為了強調或明確"者"所指代的意義而附增的。"者"後也可以再加一"之"表示領屬關係：

大神以事白，天君言："太上有心之人，皆持心堅密，志常貪上有信，敕主者之神察之，有其人者，進白大神。"（卷 111—184）

思之思之，勿妄傳惡者之人。傳得惡，被其患，死生異處，無敢有言。（卷 112—185）

天大寬柔忍人，不一朝而得刑罰也。積過累之甚多，乃下主者之曹，收取其人魂神，考問所為，不與天文相應，復為欺，欺後首過，罪不可貸。（卷 114—195）

"主者之神"相當於"主者"或"主之神"，"惡者之人"相當於"惡者"或"惡之人"，"主者之曹"相當於"主者"或"主之曹"，由於"者"與"之"後的名詞表意作用相同，而"之"後的名詞在表意上比"者"明確，所以，這個"者"失去了表意的作用，成為贅衍成分。

6. 名詞＋"者"（＋名詞），是用名詞性成分後加"者"字作定語再加名詞中心語構成的，其中包括"所"字結構後加"者"作定語：

欲得盡忠直之言，與諸所部主者之神，各各分明是非，乃敢信理曲直耳，何日有忘須臾之間。（卷 110—179）

代詞後加"者"作定語：

作其人畫像，長短自在，五人者，共居五尺素上為之，使其好善，男思男，女思女，其畫像如此矣。此者書已眾多，非一通也。（卷 72—109）

時間名詞後加"者"作定語：

　　　　真人問神人："吾生不知可［所］謂何等而常喜乎?"神人言：
"子猶觀昔者博大真人邪?所以先生而後老者，以其廢邪人，而獨好
真道，真道常保，而邪者消。"（《太平經鈔·乙部》）

　　　　今天師廣開天道之路，悉拘校古者道書之文，以為真要秘道。
（卷 98—156）

　　當中心語是賓語時，時間名詞後加"者"作定語，比較容易確定，而
在主語前的時間名詞加"者"到底是作狀語修飾全句還是作定語修飾主
語，就有些兩可了：

　　　　故古者上皇之時，人皆學清靜，深知天地之至情，故悉學真道，
乃後得天心地意。（卷 49—66）

　　　　為真人道小決事，反以明大。夫古者聖賢之設作梳與枇［篦］，
以備頭髮亂而有虱也。（卷 72—110）

　　　　請問古者火行，同嘗［當］太平，而不正神道。今天師獨使令火
行正神道，何也?（卷 92—135）

　　　　是故古者聖王知天法象格明，故不敢妄用刑也，乃深思遠慮之極
也。故其治常平，不用筋力而得天心者，以其重慎之也。（卷 93—137）

　　　　故古者聖人之為行也，不敢失繩墨者，乃睹天戒明，知其善惡，
各為其身也。故常求與賢者為治，乃恐怨天也，得罪於天，無所禱
也，是故古者帝王，其心明達，不敢妄與愚者共事也，故獨得長吉
也。（卷 96—152）

　　　　夫為人下，習知獪偽奸道，則下共還熒惑欺其上矣。是故古者大
聖賢，不敢妄教授獪巧偽文道也，常深念其本而斷其末，不使愚人知
之。（卷 97—154）

　　"古者"用在句首作時間狀語，後面有一個明顯的停頓，但是，當
"古者"的前面另有其他後帶停頓的句首成分的時候，它與後面的成分在
結構上就緊密起來了，它的限定範圍也從全句縮小到主語，類似的地方，
也有作"古之"的：

所以盡陳善者，天之為法，乃常開道門；地之為法，常開德戶；古之聖賢為法，常開仁路。故古者聖賢，與天同心，與地合意，共長生養萬二千物。(卷 49—66)

古之賢聖所行，與今同耳，古之小人所窮，亦與今同耳，明證若此。(《太平經鈔‧乙部》)

是以古之有道帝王，興陽為至，降陰為事。(《太平經鈔‧丙部》)

綜合上文所述，可以把"者"的上述用法歸納如下：

(1) 代詞"者"　[動詞] 者———→ [形容詞] 者———→ [數詞] 者

(2) 語氣詞"者" [判斷主語] 者→ [時間處所狀語] 者→ [數序] 者

　　　　　　　[所以] 者———→ [分句] 者———→ [句末] 者

(3) 前移的"者" [所……] ———————————————者↓

　　　　　　　[名詞] 者———→ [代詞] 者———→ [名詞] 者

　　　　　　　[名詞]

　　　　　　　[名] [謂] 者———→ [謂] 者 [名] ↑

以上列舉的"者"的各類用例，顯示了"者"這個後置性成分向前移動趨向中置的過程。"者"作代詞和表示語氣停頓都是後置性的，是兩種比較傳統的用法，基於這兩種用法，產生了第三種用法。在前兩類用法的不同用例之中，已經存在着一些變化：代詞性的"者"主要與謂詞（動詞或形容詞）構成一個名詞性的成分，但它也可以與數詞結合成一個名詞性成分，而數詞的語法特性比起動詞或形容詞更接近於名詞。語氣詞"者"分成兩小類，一是用在句首的主語或狀語、數序之後表示提頓引起下文，一是用在分句或句子之後表示停頓，有時，由於下文的短小，用於句首主語或狀語後的"者"後面的停頓就不明顯了。

在名詞性的成分後用"者"，來源是多方面的，一是來自於表示停頓的"者"，由於句子成分的短小，名詞後的停頓被忽略了，使"者"成了名詞的後附成分；也有來自於複指性的"者"，由於"者"在這裡所表達的意義與前文相同，而它本身又不是一個具體的名詞，所以它的標記作用大於它的表意作用。由代詞性的"者"前加一個謂詞成分構成的名詞性成分，可以與一個名詞一樣來修飾限定另一個名詞，可以放在被限定的名詞之前或之後。帶"者"的名詞性成分和代詞性"者"構成的定語出現在名詞前，其中“者”就失去了後置的特性，成為一個中介的成分了。

在一系列的變化中，代詞性的“者”和表示停頓的“者”在用法上是互相影響的，當代詞性的“者”用於句末或句首主語之後的時候，由於句子本身的語氣特點，我們常常感到它也帶有停頓的意味。但是，在更多的情況下，由於本身在結構上的特點和代詞性“者”的影響，一些表停頓的“者”失去了表示停頓的作用以後，與名詞性的“……者”相類，經過重新分析，在語法關係上發生了悄悄的變化，如“古者”“昔者”由限定全句的句首時間狀語向限定主語的定語轉化，進而出現在賓語的前面，在後來的文獻中，類似的位置我們可以看到它們被“古之”所替換。同時，還有贅衍性的複指的“者”出現在某些名詞性成分之後，使“者”不僅可以與一個謂詞性成分構成名詞，也可以與一個名詞性成分結合成一個意義與原來等同的名詞，從而帶有名詞標記的意味。構成名詞的“者”的前加成分由謂詞向體詞的變化，正與它本身的前加成分由動詞→形容詞→數詞這樣一個變化趨向相合。

在與“者”有關的詞語中，有些詞性關係是很複雜的，如“王者”一詞中，名詞“王”活用作動詞與代詞“者”構成一個名詞性的成分，“王者”的意義與名詞“王”祇有細微的不同；而像“賢者”這樣用形容詞“賢”與代詞“者”組合而成的名詞性成分，它的意義也可以單用一個“賢”來表示，在《太平經》中就多處出現過“大賢”“中賢”“小賢”“聖賢”“賢”等，這是形容詞活用作名詞。從語用的角度來看，在這類結合中，“者”字在表義上有時顯得可有可無，聯繫到名詞性成分後附加的“者”，更多地呈現出名詞標記的作用。

用於名詞前的“……者”雖然在來源上與用於定語和中心語之間的“之”並無關係，但是，它們在用法和位置上發生了重合，因而出現了意義混同的情況，前置定語中的“者”大多可以用“之”替換，這與漢語定中之間“的”的產生有關。俞光中、植田均《近代漢語語法研究》認為：“關於‘底’的來源有三種說法，源於‘之’（王力），源於‘者’（呂叔湘），既源於‘之’又源於‘者’（章炳麟、祝敏徹）。第一種說法在語音演變上最易說通（今閩語可證），但對於不帶中心語的情況何以會形成，雖然可用‘名物化’去解釋（我之書——我［之］底），但畢竟不很完美。第二種說法語音上並非說不通……但此說對於有中心語的情況何以會產生，雖然可用先秦兩漢'者'字侵入'之'的範圍（農家者流/因厚幣用事者臣靳尚）來解釋，但對於大量助詞'之'的突然銷聲匿跡（如'先生之書'）缺少合理解釋。第三種說法比較合理，具體說，'食底肉'應來自'食之肉'，'食底'應來自'食者'。"（413頁）從《太平經》的"者"的用法來看，我們確實看到了"者"向定語與中心語之間的移動，這種移動，最早表現在動詞性成分加"者"作定語，然後又出現在名詞性成分加"者"，因此，認為"食底肉"來自於"食之肉"，斷定"底"來自於"之"，未必允當。通過對漢代文獻《太平經》中用例的考察，雖然我們還不能得出"者"取代"之"的結論，但是，我們看到，"者"向"之"的使用範圍滲入的程度比我們通常所認為的要深，二者用法的混同，動搖了"之"在這個位置上的地位，是"底"（的）的產生動因之一。不論在"底"的產生過程中"之"是否起作用或起了多大的作用，有一點是可以肯定的：在聯結定中關係的"底"的產生，"者"是起了重要作用的，我們希望，隨着對漢代以後"者"的使用情況研究的深入，對這個問題會有一個令人信服的解釋的。

（原載《漢語史研究集刊》第四輯，巴蜀書社2001年版，第23—36頁）

# 從東漢以前的文獻看"者"介入定中之間的過程

現代漢語的結構助詞"的",呂叔湘先生認為來自"者",是"者"字在使用中侵入了"之"的使用範圍而形成的。"者"用於定語和中心語之間,可以追溯到秦漢以前,有學者認為《詩經》"皇皇者華"一類句中的"者"是最早的用例,但這樣的句子有歧解,呂叔湘先生認為"'皇皇者華'等於說'皇皇的是花'",可以理解為一個判斷結構。比較可靠的這類用例零星地出現在戰國至東漢前期的文獻中,唐鉞先生和呂叔湘先生列舉了《莊子》2 例、《戰國策》1 例、《史記》4 例、《漢書》1 例,其中《戰國策》鮑本的"弦者音"和《漢書》"農家者流"例是"NP 者 N",其他的是"VP 者 N"。

"者"侵入"之"的使用範圍、居於定中之間的用例,秦漢文獻中不多見,不足據以對它的發展演變作出分析。但是,我們在稍後的、口語性較強的東漢文獻,如道教的《太平經》和佛經中,發現了一些相關例子,[①]通過對這些材料的分析和排列,可以勾勒出"者"在這一轉化過程的不同階段,顯示"者"由後附轉向中介的大致過程。

語言有承襲性,某一語言成分在共時平面上的不同表現,是它以徃發展變化的遺存。共時平面是歷時變化造成的,蘊含着歷時的因素,我們有可能通過共時的材料展開歷時的探討。對於"者"這樣的變化用例比較少的語言現象來說,考慮到古文獻保存的語料具有隨機性或偶然性,有些早發變化的最早用例可能保存在相對較晚的文獻中;而一些實際稍晚的變

---

① 俞理明:《〈太平經〉中的"者"和現代漢語"的"的來源》,載《漢語史研究集刊》第四輯,巴蜀書社 2001 年版。《太平經》原本據天干分 10 部,170 卷,366 篇,今已殘缺,有唐人所錄《太平經鈔》可參補,本文所引《太平經》各例後標出卷次和篇次,所引《太平經鈔》各例後標出部次。可參整理本:王明《太平經合校》,中華書局 1960 年版;俞理明《太平經正讀》,巴蜀書社 2001 年版。

化,在文獻中卻出現得早些。因此,本文擬把戰國後期到東漢作為一個共時時段,不拘泥於材料在時間上的絕對先後,而是以各例"者"反映的演變關係,對它作歷時的分析。

## 一　"者"的自指和轉指功能

朱德熙先生指出,"者"有自指和轉指的功能,一個謂詞性的成分(VP),比如動詞或者形容詞,加上"者"後成為名詞性成分,它的意義也由動作性狀改變為表示具有這個動作性狀的事物,這是轉指,其中的"者"提取了 VP 的主語,如"新浴者"表示新浴之人,即"〔人〕新浴"。如果加了"者"後不改變所指內容,就是自指。表自指的"者"也可以用在 NP 後,用於句首主語或狀語,後面多伴隨一個句中的停頓,過去認為是語氣詞。但是,這個停頓與句子結構有關,不是"者"本身帶有的,"者"本身並不要求後面有一個停頓:

(1) 故天乃好生不傷也,故稱君稱父也。地以好養凡物,故稱良臣、稱母也。人者當用心仁,而愛育似天地,故稱仁也。(《太平經》卷 35/41)

(2) "善乎,子之問事也。天地初起,未嘗有今也。" "以何明之?" "今者天都舉,故乃錄委氣之神人真人仙人道人聖人賢人,皆當出輔德君治,故為未嘗有也。" (《太平經》卷 45/61)

(3) 九月刑在六五,在戌,上及天中,時刑在道巷,萬物莫不且死困,隨德入藏,故內日興,外者空亡。(《太平經》卷 44/60)

"NP 者"也用於句中的,包括定語位置上,這時"者"後也沒有停頓。朱德熙先生舉了《論語》中三例("異乎三子者之撰""夫三子者之言何如""君曰告夫三子者"),後來的文獻中也不乏這樣的用例:

(4) 許由,皇者之輔也,生於帝者之時。(《論衡·逢遇》)

自指的"者"主要起指示作用,在語義上不是必不可少的,所以去掉它也不影響大意,事實上,我們可以舉出很多在同樣的情況下用"者"或

者不用 "者" 的例子，它與 "者" 的變化沒有太大關係。但 "所 VP 者" 有點不同，"所" 與 "者" 一樣可與 VP 構成名詞性成分，衹是 "所" 用於 VP 的前面，並且衹能轉指提取賓語。"所 VP" 也是一個名詞性的成分，後面可以加 "者" 構成 "所 VP 者"，這個 "者" 除了有指示作用以外，還標示 "所 VP" 詞組結束，對句子結構的分辨起作用。"所 VP 者" 中，"者" 自指 "所 VP"，但對 VP 來說，"者" 又是轉指的。

　　"者" 介入定中之間，主要是轉指的 "者" 變化的結果，所以以下我們主要討論轉指的 "者"，以及 "所 VP 者"。

## 二　"~者" 作定語和定中之間的 "之"

　　"VP 者" 和 "NP 者" 都是名詞性成分，與一般的名詞一樣，可以充當主語、賓語、定語等句子成分。它充當定語，最初定中之間都用 "之" 中介，如：

　　　　(5) 夢者之子乃行。(《左傳·哀公七年》)
　　　　(6) 為所後者之祖父母妻。(《儀禮·喪服》)

　　定語與中心語之間的 "之" 不是必需的，可以略去。[①] 定語 "VP 者" 後的 "之" 在使用過程中，也出現了同樣的變化。在《左傳》中 "從者" 作定語有四例，後面都加 "之"，如：

　　　　(7) 桓子召子山，私具幄幕、器用、從者之衣屨，而反棘焉。(《左傳·昭公十年》)

　　而《史記》中作定語的 "從者" 後不加 "之"：

　　　　(8) 石旁著大臣從者名，以章先帝成功盛德焉。(《史記·秦始皇本紀》)

---

① 參見《馬氏文通》卷三 "偏次"。

漢代文獻中，定語"VP 者"與中心語之間，加"之"與不加"之"並存：

  （9）愚之所權者少，此愚者之所多患也……可權者，盡權之，此智者所以寡患也。（《淮南子·主術》）

  （10）大聖所短，不若賢者所長。人之所短，不若萬物之所長。（《太平經》卷 43/59）

謂詞性成分中不僅形容詞常作定語，動詞也可作定語。何樂士先生指出《左傳》中已有動詞作定語的用例，《史記》中更為多見。動詞性定語與中心語之間中是否加"之"也有任意性，加"之"的如"敢死之士"，不加"之"的如"後成人""乘象國""延年益壽藥"等。這對定語"VP者"中"者"的變化有很大影響，"之"的可用可略，為"者"的變化提供了條件。但是，"者"不是在以上各例的定中關係中發生變化的，導致變化發生的是一種特殊的定中關係。

## 三　語義上說明"～者"的 N

王力先生《古代漢語》在談到與"者"相類的"所"字時說："'所'字詞組雖然帶有名詞性，但是離開上下文，它本身一般不能明白表示是人還是事物，更不能具體表示是什麼人、什麼事物。因此還可以在動詞後面再加名詞，舉出人或事物的名稱。"① 對於轉指的"～者"來說也是一樣，可在"～者"的前面或者後面加上一個表明所指對象的具體類屬的詞：

  （11）士之急難可使者幾何人？（《管子·問》）

  （12）大神以事白，天君言："太上有心之人，皆持心堅密，志常貪上有信，敕主者之神察之，有其人者，進白大神。"（《太平經》卷111/184）

  （13）思之思之，勿妄傳惡者之人。（《太平經》卷 112/185）

  （14）天大寬柔忍人，不一朝而得刑罰也。積過累之甚多，乃下

---

① 王力：《古代漢語》，中華書局 1985 年修訂版，第 363 頁。

主者之曹，收取其人魂神，考問所為，不與天文相應，復為欺，欺後
首過，罪不可貸。(《太平經》卷 114/195)

　　"N 之 VP 者"（例 11）和 "VP 者之 N"（例 12—14）衹是順序不同，
但 "N 之 VP 者" 不會引起 "者" 的變化，這裡主要討論後者。在 "VP
者" 和 "N" 之間，與一般定中關係不同，它們在語意上具有種屬關係，
N 點明了 "VP 者" 指稱對象所屬的類別，比如是人還是神；但是 N 的加
入沒有給這個詞組帶來新的意義，這個詞組整體所表達的意義，本來衹用
"VP 者" 就夠了，如 "主者之神" "主者之曹" 都可以說成 "主者"，"惡
者之人" 可以說成 "惡者"。N 所表達的，正是 "VP 者" 中 "者" 所指
稱的對象，二者在語義上是重複的。由於 VP 作定語的普遍化，這裡的 VP
不僅可以通過與 "者" 的結合轉化為名詞作定語，它也可以獨自作定語與
N 結合，所以，以下的幾種形式都是同義的：

VP 者　──　VP 者之 N　──VP 者 N　──　VP + N（VP 之 N）

主者　──　主者之神　──主者神　──　主神（主之神）

主者　──　主者之曹　──主者曹　──　主曹（主之曹）

惡者　──　惡者之人　──惡者人　──　惡人（惡之人）

　　與 "者" 有同指關係的 "N" 的加入和定中之間 "之" 的略去，是
"者" 變化的基礎。很多時候，定中關係間的 "之" 是無關緊要的，但在
"VP 者之 N" 中卻十分重要，因為 "之" 作為定中之間的分界，能夠在結
構上明確標示前面是一個 "者" 構成的名詞性成分作定語，沒有這個標
示，可能引起對定語分界的重新認定。

## 四　對 "者" 的重新分析

　　本來，在 "VP 者" 中，"者" 提取主語（施事）而使這個謂詞性的
成分名詞化，轉指某一事物，作用是顯著的。但是，當 "VP 者之 N" 略
去了 "之" 成為 "VP 者 N" 之後，在結構上 "者 N" 之間的界限模糊了。
一方面，"VP" 和 "VP 者" 都可以與 "N" 結合，作它的定語，"惡人"
等於 "惡者人"；另一方面，處在不同結構層的 "者" 和 "N" 表示同樣
的語義，而表示具體事物 "N" 的表意明確度遠遠高於指示性的 "者"，
"者" 在結構上的作用隨着它在表意作用的弱化而含混了起來：

（15）是乃所謂冰解凍釋者能乎？（《莊子·庚桑楚》）

（16）行，復為子說道其不度者意。（《太平經》卷98/157）

（17）佛說般若波羅蜜時，他真陀羅及眷屬，及諸天龍閱叉犍陀羅九萬三千人，悉發阿耨多羅三藐三菩提心，與佛俱來者八千菩薩，悉得無所從生法樂忍，他真陀羅王，得明慧三昧。（漢支讖《他真陀羅所問如來三昧經》15/359—2）

這樣的句子，在與同樣含有"VP"和"N"組成的同義結構比較的時候，"VP者N"有兩個可以類比的定中結構形式：

a."N'＋N"（把"VP者"看作是名詞性成分N'作定語，承認"者"的轉指作用）

b."VP＋之＋N"（VP作定語與N結合，否認"者"的轉指作用，當作中介成分）

a是原式的理解，根據這種理解，中心語可以略去，恢復成"VP者"；b是重新作出的理解，根據這種理解，可以把這些例子中的"者"替換為"之"而不改變詞組的結構和意義，"者"與"之"有了初步的同義關係。

在另一些例子中，我們看到，"者"也和"之"一樣可以略去：

（18）等身行止在佛慧同學者。……當應比共慧者同學者。（漢安世高《長阿含十報法經》1/235—2, 3）

（19）方和合而立愈者，記其草木，名為立愈方；一日而愈者，名為一日愈方；二日而治癒者，名為二日方；三日而治癒者，名為三日方。一日而治癒者方，使天神治之；二日而治癒者方，使地神治之；三日而治癒者方，使人鬼治之；不若此者，非天神方，但自草滋治之，或愈或不愈，名為待死方。（《太平經》卷50/70）

例19中，"一日而愈者"名為"一日愈方"，"方"的出現，取代了轉指的"者"。另外，"一日愈方"（VP＋N）與"一日而治癒者方"（VP者N）又是同義的，名詞性的"一日而治癒者"（VP者）和謂詞性的"一日愈"（VP）一樣，充當"方"的定語，對於這個中心語來說，"VP者"中"者"在語義和結構上都不是一個必要的成分，"者"的轉指功能也是無關緊要的。因此，儘管從來源上看差別很大，但從共時的角度分析，這裡 "VP 者 N" 和 "VP + ［之］+ N" 成了等義形式，受類比作用的影響，"VP 者 N" 中的 "者" 被重新分析作定中關係的中介成分，與定中之間的 "之" 相當。

一些 "NP 者" 在語義上也有模糊性，因此它們和 "VP 者" 一樣，後面也可以加一個表示具體事物的詞構成 "NP 者之 N"：

(20) 欲得盡忠直之言，與諸所部主者之神，各各分明是非，乃敢信理曲直耳，何日有忘須臾之間。(《太平經》卷 110—179)

略去定中之間的 "之"，就成了 "NP 者 N"，與 "NP 之 N" 類同：

(21) 試取上古人所案行得天心而長吉者書文，復取中古人所案行得天心者書策文，復取下古人所思務行得天意而長自全者文書，宜皆上下流視考之。(《太平經》卷 37/47)

(22) 故古者上皇之時，人皆學清靜，深知天地之至情，故悉學真道，乃後得天心地意。(《太平經》卷 49—66)

(23) 作其人畫像，長短自在，五人者，共居五尺素上為之，使其好善，男思男，女思女，其畫像如此矣。此者書已眾多，非一通也。(《太平經》卷 72/109)

"NP 者 N" 的用例出現稍晚而且較少，它的使用和變化顯然是受到 "VP 者 N" 的影響。其中 20、21、23 都是轉指的，例 22 "古" 本是一個泛時的概念，加了 "者" 以後專指 "上皇之時"，意義也有變化。

注意，在這些例子中，仍可以略去中心語 N，或者在 "者" 之後插進一個 "之" 而不影響意義的表達，如 "其不度者意" 雖然可以換成 "其不度之意"，但也可以說成 "其不度者" 或者 "其不度者之意"，說明演變到這一步還不徹底。

## 五 不可逆換的 "者"

在這個時期，有一些例子中 "者" 已經與 "之" 等同了：

（24）虛則知實之情，靜則知動者正。（《韓非子·主道》）①

（25）今天師廣開天道之路，悉拘校古者道書之文，以為真要秘道。（《太平經》卷98/156）

（26）真人問神人："吾生不知可［所］謂何等而常喜乎?"神人言："子猶觀昔者博大真人邪? 所以先生而後老者，以其廢邪人，而獨好真道，真道常保，而邪者消。"（《太平經鈔》乙部）

例24用"者"與"之"對文，作者似乎把它們看作同類的成分。例25、26的"古者""昔者"通常用於句首作時間狀語，作定語時通常用"古之～"或"昔之～"。

再來檢驗一下：這些用例中，一方面，"者"後還可以加"之"，說明它與"～者N"之間的源流關係②；另一方面，"者"又可以直接用"之"替換或者略去，但是，"者"後的N卻不能略去。這說明，"者"失去了轉指的作用，真正成為定語和中心語之間的中介成分。

可以把上述變化總結如下：

1. 環境：定中之間的"之"常常可以不用，VP可以作定語。

2. 基礎：在"VP者"後加上表示所指事物類屬的中心語說明"VP者"，所造成的"VP者之N"意義與"VP者"相同。

3. 變化：

（1）定中之間有種屬關係的"VP者之N"中，略去"之"成為"VP者N"；

（2）"VP者N"中"N"就是"者"提取的對象，二者同指，"者"在表意上處於弱勢，轉指功能在結構中不再是必需的；

（3）共時關係中，"VP者N"在表意上與"VP+N"或者"VP+之+N"相同，引起重新分析，"者"與"之"有了同義關係；

（4）這個"VP者N"結構中"N"不能略去。

轉指的"NP者"追隨"VP者"發生類似的變化。

4. 結果："者"用於定中之間，與"之"相同。

---

① 此例為董志翹先生見示，謹誌謝忱。

② 這裡需要強調其中的N是語義上說明"～者"的，與一般的定中關係不同。一般的定中關係，比如"夢者之子"可以說成"夢者子"，但不能說成"夢子"或"夢之子"。

**參考文獻**

呂叔湘：《論底、地之辨及底字的由來》，載《漢語語法論文集》，商務印書館 1984 年
　　版（原載《金陵、齊魯、華西大學中國文化匯刊》第三卷，1943 年版）。
朱德熙：《自指和轉指》，《方言》1983 年第 1 期。
何樂士：《史記語法特點研究》，載《兩漢漢語研究》，山東教育出版社 1994 年版。
袁毓林：《謂詞隱含及其句法後果》，《中國語文》1995 年第 4 期。

　　（原載《中國語文》2005 年第 1 期，《人大複印資料·語言文字》
2005 年第 4 期全文轉載）

# 《太平經》中非狀語地位的否定詞"不"

　　道教典籍《太平經》是東漢道教徒創作的一部道教文獻。全書篇幅巨大，原分 10 部，每部 17 卷，但在流傳中已嚴重缺佚，現存的 57 卷中，也有部分缺佚。王明先生根據殘本和唐人摘錄的《太平經鈔》以及其他文獻比勘，編成《太平經合校》，大致恢復了全書輪廓，是現代研究《太平經》最好的本子。本書用語通俗淺顯，大體是對話實錄，為人們瞭解漢代口語中的一些現象提供了豐富的材料，其中否定詞"不"的使用就很有特點。本文以《太平經》今存的 57 卷為依據，對此作一探討。為了方便討論，本文引《太平經》均據王明先生《太平經合校》（中華書局 1992 年印行，以下簡稱《合校》），並注引例在《合校》中的頁碼。由於本書用語比較特殊，加上缺乏同類文獻的參考，《合校》本在標點方面存在着一些不足，本文對此作了一些修正，必要時並加說明。

　　"不"作為否定詞，最常見的是作狀語用在謂語前，表示對某一事物的否定，這是"不"的基本用法，但是有時"不"後被否定的成分也可以承上省略，在先秦兩漢文獻中有三種常見用法，在《太平經》中也有同樣的用例：

## 一　"不"和"者"組成"不者"

　　承上文單獨成句，表示一種與上文相反的情況，往往用於假設，這是先秦兩漢文籍中所常見的，在《太平經》的 57 卷中有 23 例。例如：

　　（1）凡事欲正之者，各自有本可窮，陰陽不復易，皆當如此矣。不者，名為孤說獨言。（卷 50，p. 175）

　　（2）故施洞極之經，名曰太平。能行者得其福，不者自令極思。

聚身無離常，報應不枉人，所不者施惡於人。（卷112，p. 576）

"不者"的意義有點近似於現代的"否則"，但二者結構不同，這主要是"者"和"則"的詞性不同，前者表示句末的停頓，後者用於句首連接。

## 二 "不"用在正反並列的謂語詞組中表示反項

用於疑問句末，也是秦漢文獻中所常見的，不同的是本書中"不"後多帶語氣詞。形式有：……不？（24例），……不乎？（22例），……不哉？（3例），……不邪（耶）？（10＋6例）。如：

(3) 其人在錄籍與不？（卷111，p. 556）

(4) 令一國……斗極不明，萬二千國寧盡不明不乎？（卷92，p. 368）

(5) 令使萬物各得其所，想以是報塞天重功，今不知其能與不哉？（卷51，p. 190）

(6) 今愚人甚不仁，罪若此，寧當死不耶？（卷67，p. 248）

(7) 夫為善，亦豈有名稱字不邪？（卷49，p. 158）

"不"在句末表示正反並列的選擇問，在先秦至六朝的其他文獻中，後面往往不帶表疑語氣詞，所以，有人認為這類句中的"不"字具有表示疑問的作用。從《太平經》的用例來看，"不"字和前面的並列成分之間可以用連詞"與"連接，後面又常附加語氣詞表示疑問，疑問語氣的強弱用不同的語氣詞來表示；在不同語氣詞的選擇問句的用例中，大多數（24例中占10例）前面有"寧""寧當""當"這樣表示疑問的副詞。所以，這類句中的"不"字表示正反並列選擇中的反項的意義是明確的，這與下面的句子相比較就更明顯了：

(8) 子寧解耶？不解耶？（卷51，p. 191）

(9) 今天師事事假其路，為剝解凡疑，遂得前問所不及。今欲有可乞問，甚不謙，不知當言邪？不邪？（卷39，p. 70）

## 三 “不”作為否定項用於正反並列詞組中

和它的正項共同充當謂語或謂詞性賓語、定語，用於陳述性的句子，也多用於句末，形式有：……不（9 例），……不耳（2 例），……不也（6例）。如：

(10) 欲知吾道大效，知其真真與不，令疾上付賢明道德之君，使其按用之。（卷 65，p. 233）

(11) 何謙不置，真人也。行，覺子使知可謝不耳。 （卷 40，p. 79）

(12) 天君敕大神曰：“輒早［卓］觀此人，與使神語言相應與不也。”（卷 114，p. 612）

陳述性的正反並列句用在句末，“不”後通常帶有語氣詞，說明這種句子在口頭上有較強的語勢。這種結構也可作為一個詞組充當一個句中成分，在這種情況下，因為全句語氣未了，“不”後不能帶語氣詞：

(13) 令後世德君察察，知天地冤不之大效。（卷 92，p. 373）

(14) 常與諸神集議可承用不，常恐不得神心腹。 （卷 111，p. 560）

在《太平經》中，有時這類句子中的否定項的謂語成分也可不省略：

(15) 夫凡事信不信，何須必當考問之也？（卷 39，p. 71）

(16) 是故欲知將平與未平，但觀五帝平與未，足以自明，足以自知也。（卷 93，p. 400）

## 四 “不”在句中作為中心成分受狀語修飾

和前面的一個謂詞性成分組成並列關係的分句或詞組，表示一個與上文所說的相反的行為、性質、狀態，這是陳述性的正反並列句的一種發展，在《太平經》中有 4 例，例如：

（17）俗人冥冥不睹，則言其已度世矣，實不也。（卷 117，
p. 659）

（18）其言相似，猶若重規合矩，轉以上彰明，不得不也。（卷
70，p. 279）

### 五 "不"有時用於陳述性的句子後，單獨成為一個反詰句

表示說話人對自己前述話語的加強肯定，意思是"（難道）不是嗎"。
"不"的這類用法，在今存的《太平經》本文 57 卷中，有 6 個這樣的用例，
包括以下幾種形式：……不乎？（1 例），……不耶（邪）？（各 1 例），……
不也？（3 例）。如：

（19）眾曰：汝無有遺須臾之間，故殺之。或使遭縣官，財產單
盡，復續怨禍，汝行之所致，不乎？何怨於天而呼怨乎？（卷 114，
p. 605）

（20）比若人常行病人害人，人亦怨咎之，不耶？（卷 91，p. 359）

（21）愚生大不及，有過，不也？今見天師已言，乃惻然大覺。
（卷 36，p. 49）

以上各例，《合校》本"不"都與上文相連，未加點斷，讀作正反並
列的選擇問句，我們認為，這些句子中，"不"與前文應該點開，它在這
裡不是表示正反並列關係中的否定項，而是表示對上文的反問，字面上是
"不是嗎"，實際上往往含有"難道不是這樣嗎""應當是這樣"的意思，
是對前文在語氣上的加強。

### 六 "不"用作對話方的首句，作應對語

表示對對方意見的否定，這在現代口語中是很常見的。例如：

（22）"這兩年裡頭，你一向在上海吧？""不，前年夏天我到北京

去了，是上禮拜才來上海的。”（葉聖陶《城中·微波》）

其實在《太平經》中也有不少相類的用例，但“不”字後都加語氣詞“也”作“不也”，這是《太平經》中“不”的又一特殊用法，也是歷來討論古代漢語的否定詞“不”時所沒有涉及的，它的意義有二：一是明確否定對方的意見，意思是“不對”；二是在對方自我謙責時表示安慰，意思是“不要這樣說”“沒有這麼嚴重”，是一種委婉的禮貌用語。表示明確否定對方意見的“不也”共有 5 例，《合校》本標出了 p. 49、p. 51、p. 197 三處，但有兩處誤標作正反並列的選擇問題，把對話人的話標作了發話人問話中的反項了。例如：

（23）“愚生今心結不解言，是九人各異事，何益於王治乎不也？”“治得天心意，使此九氣合和，九人共心，故能致上皇太平也……”（卷 42，p. 89）應作：“愚生今心結不解言，是九人各異事，何益於王治乎？”“不也，治得天心意，使此九氣合和，九人共心，故能致上皇太平也……”

在對方自我謙責時表示安慰的，另有 6 例，《合校》全都標作正反並列問句了。例如：

（24）“無壯〔狀〕不及有過，見天師說，自知罪重不也？”“為子言，事無當反天道，而以俗人之言，不順天意……”（卷 35，p. 38）應作：“無壯〔狀〕，不及有過，見天師說，自知罪重。”“不也，為子言事，無當反天道……”（其他 5 例分別見於卷 40，p. 81、卷 44，p. 108、卷 65，p. 233、卷 102，p. 461、卷 119，p. 680，此處從略）

“不也”作為應對用語，和“不然”有些近似。在《太平經》中，“不然”也可用作表示否定對方意見的應對。例如：

（25）“真人前。”“唯唯。”“人行有幾何乎？”“有百行萬端。”“不然也，真人語幾與俗人語相類似哉！人有四行，其一者或〔或，

通惑]。"（卷42，p. 93）

"不然"也可在句中作謂語："故雖十辨之，猶不知也，内不然此也。使天文不效者，正是也。"（卷50，p. 178）《漢語大詞典》"不然"條下有"不以為是"一義，與此例相類，但首例舉《二刻拍案驚奇》卷十"雖是心裡好生不然，卻不能制得他，沒奈他何。"

## 七 "不"表示反項還有一個引申義：過失、謬誤

它在句中不再處於謂語地位，而是處在賓語的位置，相當於一個名詞：

（26）下古人多愚，或有見天文，反言不。（卷91，p. 359）

（27）生言："稟性遲鈍，設意不先，但以文自防也，唯哀之不耳。"（卷110，p. 540）

（28）生言："自分不知戒文也，而被大神恩貸，教之乃如是，何敢自息，而不進所知所言乎。唯大神錄前不耳。"（卷111，p. 559）

"不"也可以和"可"連用作"可不"，意思是"是非"或"正誤"：

（29）我蒙恩得為人，與萬物絕殊，天使有異，能言能語，見好醜，知善惡可不之事，當自詳慎。（卷110，p. 528）

（30）人亦當知可不，安得自恣而不順天乎？（卷114，p. 619）

（原載《中國語文》2000年第3期）

# 《太平經》中非狀語地位的否定詞"不"和反復問句

## ——從《太平經》看漢語反復問句的形成

　　道教典籍《太平經》是東漢道教徒創作的早期道教文獻①，用語通俗淺顯，大體是對話實錄，為我們瞭解漢代口語面貌提供了豐富的材料，其中否定詞"不"的運用就很有特點。本文以《太平經》今存的五十七卷為依據，結合當時其他文獻，對此作一探討②。

　　否定詞"不"通常前附於謂詞作狀語，但在《太平經》中，有不少佔據中心語地位的"不"，大體可以分成三大類：（1）由"不"單獨成句；（2）"不"在句子中獨自充當一個謂詞性成分；（3）"不"附在謂詞後表示反項，構成一個並列詞組充當句子成分。

　　1.《太平經》中單獨成句的"不"，有時作為一個獨立的句子，但更多的時候是作為複句中的一個分句，位於話語或複句的開頭或末尾。

　　1.1. 位於話語或複句開頭的"不"包括以下幾種情況：

　　1.1.1. "不者"單獨成句，表示與上文相反的情況，意義近似於"否則"，但"者"是語氣詞，表示句中停頓；"則"是連詞，引出下文，二者詞性和結構功能都不同。《太平經》五十七卷中這種"不"的用例多達20多例，反映了它的口語特徵，如：

　　　　凡事欲正之者，各自有本可窮，陰陽不復易，皆當如此矣。不

---

　　① 《太平經》原分十部，每部十七卷，在流傳中已嚴重缺佚，現存的五十七卷也有缺佚。王明先生據殘本和唐人摘錄的《太平經鈔》以及其他文獻比勘，編成《太平經合校》，大致恢復了全書輪廓。

　　② 本文引例均據《太平經合校》中華書局 1992 年印本，並注出頁碼。《合校》標點不當處，本文作了修正；原文的誤字則用〔　〕標出正字，都不另加說明。

者，名為孤說獨言。（卷 50，p. 175）

"不"的這種用法在稍早的文獻中已有零星用例，後面也可以不加"者"，如：

又不如立其兄弟，不，即立趙後。（《史記·張耳陳餘列傳》）

1.1.2. "不也"對話時用在語首，否定對方的意見，如：

"孝子事親，親終，然後復事之，當與生時等邪？""不也，事之當過其生時也。"（卷 36，p. 49）

"……是九人各異事，何益於王治乎？""不也，治得天心意，使此九氣合和，九人共心，故能致上皇太平也……"（卷 42，p. 89）

"賢臣者，但得老而已邪？""不也，老者乃謂耆舊老於道德也。"（卷 53，p. 198）

"請問天師之書，乃拘校天地開闢以來，前後賢聖之文……遠及夷狄……曾不煩乎哉？""不也，為其遠煩而不通，故各就其為作……"（卷 91，p. 348）

"不"的這種用法常見於現代口語，而它的古代用例未受到注意，其實它出現在秦漢以前：

公曰："請見客，子之事與？"對曰："非也。""相國使子乎？"對曰："不也。"（《呂氏春秋·不苟》）

復召曰："將軍許寡人乎？"被曰："不，直來為大王畫耳。"（《史記·淮南衡山列傳》）

1.1.3. "不也"用在語首，在對方自責或謙抑的時候表示寬慰和鼓勵，意思是說"不要這樣""沒有這麼嚴重"。"不"的這種用法，未見於當時其他文獻，也未見論及：

"……見天師說，自知罪重。""不也，為子言事，無當反天道……"
（卷 35，p. 38）

"愚生大負，唯天師原之耳！""不也，但自詳計之，言事皆當應
法。"（卷 36，p. 51）

"一是一非，其說不可傳於為帝王法，故不敢有言。""不也，何
謙！吾願與真人共集議之為善，亦無傷於說也。"（卷 40，p. 81）

"……甚大不謙，久為師憂。""不也，但為子學未精耳……"（卷
44，p. 108）

"今見天師分別為愚生說之，已解矣，有過。""不也，夫人既學
也，當務思惟其要意，勿但習言也，而知其意訣。是天地與道所怨
也。"（卷 65，p. 233）

"唯唯。弟子無狀，數愁天師。""不也，子不好問，亦無從知之
也。"（卷 102，p. 461）

"……今故具問之。為弟子不謙。""不也，不問無以得知之……"
（卷 119，p. 680）

這是 1.1.2 的引申，通過否定對方的自我謙責達到禮貌應對的作用，
體現了《太平經》濃重的口語色彩。

1.2. "不"單獨成句用於話語的後面，多數表示反問，也有表示選擇
問的。

1.2.1. "不"用在敘述性語句後表示反問，表示"難道不是這樣"
"應當是這樣"的意思，是對前述內容在語氣上的加強，也是口語性很重
的說法，未見於當時其他文獻：

愚生大不及，有過，不也？今見天師已言，乃惻然大覺。（卷 36，
p. 49）

今所以為真人分別具說此者，欲使真人以文付上德之君，以深敕眾賢，
使一覺悟，自知行是與非，亦當上有益君父師，不邪？（卷 47，p. 135）

天師所敕，不敢不盡雀鼠之智悉言之，不也？（卷 86，p. 314）

比若人常行病人害人，人亦怨咎之，不耶？（卷 91，p. 359）

眾曰：汝無有遺須臾之間，故殺之。或使遭縣官，財產單盡，復

績怨禍，汝行之所致，不乎？何怨於天而呼怨乎？（卷114，p. 605）

1.2.2. "不"用於一個正項疑問句後表示反項疑問，二者並列，構成正反選擇關係：

"真人前，今天太和平氣方至，王治且太平，人當貞邪不？""當貞。""何以當貞？"（卷35，p. 37）

今天師事事假其路，為剝解凡疑，遂得前問所不及。今欲有可乞問，甚不謙，不知當言邪，不邪？（卷39，p. 70）

"人當貞邪不？"也可標點作"人當貞邪，不？"由於"邪"在語氣上的終結作用，所以"邪"後的"不"與前面的句子之間既相依附，又相對獨立。

2. "不"在句中可作謂語、賓語與其他句子成分組合，或構成"所"字結構。

2.1. "不"作為中心成分可以單獨充當謂語，並帶狀語或補語，表示與上文所說的相反的行為或性狀，與前面的一個謂詞性成分組成正反對立的並列分句或詞組，如：

其言相似，猶若重規合矩，轉以上彰明，不得不也。（卷70，p. 279）

俱樂得天心地意，去惡而致善，而辭不盡同，壹合壹不，大類相似。（卷91，p. 350）

以年一知道之後，常為上善，務利而不害傷，求道為善，到年窮乃止，為是不敢懈怠，萬萬度世一不耳，萬得大吉一凶耳。（卷98，p. 439）

俗人冥冥不睹，則言其已度世矣，實不也。（卷117，p. 659）

在當時其他文獻中也有類似用例：

求嚴師必不於墨者矣。（呂氏·上德。不於，不求於。）

燕反約諸侯從親，如蘇秦時，或從或不。（《戰國策·燕策二》。

不，不從。）

2.2. 有些動詞的賓語通常由謂詞充當，"不"可作這類動詞的賓語，表示前文提及情況的反項：

> 下古人多愚，或有見天文，反言不。（卷91，p. 359）
> 生言："稟性遲鈍，設意不先，但以文自防也，唯哀之不耳。"（卷110，540）
> 生言："自分不知戒文也，而被大神恩貸，教之乃如是，何敢自息而不進所知所言乎。唯大神錄前不耳。"（卷111，p. 559）

這三個句子分別表示"反言不見""唯哀其設意不先""唯大神錄前不進所知所言"。

2.3. "不"單獨用於"所"字結構，在《太平經》中有一例：

> 故施洞極之經，名曰太平。能行者得其福，不者自令極思。聚身無離常，報應不枉人，所不者施惡於人。（卷112，p. 576）

"所不者"指"所不行自極思者"，我們在其他文獻中找到了相類的用例：

> 所以不者，皆曰以燕亡於齊……此皆絕地形，群臣比周以蔽其上。（《戰國策·韓策三》）

3. "不"附在謂詞後表示反項，與前面的謂詞構成一個表示正反選擇的並列詞組，這個詞組或作句子謂語構成疑問句，或在句中充當賓語則構成陳述句：

3.1. "不"附在謂詞後用於疑問句末，有人認為是表示是非問的語氣詞①，但從我們調查的結果來看並非如此：

---

① 參見宋金蘭《漢藏語是非問句語法形式的歷史演變》，《民族語文》1995 年第 1 期；何金松《虛詞歷時詞典》，湖北人民出版社 1994 年版。

夫為善，亦豈有名稱字不邪？（卷 49，p. 158）

令使萬物各得其所，想以是報塞天重功，今不知其能與不哉？（卷 51，p. 190）

今愚人甚不仁，罪若此，寧當死不耶？（卷 67，p. 248）

令一國……斗極不明，萬二千國寧盡不明不乎？（卷 92，p. 368）

其人在錄籍與不？（卷 111，p. 556）

本書中這類句子後用語氣詞的 41 例，不用語氣詞的 24 例，與當時這類句子後多數不用語氣詞略有不同，但既然“不”前可加連詞，它顯然是本文 1.2.2 所舉句式的凝縮，表示正反並列選擇中的反項。

3.2. 用於陳述句，充當賓語，實際上是 3.1 甚至 1.2.2 中所舉疑問句的轉述形式，因為轉述的緣故，它成為句子的下位成分，失去了獨立的語氣：

何謙不置，真人也。行，覺子使知可謝不耳。（卷 40，p. 79）

人雖［離］天遙遠，欲知其道真不、是與非，相應和若合符者是也，不者非也。（卷 50，p. 182）

是以古者將為帝王選士，皆先問視、試其能當與天地陰陽瑞應相應和不，不能相應和者，皆為偽行。（卷 54，p. 204）

令後世德君察察知天地冤不之大效。（卷 92，p. 373）

我蒙恩得為人，與萬物絕殊，天使有異，能言能語，見好醜，知善惡可不之事，當自詳慎。（卷 110，p. 528）

常與諸神集議可承用不，常恐不得神心腹。（卷 111，p. 560）

天君敕大神曰：“輒早［卓］觀此人，與使神語言相應與不也。”（卷 114，p. 612）

這也見於秦漢文獻中：

以此明臣之楚與不。（《戰國策·秦策三》）

陛下必欲致之，則貴其使者，令有親屬，以客禮待之，勿卑，使各佩其信印，乃可使通言於神人。神人尚肯邪不邪。（《史記·孝武本紀》，又《封禪書》）

"尚肯邪不邪"意思是"尚不知肯邪不肯邪"。"……不?"句式早見於商代卜辭,但甲骨文中未見相應的"……不 V?"句式,所以儘管有的學者認為這個"不"後省略了動詞,有的學者卻認為它是一個從否定副詞發展來的語氣詞①。甲骨文的這種句式在秦漢以前的文獻中未有同類用例,造成一個很大的材料斷層,其中的原因應該另行探討。就春秋以下的語言材料而言,"……不"前可插入連詞,兼用於疑問句末和陳述句中,疑問句末"不"前還可用語氣詞間隔,表示它是一個具有相對獨立性的句子成分,不是表語氣的成分,所以王海棻先生把"魏帝自來已不?"(魏書·李孝伯傳)這樣的句子分析成反復問句,是有道理的②。朱德熙先生在討論漢語反復問句時③,曾提到漢語最早"V 不 V"句見於睡虎地秦墓竹簡,由於當時研究不足,沒有西漢到唐代近千年間的同類材料,以至於認為這衹是古西北方言。我們在產生於黃河下游地區的《太平經》中看到了同類的用例,可見它的普遍性:

"今人當學為善不當邪?""當力學為善。"(卷 49,p. 158)

這與下列"V 邪,不 V 邪?"句式有關:

凡人當以嚴畏智詐常威勝服人邪,不宜 [當] 邪? (卷 47,p. 141)

子寧解耶,不解耶?(卷 51,p. 191)

今見凡人死,當大冤之、叩而告地邪,不當邪?(卷 90,p. 340)

這些正反並列選擇問句,衹要略去其中前一問句末的語氣停頓,就合成反復問句了。由於秦漢以來盛行"不"後省略謂詞,多數句子在省略前一分句句末語氣詞的同時省去了"不"後的動詞,形成了"……不"句,

---

① 參見宋金蘭《漢藏語是非問句語法形式的歷史演變》,《民族語文》1995 年第 1 期;何金松《虛詞歷時詞典》,湖北人民出版社 1994 年版。

② 參見王海棻《六朝以後漢語疊架現象舉例》,《中國語文》1991 年第 5 期。

③ 參見朱德熙《"V-neg-VO"與"VO-neg-V"兩種反復問句在漢語方言裡的分佈》,《中國語文》1991 年第 5 期。

但是，"V 不 V" 這樣的反復問句依然在發展，因為，它受到陳述句中同類結構的支持，如：

> 夫凡事信不信，何須必當考問之也？（卷 39，p. 71）
> 請問音聲和，得其意與不得，豈可知邪？（卷 116，p. 632）

類似的句式也見於秦漢時的文獻：

> 夫未可以而入，入與不入之時，不可不熟論也。（《呂氏春秋·應言》）
> 虞卿曰："且王之論秦也，欲破趙之軍乎，不邪？"王曰："秦不遺餘力矣，必欲破趙之軍。"（《史記·平原君虞卿列傳》）
> 夫能通古今，別然不然，乃能服此也。（《春秋繁露·服制像》）

在褚少孫所補的《史記·龜策列傳》中記載的一組卜辭中有十多個這樣的用例，此舉一例：

> 卜求當行不行。行，首足開；不行，足肣首仰，若橫吉安，安不行。

這組卜辭或許對瞭解甲骨文中 "……不？" 這一句式有幫助，至少它能證明漢代人們是把 "……不" 理解為 "……不 V" 的省略形式的。至於漢代以後 "V 不 V" 反復問句的例子，朱慶之先生曾舉過兩個很好的例子①，足以證明它的廣泛存在，茲轉引如下：

> 某求我女若姊妹，是人為好不好？應與不應與？（姚秦弗若多羅等譯《十誦律》卷三，23/18a）
> 比丘問言："是本罪中間罪？"答言："是本罪。"復問："覆不覆？"答言："覆。"（東晉佛陀跋陀羅共法顯譯《摩訶僧祇律》卷二十六，22/435a）

---

① 朱慶之：《佛典與中古漢語詞匯研究》第一章第三節，四川大學博士學位論文，1990 年。

　　佛教文獻中保存的這類用例，正可與《太平經》中同類用例相映證，保存了傳世儒典因受文言用語習慣的影響而排斥的這一口語句式。

　　上述部分"不"的用例，有些學者認為通"否"，這是不妥的。"不"與"否"都是否定詞，有同義同用現象，但這不意味着通假。當時文獻中，"不"還與"未""非"同用，因為它們雖然有各自的特點，但都是否定詞，有同義關係，在規範不力的情況下，部分用法相混是正常的，我們不能因此把這種同義類化引起的語言變異當作文字的通假。從具體分析來看，本文所及的不帶中心語的"不"具有明顯的共同點，其中有的用法在現代口語中還可以看到，而"否"衹能替換其中部分用例；同時，把正反並列詞組中單獨表示否定項的"不"讀同"否"，在古代文獻中缺乏有力的證據，考察古代韻書可以發現，把否定詞"不"字讀同"否"可以上溯到《廣韻》，但是，同一個"不"字，《集韻》也有注釋，我們把它們分別列出作一比較：

《廣韻》《集韻》"不"字音釋

|  | 《廣韻》 | 《集韻》 |
|---|---|---|
| 虞韻 |  | 風無切，草木房。 |
| 尤韻 | 弗也；又姓。甫鳩切，又甫九切、甫救切 | 鉏尤切，鳥名。 |
| 有韻 | 弗也；鳥飛上翔不下來。方久切，又甫鳩切、甫救切 | 俯九切，鳥飛上翔不下來。 |
| 宥韻 |  | 方副切，弗也。 |
| 物韻 | 與弗同。分物切，又府鳩切、方久切 | 分物切，無也；通作弗。 |

　　《廣韻》中三個注音互通，且都有"弗"義，其中音義之間並無明確的對應和分工，大約反映了當時不同方言的讀音甚至不同學者的意見，頗存以備考，不作定論的意思；《集韻》成書在《廣韻》之後，它的五個注音，大致採取一音一義的原則，顯然經過了規範處理，讀 fou 時並無否定詞的用法。由於事實上存在着"……否？"句和句中"……否"結構的詞組，所以明代的《正字通》提出"不，與可否之否通"，楊伯峻先生也指出："後人常以'否'代'不'，放在句末，構成是非問句。"① 這些都是後人對"……不"的重新認識，即把"不"與"否"相混，而統一為

① 楊伯峻：《古漢語虛詞》"否"條，中華書局 1981 年版。

“否”，但這與本文所述秦漢以來語言事實中非狀語地位“不”本身無關，僅僅是後人理解中的一種偏差。對這種偏差，如果處理不當，就會引起不必要的混亂，如《漢語大字典》《漢語大詞典》把同一“……不？”句式中的“不”，在古代書證中讀 fou，現代書證中讀 bu，自相矛盾，使人不知所從。

　　總之，綜合戰國以來的材料，我們清楚地看到，“不”後省略中心成分是當時口語中的習慣，秦漢以後，它與當時出現的正反並列疑問句凝合的反復問句融會交叉，但文獻記載不多，由於《太平經》的口語性強，所以其中的這類材料相對集中而且典型，有助於我們瞭解這方面的情況。本文所討論的“不”在省略中心語後取得了中心語的地位，我們可以把它補足為“不 V”，“V 不”結構實際上是“V 不 V”在口語中的省說形式。

（原載《中國語文》2001 年第 5 期）

# 古代漢語"否"的詞性

呂叔湘先生《中國文法要略》認為："'否'字是稱代性及應對用的否定詞。'否'字以否定詞而兼含動詞或形容詞於其內，所以是稱代性。"（商務印書館 1982 年新 1 版，p. 242）周法高先生《中國古代語法·稱代編》（p. 249）有"否定代詞""否"和"莫"，並認為"'否'或作'不'，代替省略了的謂語。"

但在當前古代漢語的詞類分析中，通常仍把"否"歸入副詞，而歷代語料中的多數用例，與此不符，因此，這個問題有必要作一討論。

1. "V 否"組合，充當一個單句的句子成分，表示正反並列的兩種可能的行為：

1.1. 充當謂語，表示疑問：

文王之為世子，朝於王季日三。雞初鳴而衣服至於寢門外，問內豎之御者曰："今日安否？何如？"內豎曰："安。"文王乃喜。（《禮記·文王世子》）

子之持戟之士，一日而三失伍，則去之否乎？（《孟子·公孫丑下》）

吾三戰而三勝，聲威天下，欲為大事，亦吉否？（《戰國策·齊策一》）

也有分成兩句而問的，"否"單獨充當後一句謂語：

公曰："然則夷吾將受魯之政乎？其否也？"（《管子·匡君大匡》）

1.2. 參與構成主謂詞組，一般作賓語，在 VP 和 "否" 之間，可加連詞 "與"：

> 宦三年矣，未知母之存否。(《左傳·宣公二年》)
> 歲終，則計其占之中否。(《周禮·春官·占人》)
> 攘其左右，嘗其旨否。(《詩·小雅·甫田》)
> 聖人之諾已也，先論其理義，計其可否，義則諾，不義則已。(《管子·形勢解》)
> 吾得見與否，在此歲也。(《左傳·襄公三十年》。此句作狀語)
> 乃登漸臺望觀其群臣有憂與否。(《吳越春秋·勾踐陰謀外傳》)

1.3. 直接作賓語，表示正反並列的兩種可能，這也可以看作是主謂詞組略去主語：

> 以歲之上下數邦用，以知足否。(《周禮·地官·廩人》)
> 聞諸道路，不知信否。(《左傳·定公四年》)
> 凡觀物有疑，中心不定，則外物不清。吾慮不清，未可定然否也。(《荀子·解蔽》)

1.4. "否" 充當賓語。有些動詞可以轉指事物，作賓語，"否" 表示相反的意義，構成 "V + V$_0$ + V + 否。"：

> 親親與大，賞共罰否，所以為盟主也。(《左傳·昭公十三年》)
> 夫事君者，諫過而賞善，薦可而替否，獻能而進賢，擇材而薦之。(《國語·晉語九》)
> 崇道貴德，則聖人自來；任能黜否，則官府治理。(《孔子家語》卷三)

"V + V$_0$" 可以出現在對應句中，而本句中 "否" 在 V 後獨立佔據賓語位置：

君所謂可，而有否焉，臣獻其否，以成其可。君所謂否，而有可焉，臣獻其可，以去其否。是以政平而不干，民無爭心。（《左傳·昭公二十年》）

1.5. "V否"偶然也可充當主語、定語或狀語：

當時則動，物至而應，事起而辨，治亂可否，昭然明矣。（《荀子·解蔽》）

是人君不明乎公私之利，不察當否之言，而誅罰不必其後也。（《韓非子·五蠹》）

不勇則不能斷去就之疑，決可否之議。（《吳越春秋·勾踐伐吳外傳》）

行之克也，將以害之；若其不克，其因以罪之。雖克與否，無以避罪。（《國語·晉語一》）

凡戰：勝則與眾分善；若將復戰，則重賞罰；若使不勝，取過在己；復戰則誓以居前，無復先術。勝否勿反，是謂正則。（《司馬法·嚴位》）

2. "否"單獨作謂語，與前句的謂詞照應：

2.1. ~V~否。其中"V"和"否"的主語相同，"~"是狀語性的成分，兩相呼應，表示不同的前提或條件下的相反行為：

夫大國之人，令於小國，而皆獲其求，將何以給之？一共一否，為罪滋大。（《左傳·昭公十六年》）

泉一見一否為瀸，井一有水一無水為瀱汋。（《爾雅·釋水》）

凡戰：若勝若否，若天若人。（《司馬法·嚴位》）

2.2. ~V，~否。這是 2.1 句的分離，但"~"常常是謂詞，形成"V＋V，V＋否"：

裨諶能謀，謀於野則獲，謀於邑則否。（《左傳·襄公三十一年》）

左右所求，法則予，非法則否，而左右惡之。(《晏子春秋·內篇雜上》)

孔子之喪，二三子皆絰而出。群居則絰，出則否。(《禮記·檀弓上》)

2.3. $N_1 + V + N_2 +$ 否。在緊縮句中，表示同一條件下，不同施事發出的相反動作：

招招舟子，人涉卬否。人涉卬否，卬須我友。(《詩·邶風·匏有苦葉》)

衛君之來，必謀於其衆。其衆或欲或否，是以緩來。(《左傳·哀公十二年》)

三日始負子，男射女否。(《禮記·內則》)

2.4. $N_1 + V$，$N_2 +$ 否。這是2.3句的分離：

上賓之公幣私幣皆陳，上介公幣陳，他介皆否。(《儀禮·聘禮》)

小人恐矣，君子則否。(《左傳·僖公二十六年》)

其刑，君子出絲二衛，小人否。(《墨子·非樂上》)

擴展了的2.2句和2.4句中，“否”對應的成分有時比較複雜，可以是動詞短語或複雜的謂詞短語：

唯君命，止柩於堩，其餘則否。(《儀禮·既夕禮》)

唯君有射於國中，其餘否。(《儀禮·鄉射禮》)

公曰：“而無來，吾固將歸君。國謂君何?”對曰：“小人曰不免，君子則否。”(《國語·晉語三》)

凡帶必有佩玉，唯喪否。(《禮記·玉藻》)

凡諸侯有四夷之功，則獻於王，王以警於夷；中國則否，諸侯不相遺俘。(《左傳·莊公三十一年》)

排闔說屨於戶內者，一人而已矣，有尊長在則否。(《禮記·

少儀》)

還有對應謂詞性代詞和名詞謂語的：

> 子之道甚難而無功，謂子有志則然矣，謂子智則否。(《戰國策·
> 趙策一》)
> 於是乎有伐鼓用幣，禮也，其餘則否。(《左傳·昭公十七年》)

"～"也可以是一個複雜的謂詞短語：

> 凡諸侯有命告則書，不然則否。(《左傳·隱公十一年》)
> 凡君不道於其民，諸侯討而執之，則曰："某人執某侯。"不然則
> 否。(《左傳·成公十五年》)
> 凡僕人之禮，必授人綏。若僕者降等則受，不然則否。(《禮記·
> 曲禮上》)
> 大夫，內子有殷事亦之君所，朝夕否。(《禮記·曾子問》)

2.5. 有些句子好像屬2.2其實屬2.4。因為這類句子實際上還有一個
大主語，"V"和"否"前的名詞表示動作的關涉對象：

> 凡諸侯嫁女，同姓媵之，異姓則否。(《左傳·成公八年》)
> 問卜筮曰：義與？志與？義則可問，志則否。(《禮記·少儀》)
> 燕客史由對曰：辭則有焉，理則否矣。(《孔叢子·公孫龍》)

"同姓媵之"指"媵同姓"，"義則可問"指"可問義"，"辭則有"指
"有辭"，"媵""問""有"和它們的否定行為的施事者是同一的。

2.6. 在2.4句中與"V＋V"相對的有"不然則否"，也就是說，前句
的兩個謂詞都可以出現對應的否定，如果祇否定前一個"V"，形成"V＋
V，否＋V"。句中"否"後多用"則"連接，但"則"是屬下的：

> 格則承之庸之，否則威之。(《書·益稷》。孔傳：不從教則以威

刑之。)

　　諸侯新服，陳新來和，將觀於我。我德則睦，否則攜貳。(《左傳·
襄公四年》)

　　二三子用我今日，否亦今日。(《左傳·成公十八年》)

　　三月之末，擇日翦髮為鬌，男角女羈；否則男左女右。(《禮記·
內則》)

## 2.7. "否"否定上一分句謂語，這一謂語不在對應位置上：

　　相小人，厥父母勤勞稼穡，厥子乃不知稼穡之艱難，乃逸乃諺。
既誕，否則侮厥父母。(《書·無逸》。孔傳：小人之子既不知父母
之勞，乃為逸豫遊戲，乃叛諺不恭。已欺誕父母，不欺，則輕侮其
父母。)

　　臣觀吳王之色，類有大憂。小則嬖妾、嫡子死，否則吳國有難，
大則越人入，不得還也。(《吳越春秋·夫差內傳》)

## 2.8. "否"獨立成句表示否定應答：

　　公子翬諂乎隱公，謂隱公曰："百姓安子，諸侯說子，盍終為君
矣？"隱曰："吾否。吾使脩塗裘，吾將老焉。"(《公羊傳·隱公四年》)

這種主謂結構的應答僅發現一例，多數是單用一個"否"字成句：

　　公孫丑曰："樂正子強乎？"曰："否。"(《孟子·告子下》)
　　尹文曰："使若人於廟朝中，深見侮而不鬥，王將以為臣乎？"王
曰："否。大夫見侮而不鬥，則是辱也。辱則寡人弗以為臣矣。"(《呂
氏春秋·正名》)

也可自問自答：

　　然則為取可以為其有乎？曰否。何者？若楚王之妻媦，無時焉可

也。(《公羊傳·桓公二年》)

2.9. "否"沒有照應詞作謂語:

子見南子,子路不說。夫子矢之曰:"予所否者,天厭之!天厭之!"(《論語·雍也》)

若是,則愁之者不攻也。為名者否,為利者否,為愁者否,則國安於磐石,壽於旗翼。(《荀子·富國》。楊注:否,不攻也。)

自天子以至於庶人,壹是皆以脩身為本,其本亂而末治者否矣。(《禮記·大學》。孔疏:否,不也,言不有此事也。)

今夫天兼天下而愛之,撽遂萬物以利之,若豪之末,非天之所為也,而民得而利之,則可謂否矣。(《墨子·天志中》。張純一集解:則可謂無矣。蓋否即無字之義。)

3. 綜述

3.1. "否"的主要用法總結

以上,我們從簡到繁,通過擴展和替換,對"否"和用法從兩個方面進行了分析和梳理,總結如下。

3.1.1 "V否"的主要變化:

**表1**         **"V否"在句中的基本分佈**

| | 句 式 | 例 句 | 簡 析 |
|---|---|---|---|
| 1 | $N + V$ 否 | [王]安否? | "V否"充當單句謂語 |
| 2 | $N + V + (N + V$ 否$)$ | 聖人……計(其可否)。 | "V否"構成主謂詞組作賓語 |
| 3 | $N + V + V$ 否$_0$ | [吾]不知信否。 | $(N + V$ 否$)$ 中略去 $N$,"V否"充當賓語 |
| 4 | $N + (V + V_0 + V +$ 否$_0)$ | [盟主]賞共罰否。 | 分離 $V + (V$ 否$)$ 結構為 $V + V_0 // + // V +$ 否$_0$ |
| 5 | $N + V +$ 否$_0$ | 臣獻其否。 | 略去 $V + V_0$,"否"單獨作賓語 |

這類句子的主語經常省略,謂語等成分前也可以插入狀語等附加成分。

3.1.2 "否"單獨作謂語的主要變化,它是在"V否"結構基礎上發生的：

表2 謂語中的 "V 否"

| | 句 式 | 例 句 | 簡 析 |
|---|---|---|---|
| 1<br>3 | N + （ ～ + V + ～ + 否）<br>$N_1$ + V + $N_2$ + 否 | 皋一見一否。<br>人涉卬否。 | "N + V 否" 通過插入派生出兩個緊縮結構，一是插入關連詞，一是採用不同的主語 |
| 2<br>4 | N（$V_1$ + V, $V_{1'}$ + 否）<br>$N_1$ + V, $N_2$ + 否 | [晏子] 法則予，非法則否。<br>小人恐矣，君子則否。 | 1、2 句都可分離，1 句中 " ～ " 是連詞或副詞，分離後為謂詞（$V_1$） |
| 5 | N（$V_1$ + V, 不然 + 否） | 凡諸侯有命告則書，不然則否。 | 對應句中 "$V_1$ + V" 都可被否定，分別用 "不然" 和 "否"，二者同義 |
| 6 | N（$V_1$ + V, 否 + V） | 我德則睦，否則攜貳。 | 對對應句中的 $V_1$ 採用否定形式，V 用反義詞 |
| 7 | N + V, 否 + $V_2$ | [子] 既誕，否則侮厥父母。 | "否 + V" 對應的不是 "$V_1$ + V" |
| 8 | "N + V?" "否。" | "樂正子強乎?" "否。" | 以問句為對應句，用 "否" 作答 |

## 3.2. "否" 和 "非" "未" "不" 的比較和它的來源

"非" "未" "不" 有一些和 "否" 相同的用法：

秦始皇嘗使使者遺君王后玉連環，曰："齊多知，而解此環不?"（《戰國策·齊六》）

君除吏已盡未? 吾亦欲除吏。（《史記·魏其武安侯列傳》。此二例比較：[王] 安否?）

若茍明於民之善非也，則得善人而賞之，得暴人而罰之也。（《墨子·尚同下》）

趙主父使李疵視中山可攻不也，還報曰："中山可伐也。"（《韓非子·外儲說上》）

秦數使反間，偽賀公子得立為魏王未也。（《史記·魏公子列傳》。此三例比較：聖人……計其可否。）

燕使約諸侯從親如蘇秦時，或從或不。（《史記·蘇秦列傳》。此例比較：人涉卬否。）

我先出則子止，子先出則我止。今我將出，子可以止乎，其未邪？（《莊子·德充符》）

此夫魯國之巧僞人孔丘，非邪？（《莊子·盜跖》）

陛下必欲致之，則貴其使者，令有親屬，以客禮待之，勿卑，使各佩其信印，乃可使通言於神人。神人尚肯邪，不邪？（《史記·孝武本紀》。此三例比較：然則夷吾將受魯之政乎？其否也？）

將甲者進辭曰："以為陽虎也，故圍之。今非也，請辭而退。"（《莊子·秋水》）

又不如立其兄弟，不，即立趙後。（《史記·張耳陳餘列傳》。此二句比較：我德則睦，否則攜貳。）

陳亢問於伯魚曰："子亦有異聞乎？"對曰："未也。嘗獨立，鯉趨而過庭，曰：'學詩乎？'對曰：'未也。'"（《論語·季氏》）

公曰："請見客，子之事與？"對曰："非也。""相國使子乎？"對曰："不也。"（《呂氏·不苟》。此二句比較："樂正子強乎？""否。"）

所以不者，皆曰以燕亡於齊……此皆絕地形，群臣比周以蔽其上。（《戰國策·韓三》）

君子所敬，而小人所不者歟？（《荀子·賦篇》。此二句比較：予所否者。）

從秦漢以前的文獻來看，"否"的上述用法和"非""未""不"有很大的一致性，但"否"的用例更為充分和全面，尤其與"不"相比，各例時代都要早得多，似乎是"否"影響了"非""未""不"的使用。但進一步的追溯情況就不同了，"V 不"組合早在西周初已經出現：

正乃訊厲曰："汝賈田不？"（《五祀衛鼎》）

"V 不"來源於"V 不 V"，兩個相同的動詞重復，省略了後一動詞，形成了一個特定的形式。① 比較之下，"否"的年代要晚些。但是，為什

---

① 參見俞理明《〈太平經〉中非狀語地位的否定詞"不"和反復問句》，《中國語文》2001年第 5 期。

麼在商代和周初已經出現的"V不"在春秋戰國時期的文獻中幾乎不見了呢？這應該與"否"的出現有關。我們推想，由"V不"及其派生的"不"的各種用法，在語法和意義上都和否定副詞有了很大的不同，就分化出"否"來表示這些新的意義和用法。這就可以解釋"否"既有和一般副詞的非狀語用法一致的地方，也可以解釋它不用在動詞形容詞前作修飾的原因。

3.3. 結論

（1）語法上，"否"是謂詞性的，它和動詞並列，或單獨充當謂語、單獨成句，但幾乎不修飾動詞形容詞①；

（2）意義上，"否"具有指代性，它的意義來自於它的對應成分，表示與對應成分相反的意義，沒有語境的支持，它的意義就不明確。因此，它後來跟謂詞性的代詞"然"形成一對反義詞；

（3）古今疑問句末的否定詞都是有意義的，沒有理由把它們看作助詞。這些句末成分和它們在句中時一樣，表示並列短語中的否定項，因此這類句子應該看作是簡略的反復問，而不是是非問。

（4）用於應對的"否""然""不""非""未"等，都獨立成句，與應對詞關係密切，接近於歎詞。

（5）詞語在變化後的興盛期會有一些超常用法，這些用法不足以影響它的主流。像"否用"那樣的個別用例屬於此類。

（6）詞語的實化。"否"的語義和功能的變化，顯示了詞語演變中的另一種趨向，一個來自虛詞的成分，由於交際中簡略的原因，逐漸佔據了實詞的位置，語用中，由於句式變化而帶來的這些詞的運用範圍的擴大，使它在語義和功能兩個方面都具有了較為完備的實詞的特性，這是一種與虛化相反的變化。來自於副詞的"否"由謂語動詞發展為賓語動詞，又有了抽象名詞的用法，即為實證。②

---

①　在這方面，古今文獻中都祇有極少的用例，屬例外。如《墨子》中有幾例"否用"相當於"不用"，但這是引《尚書》，而今傳《尚書》無此語。現代漢語中"否"修飾動詞僅見於"否定""否認""否決"等詞中，而它們產生於"五四"以後的書面語。

②　"否"用於"臧否""臧否"等，最初屬"V否"，但是在意義專門化後，詞性和讀音也有了區別。但像《墨子》的"善非"（與"善否"（臧否）同義）仍向我們證明，其中的"否"源自否定副詞，用字和讀音的區別是出於語用的需要。

　　**附記：**袁本良先生《古漢語"否"字用法的再認識》（參見《守拙齋漢語史論稿》，貴州人民出版社 2005 年版）持論與本文同，可參。

　　（原載《簡帛語言文字研究》第二輯，巴蜀書社 2006 年版，第 280—290 頁）

# 從東漢文獻看漢代句末否定詞的詞性

　　句末否定詞是疑問語氣詞的一個來源，如王力先生指出，現代漢語的疑問語氣詞"嗎"就是在唐代以後由句末的否定詞"無"演變來的，① 近年來學者研究漢藏語系中的其他語言時也發現，否定詞向疑問語氣詞的轉化，是一種比較普遍的現象。②

　　否定詞"不"出現在句末動詞後構成問句的用例，在西周金文中就可以看到。③ 但周代較早的傳世文獻中沒有發現這類用例，戰國以後這類現象又出現了，但是數量不多，分佈零散。東漢後期的文獻中，否定詞用於句末十分普遍，我們曾對道教文獻《太平經》中的這類用例作過描寫。④

　　現在的問題是，對於這些句末否定詞的詞性，目前的認識並不一致。何樂士等先生《古代漢語虛詞通釋》認為六朝以前的句末否定詞都是副詞，⑤ 而何金松先生《虛詞歷時詞典》採用了比較寬的標準，把歷代文獻中疑問句末的"不""否""非""未""無"等都看作是疑問語氣詞。⑥ 不同的結論，顯然是分析中採用標準不同造成的，這兩種不同的分析反映在辭書中，就出現令人費解的地方。比如句末的"不"，《漢語大詞典》有

---

　　① 參見王力先生《漢語史稿》中冊，中華書局 1980 年版，第 452 頁。
　　② 參見宋金蘭《漢藏語是非問句語法形式的語法形式的歷史演變》，《民族語文》1995 年第 1 期。
　　③ 參見向熹先生《簡明漢語史》下冊，高等教育出版社 1993 年版，第 11 頁。
　　④ 參見俞理明《〈太平經〉中非狀語地位的否定詞"不"》，《中國語文》2000 年第 3 期；《〈太平經〉中非狀語地位的否定詞"不"和反復問句》，《中國語文》2001 年第 5 期；《從〈太平經〉看漢代漢語中不帶中心成分的否定副詞》，《古漢語研究》（待刊）。文中談到的有關《太平經》的一些問題參見以上三文，不另出注。所引《太平經》書證後的數字，標示卷次和篇次。
　　⑤ 《古代漢語虛詞通釋》，北京出版社 1985 年版。
　　⑥ 《虛詞歷時詞典》，湖北人民出版社 1994 年版，第 482—483 頁。

兩處解釋：一處釋作副詞用在句末表示疑問，跟反復問句的作用相等，方言。例子之一是《兒女英雄傳》第十四回的"我且問你，褚一官在家也不?"另一處釋同"否"，語末助詞，例子之一是《後漢書·段熲傳》的"田嬰夏育在此不?"相似的句中成分，在古文獻中被判為語氣詞，而在近現代的方言口語中卻承認它的副詞性，注音也不一樣。考慮到漢語的傳承性以及詞義發展的總趨向，這種處理顯然是自相矛盾的。

我們承認否定副詞有發展為疑問語氣詞的可能，但是，應該注意到，詞的意義和語法功能的發展是有一個過程的，一個詞語在某一新的句子位置上的出現，可能是它在語法功能和意義上的變化的開始，而不是完成。因此，不能單純地從組合的角度，還是要綜合它在聚合中的地位並縱觀它的變化過程來作考察。漢語否定副詞向語氣詞的發展，有豐富的文獻資料，它的變化過程是具體可考的，可以從中得出有說服力的結論。

"V 不"這樣的疑問句，有兩種理解，一是同"V 乎"或"V 邪"，把句末的"不"理解作一個疑問語氣詞，一是同"V 不 V"，把句末的"不"理解作一個省略中心語的副詞狀語。"V 乎"一類的疑問句在先秦時期有大量用例，而"V 不 V"結構，出現得更晚，現在發現的最早的用例見於睡虎地秦簡,[①] 但是，我們在褚少孫補的《史記》中看到了一些卜辭，其中"V 不"與"V 不 V"並行，如：

> 卜居官尚吉不。吉，呈兆身正若橫，吉安；不吉，身節折，首仰足開。卜居室家吉不吉。吉，呈兆身正若橫，吉安；不吉，身節折，首仰足開。(《龜策列傳》)

褚文多用"V 不 V"句式，"吉不"這樣的"V 不"衹一見，或許有奪文。據褚少孫稱，這些卜辭是他"往來長安中，求《龜策列傳》不能得，故之大卜官，問掌故文學長老習事者，寫取龜策卜事"而成的，在卜辭之前，他記述了宋元王與神龜的故事，表明這些卜辭與殷商卜辭有密切關係。褚少孫把"V 不"和"V 不 V"看成同類結構，而不與"V 乎"同

---

① 參見朱德熙先生《"V－neg－VO"與"VO－neg－V"兩種反復問句在漢語方言裡的分佈》，《中國語文》1991 年第 5 期。

類，可證當時 "V 不" 的 "不" 是一個副詞。"V 不 V" 結構在東漢多種文獻中出現，多用於陳述句，以下是《太平經》以外的用例：

> 操行有常賢，仕宦無常遇。賢不賢，才也；遇不遇，時也。(《論衡·逢遇》)
>
> 修身正行，不能來福；戰慄戒慎，不能避禍。禍福之至，幸不幸也。(《論衡·累害》)
>
> 夫形不可以不滿丈之故謂之非形，猶命不可以不滿百之故謂之非命也。非天有長短之命，而人各有稟受也。由此言之，人受氣命於天，卒與不卒，同也。(《論衡·氣壽》)
>
> 問："坐與行為同不同?" 報："有時同，有時不同。" (安世高《大安般守意經》卷上，15/166—1)

"V 不 V" 和 "V 不" 也可以在中間加入連詞 "與" 作 "V 與不 V" 和 "V 與不"，其中的 "不 V" 和 "不" 一樣，與前項的 "V" 在語法上平列構成並列詞組。"V 不 V" 有時可與 "V 不" 前後並用：

> 故欲樂知天道神不神、相應與不也，直置一病人前，名為脈本文，比若書經道本文也，令眾賢圍而議其病。(《太平經》卷 50/74)

"V 不 V" 和 "V 不" 都可以兩用於疑問句和陳述句，可見，"V不" 句的疑問語氣不是由 "不" 表示的，而是附加在這個句子上的，它的情況，相當於在一個陳述句的基礎上附加一個疑問的語調構成一個疑問句，"不" 本身沒有表示疑問語氣的作用。由於 "不" 本身不帶語氣，所以在它的後面可以再加上疑問語氣詞 "乎" "邪 (耶)" "哉" 等，我們在《太平經》已經看到過一些這樣的用例，在東漢的佛經中，也有這樣的用例：

> 佛言："空處可計盡不耶?" 須菩提言："空不可計盡。" (支讖《道行般若經》卷五，8/451—1)
>
> 更作方便，化作若干菩薩在其邊住。因指示言："若見不耶? 是悉

菩薩，皆供養如恒中沙佛。”（支讖《道行般若經》卷六，8/455—1）

　　“譬如遮迦越羅正夫人與貧窮人共交通，從中生子。”佛語迦葉，“是寧應為遮迦越羅子不乎？”迦葉報佛言：“不也。”（支讖《遺日摩尼寶經》，12/191—2）

　　善明，寧知彼時少年不乎？則爾身是也。（支曜《成具光明定意經》，15/455—1）

　　佛告王曰：“兒在胎中若有盲聾，母豫知不耶？”王答佛言：“實不豫知。”（康孟詳《中本起經》，4/153—1）

如果這個“不”後用的是語氣詞“也”，那么，它就祇能是陳述的語氣了：

　　故得其數者，因以養性，以知時氣至與不也，本有不調者安之。古者聖賢，坐居清靜處，自相持脈，視其往來度數至不，便以知四時五行得失。（《太平經》卷50/74）

“不也”單用表示否定的回答，佛經中也不乏與《太平經》相似的用例：

　　須菩提言：“云何，舍利弗，用色逮乎？”“不也。”“離色法逮乎？”“不也。”“痛癢思想生死識逮乎？”“不也。”“色本無，寧逮不？”“不也。”“色本無有法逮不？”“不也。”“痛癢思想生死識本無寧逮不？”“不也。”“離識本無有法逮不？”“不也。”“是本無使逮不？”“不也。”“離本無有法使逮不？”“不也。”（支讖《道行般若經》卷五，8/454—1）

　　佛語迦葉：“是人應得為有是字不？”迦葉言：“不也。”（舊題支讖《遺日摩尼寶經》，12/193—1）

　　迦葉夜起，見佛前有四火。清旦問佛：“大道人亦事火乎？”佛言：“不也，昨夜四天王來聽說法，是其光耳。”（康孟詳《中本起經》，4/151—1）

在其他情況下，“不”可以單獨充當句子的謂語，這是承上文省略了動詞中心語，我們在《史記》中看到一例，《太平經》中有四例：

> 燕使約諸侯從親如蘇秦時，或從或不。（《史記·蘇秦列傳》）
>
> 其言相似，猶若重規合矩，轉以上彰明，不得不也。（《太平經》卷 70/1069）
>
> 俱樂得天心地意，去惡而致善，而辭不盡同，壹合壹不，大類相似。（《太平經》卷 91/132）
>
> 為是不敢懈怠，萬萬度世一不耳，萬得大吉一凶耳。（《太平經》卷 98/156）
>
> 俗人冥冥不睹，則言其已度世矣，實不也。（《太平經》卷 117/208）

“不”單獨構成一個分句作“不者”表示一種與上文相反的情況，並引出下文，如《史記·項羽本紀》中的“不者，若屬皆且為所虜”，也是“不”在這方面發展的結果。

可以證明句末的“不”不是語氣詞的另一個根據，就是“不”可以在“Ｖ不”問句後，用“不”來作否定的回答，因為問句中的語氣詞是不能用來回答問題的：

> 佛言：“云何，心前滅後復生耶？”須菩提言：“不也。”佛言：“心初生可滅不？”須菩提言：“可滅。”佛言：“當所滅者寧可使不滅不？”須菩提言：“不也。”佛言：“本無寧可使住不？”須菩提言：“欲住本無，當如本無住。”（支讖《道行般若經》卷六，8/457—2）
>
> 佛語迦葉：“是人應得為有是字不？”迦葉言：“不也。”（舊題支讖《遺日摩尼寶經》12/193—1）
>
> “若人言：我能以塵汙於虛空。乃能為不？”王言：“不。”“若有人言：我能卻虛空之垢。能卻不？”王言：“不能。”（舊題支讖《阿闍世王經》卷下，15/400—2）

“Ｖ不”問句後用“不Ｖ”表示否定回答，意義與單用“不”相同，這也能說明句末的“不”尚未虛化為語氣詞，而是“不”後省略了動詞：

文殊師利言："今為盡不？"則答言："不盡。所以未盡者，以若疑故。"（舊題支讖《阿闍世王經》卷下，15/400—2）

文殊師利言："汝知日明與冥合不？"阿闍世言："不合。"（舊題支讖《阿闍世王經》卷上，15/396—2）

佛語迦葉："是人寧劫虛空不？"迦葉言："不可劫也。"（舊題支讖《遺日摩尼寶經》12/191—1）

在一定條件下否定組合中略去謂詞祇用否定詞，在當時比較普遍，並不限於"不"。否定詞"未"在語法上與"不"最接近，它們都是動詞的限定成分，表示對動詞的否定，所以"未"也可以表示否定應答、單獨作謂詞和並列的否定項用於陳述句或疑問句中：

陳亢問於伯魚曰："子亦有異聞乎？"對曰："未也。嘗獨立，鯉趨而過庭，曰：'學詩乎？'對曰：'未也。'"（《論語·季氏》）

故曰君之好士未也。（《戰國策·齊策四》）

是故欲知將平與不平，但觀五帝平與未，足以自明，足以自知也。（《太平經》卷 93/140）

天君出文視之，與外書同，敕便上。大神言："不審年滿未，請還諦案之。"天君謂："大神安置耳目，而不盡視之，而言還案乎？"（《太平經》卷 114/198）

摩訶比丘僧五百人皆得阿羅漢，獨阿難未。（支讖《般舟三昧經》13/902—3）

文殊師利言："其疑以盡未？"王言："已從久遠盡。"（舊題支讖《阿闍世王經》卷下，15/402—3）

佛告拘憐："解未？"拘憐退席對曰："未悟，世尊。"（康孟詳《中本起經》卷上，4/148—3）

遂作章暢辭曰："屯乎，今欲伐吳，可未耶？"（《吳越春秋·勾踐伐吳外傳》）

真人前，子連時來學道，實已畢足未邪？（《太平經》卷 35/41）

子之愚心，解未乎哉？（《太平經》卷 46/62）

今大命可知與未乎？（《太平經》卷 55/82）

“非”否定名詞謂語，通常用於對判斷的否定，與“不”“未”的語法作用雖不一樣，但還是有一些相同的變化的，比如在詢問時省略後面的名詞中心語，單獨用來回答判斷性的問句：①

　　子曰：“賜也，女以予為多學而識之者與？”對曰：“然。非與？”曰：“非也。予一以貫之。”（《論語·衛靈公》）

　　公孫丑問曰：“仕而不受祿，古之道乎？”曰：“非也。”（《孟子·公孫丑下》）

　　問曰：夫子之任不見季子，之齊不見儲子，為其為相與？曰：非也。（《孟子·告子下》）

　　公曰：“請見客，子之事與？”對曰：“非也。”“相國使子乎？”對曰：“不也。”（《呂氏春秋·不苟》）

　　今紀無罪，此非怒與？曰：非也。（《公羊傳·莊公四年》）

　　然則是王者與？曰：非也。（《公羊傳·文公九年》）

也可以用在一個判斷性的問句之後與前面的問句並列，表示反問：

　　由此觀之，怨邪？非邪？（《史記·伯夷列傳》）

　　由是觀之，富無經業，則貨無常主，能者輻湊，不肖者瓦解。千金之家比一都之君，巨萬者乃與王者同樂，豈所謂“素封”者邪？非也？（《史記·貨殖列傳》）

“不”“未”可以構成“V不”“V未”，“非”也可以用在一個肯定性判斷句後構成“N非”表示反義的項：

　　此夫魯國之巧偽人孔丘，非邪？（《莊子·盜跖》）

　　若伯夷、叔齊，可謂善人者非邪？（《史記·伯夷列傳》）

　　問：“數息為泥洹非？”報：“數息相隨鼻頭止意，有所著不為泥

------

　　① 這種用法可能受到它的形容詞義的影響：如《左傳·昭公十三年》：“平子怒，令見費人執之，以為囚俘。冶區夫曰：‘非也。若見費人，寒者衣之，饑者食之。’”《穀梁傳·宣公四年》：“伐莒，義兵也；取向，非也，乘義而為利也。”“非”是錯誤的意思，與“是”相反。

洹。"（安世高《大安般守意經》卷下，15/172—3）

天子出，到宣平門，當度橋，泥兵數百人遮橋曰："是天子非?"（《後漢書·董卓傳》李賢注引《獻帝起居注》）

"無"作動詞與"有"構成反義詞。句末用"無"的"有 O 無"的用例出現得比較晚，一般所舉的最早用例都見於唐代，但是，我們在《太平經》中看到了一個例子：

令德君數遣信吏，問民間有疽癘疥者無，有者，多少。有疽癘疥者，行書未究洽於神靈，自苦有餘蟲食人。蟲乃食人，即蟲治人也固固，下有餘無道德臣民，比若蟲矣，反食於人，是使蟲治人之效也；無有疽癘疥者，即皆應善人在位，無復蟲也。（《太平經》卷 86/127）

這種句式顯然與有無對舉的"有 O 無 O"結構有關：

卜歲中有兵無兵。無兵，呈兆若橫吉安；有兵，首仰足開，身作外強情。（《史記·龜策列傳》）

不過，不論是有無對舉的"有 O 無 O"還是"有 O 無"，直到東漢都還處於萌芽狀態，用例很少。在很多情況下，由於動詞"有"可以用"不有"作否定形式，所以，也可用"V 不"句式構成"有 O 不"，但它的否定答句就不能用"不"了，而要用"未有"或"無有""無有 O""無""無 O"等：

佛而告曰："彼有精舍容吾眾不?"對曰："未有。"（康孟詳《中本起經》卷下，4/156—2）

"泥洹為有不?"報："泥洹為無有。但為苦滅。一名意盡難泥洹為滅報但善惡滅耳。"（安世高《大安般守意經》卷下，15/172—3）

"其人行過於疾風，寧有能計其道里不?"颰陀和言："無有能計者，獨佛弟子舍利弗羅阿惟越致菩薩乃能計之耳。"（支讖《般舟三昧經》13/902—1）

阿闍世復問："其佛得佛時乃有法上天入泥犁者不？乃有安隱當
至泥洹者不？"文殊師利則言："無。"（支讖《阿闍世王經》卷下，
15/402—2）

文殊師利謂阿闍世："乃可緣戒求三昧貢高於智能，作如是則有住
處不？"阿闍世言："無。"（支讖《阿闍世王經》卷下，15/402—2）

其佛問波坁盤拘利："化者而有所從行不？"則答言："無所從
行。"（支讖《阿闍世王經》卷上，15/391—3）

由於"有……不"句的否定答覆不是用"不"，而是用可與"有"直
接相對的"無"或"無……"，其中句末的"不"表示正反對舉兩項中否
定項的意義開始模糊了。同時，東漢文獻中出現了以"不V"作為正項與
"不"並列構成"不V不"的反復問句，由於前一"不"的出現，對句末
"不"表示否定項的作用產生了消極影響：

令一國……斗極不明，萬二千國寧盡不明不乎？（《太平經》卷
92/134）

"譬若有大鳥，其身長八千里若二萬里，復無有翅，欲從忉利天上
自投來下至閻浮利地上。未至，是鳥悔，欲中道還上忉利天上。寧能復
還不耶？"舍利弗言："不能復還。"佛言："是鳥來下至閻浮利地上，欲
使其身不痛。寧能使不痛不耶？"舍利弗言："不能也。是鳥來，其身不
得不痛。若當悶極、若死。"（支讖《道行般若經》卷五，8/224—3）

在"不V不"結構中，句末的"不"還是一個表示與前文反項選擇
的副詞。不過，從"有……不"和"不V不"這樣的結構開始，"不"的
副詞性受到動搖，有了向語氣詞轉化的可能。

從我們調查的結果來看，一直到漢代結束，否定詞在疑問句末還是副
詞，這不僅可以通過這些否定詞本身的各種用法之間的關係、對它們的回
答方式來證明，也可以通過不同否定詞在這方面發展的平行關係來證明。
另外，從歷史來看，"不"的這種變化是有限度的，兩三千年來它一直可
以用在句末（現代一些漢語方言口語仍可見到），但卻沒能成為漢語疑問
語氣詞的基本形式。而在這方面起步很晚的"無"卻失去了否定詞的特

性，發展成了現代漢語的語氣詞"嗎"。

附記：楊逢彬先生《對殷墟甲骨刻辭中"雨不雨"、"雨不"的考察》（載《武漢大學學報》2000 年第 1 期）指出，甲骨卜辭中的"雨不"當斷作"雨，不"，不當為"V 不"結構，宜從。

（原載《漢語史學報》第四輯，上海教育出版社 2004 年版，第 35—41 頁）

# 《玄都律文》的用詞和《漢語大詞典》的釋義<sup>①</sup>

六朝是中國道教蓬勃發展的時期，源自蜀中、具有政教合一色彩的天師道，活躍在中國北方。天師道的組織者為了適應道教團體管理的需要，制定了一批文獻，闡明天師道各級成員在道教的宗教修行、組織管理以及經濟等方面的行為準則，《玄都律文》就是其中一種。今本《玄都律文》一卷，約八千字，作者不詳，成書在南北朝以前。<sup>②</sup>

作為一個特殊的社會群體，道眾的用語具有明顯的社會方言性質，反映了它的群體特點，比如《玄都律文》中一組帶"司"的神吏"司命""司過""司考""司非"：<sup>③</sup>

> 非法而言，亡算奪紀，司過言罪，司命削籍。（3—457b）
> 司過司考，師家治中，將吏所害，考罪先世。（3—461c）
> 違律，司非執法，治官吏坐。（3—462b）

但是，跟大眾用語有區別的道教社團用語，祇是道眾用語的枝節。道眾是全民社會的一部分，道眾或道教用語的主體或多數，跟全民共通。因此，道經中不少材料跟當時的漢語息息相關，是漢語歷史研究的基本素材。

---

① 本文是國家社會科學基金項目"早期天師道文獻詞彙描寫研究"（項目編號 09BYY043）和教育部人文社會科學重點研究基地重大項目"六朝道經韻部研究"（項目編號 2009JJD750011）的前期成果。
② 參見任繼愈主編《道藏提要》，中國社會科學出版社 1991 年版。
③ 本文引用道典據《正統道藏》（文物出版社、上海書店、天津古籍出版社 1988 年影印本），引例後的括弧內數字表示該例所居的冊數、頁碼及欄數。

《漢語大詞典》（以下簡稱《大詞典》）反映 20 世紀 80 年代漢語歷史詞匯研究的最高成果，是歷史詞匯研究中經常參考的重要工具書。在閱讀《玄都律文》時參考比照《大詞典》，可以發現，《玄都律文》中有些詞語的實際含義跟《大詞典》解釋不盡一致，《玄都律文》的用例可以為《大詞典》相關條目釋義修訂時提供參考。以下討論，主要以《大詞典》的釋義跟《玄都律文》材料為主，必要時借引《大詞典》的引例以及道經和其他文獻中的用例。

## 一 《玄都律文》的用例可以為《漢語大詞典》某些條目補充義項

【承領】《大詞典》釋為"答理，承認"，引例：

> 元無名氏《氣英布》第二折："哎！隨何也！你怎麼不言語，不承領？從今後將軍不下馬，各自奔前程。"

在道經中，"承領"有繼承統領的意思，相當於說"承襲、繼承"：

> 《玄都律文》："制道士女官道民籙生。百姓所奉屬師者，父亡子繼，兄沒弟紹，非嫡不得繼，或兒息小弱，當大人攝治，兒長則立治依舊。若無人承領，則尋根本上屬，不得他人屬。違律，罰筭一紀。"（3—459b）①

【大法】《大詞典》有五個義項：①基本法則。②指國家的重要法令或根本法。③指朝廷的綱紀。④佛教語。謂大乘佛法。⑤複姓。

概括地說，"大法"指某個社會或群體中最基本或最重要的規則，在不同的範圍內，它有不同的含義，可以是自然界的、國家的、朝廷的、佛教的。對於道教來說，也有自己的"大法"，包括道教的全套戒律，或者泛指道教的基本規則：

---

① 其他文獻中也有類似的用例，如《祖堂集》卷十三："二祖於達摩邊承領得個什摩事？"

《玄都律文》："道士女官籙生，身年十八已上，得受大法。"（3—461b）

《傳授經戒儀經訣》："傳授之重，聖賢所崇，吉人君子，尊之必齋。齋供豐儉，隨時施設，大法清虛，簡素為上。"（32—171a）

《上清三元玉檢三元布經》："既有髣髴大法，不出九年，無不見正真之神也。"（6—222b）

【法教】《大詞典》有兩個義項：①法制教化。②佛法之教化。這兩個釋義與道經中的用例都不切合，道經中"法"指道教之法，"法教"是道教的教化：

《玄都律文》："師皆當遵奉法教，此性命之主也。"（3—459b）

《正一威儀經》："當自謙下，敬重法教，勿損威儀。"（18—254a）

《正一修真略儀》："今且聊解三洞籙文修行大旨，將知至聖神真宣詔法教，其文其軌，咸謂符會於玄玄之道焉。"（32—175c）

【戶口】《大詞典》有四個義項：①住戶和人口的總稱。計家為戶，計人為口。②指戶數。③指人口。④指戶籍。在道經中，"戶口"被用來指戶內的人口，即家庭成員：

《玄都律文》："違法則命籍不上，吏守人上延七祖，下流後代，家長罰筭二百日，戶口皆各罰二紀。"（3—459b）

《太上金書玉牒寶章儀》："又有男官某等奉信真誠，以先對令條牒臣民戶數，所屬州縣鄉里名籍戶口年紀，始上關籍。"（18—320a）

【輕脫】《大詞典》釋為"輕佻"，指出語本《左傳·僖公三十三年》："輕則寡謀，無禮則脫。"杜預注："脫，易也。"並引下例：

《後漢書·列女傳·曹世叔妻》："若夫動靜輕脫，視聽陝輸，入則亂髮壞形，出則窈窕作態。"

宋王讜《唐語林·補遺四》："思恭吳士，輕脫，洩進士問目，三司推，贓汙狼藉，命西朝堂斬決。"

清蒲松齡《聊齋志異·辛十四娘》："［馮生］少輕脫，縱酒。"

但是，在道經中，"輕脫"不是指舉止不穩重，而指主觀態度不認真：

《玄都律文》："天租米是天之重寶，命籍之大信，不可輕脫，禍福所因，皆由此也。"（3—459b）

《陸先生道門科略》："其既闇濁，不知道德尊重，則舉止輕脫，賤慢法術也。"（24—781c）

【外官】《大詞典》有四個義項：①古指外朝卿大夫。②宮外百官。非近侍之臣。與內官相對。③或謂在外捍衛邊境之官。④地方官。與京官相對。

外與內相對是以一定的範圍為前提的：以朝廷為範圍有內朝與外朝，以宮廷為範圍有宮內與宮外，國家的腹地與邊境形成內外，以京城為範圍中央與地方也形成內外。宗教也是一個範圍，因此，道教中"外官"指的是擔任朝廷官職的人，與道教中的管理者相對：

《玄都律文》："神仙臨降，非小故耶。皆正心存想，不得亂語，說流俗不急之事，悉依法籙大小為次第。若所受同，以前後為次，若所受法籙治職同日，當以年長為次，若受外官，次雖大，悉不得加上內治次，若不用別為次第也。"（3—460a）

《老君音誦誡經》："若靈籙外官，不得稱治號。其蜀土宅治之號，勿復承用。"（18—217a）

【萬端】《大詞典》釋為"形容方法、頭緒、形態等極多而紛繁"。這個意義在道經中也很常見。但是，下例"萬端"用在並列短語之後，表示列舉未盡，相當於"等等"：

《玄都律文》："不得妄同，中傷百姓，及漁獵萬端。"（3—461a）

《太上洞淵神咒經》卷一："若有官事、刑獄，仍常有厄者，當受

此經。若邪狂口舌萬端，亦受此經。"（6—4c）

《老君音誦誡經》："鬼神萬端，惑亂百姓；授人職契録，取人金銀財帛。"（18—211a）

【三寶】《大詞典》有兩個義項：①三種寶貴之物。②（梵 Triratna）佛教語。指佛、法、僧。後以指佛教。

其實道教也有"三寶"，六朝時就廣為使用：

《玄都律文》："願禮拜三寶為一藥，以言為善為一藥。"（3—458a）

《正一威儀經》："正一住觀威儀，更相教誨，自惜法身，修善止惡，存念三寶，慈惠和柔，每事恭順，成就道場，外人干犯，皆當念忍。"（18—258b）

《正一官章儀》："大道保護，某身今齋白素若干尺，米若干斗升，良賤等物，詣某觀三寶御前，詣臣求乞迴化，厭伏此奴。"（18—279a）

《正一法文太上外録儀》："傾國倒家，供養三寶。"（32—213b）

在道教中，"三寶"至今使用不衰，至於它的含義，《道教大辭典》說，"道教原以元始天王所化玉清天寶君、上清靈寶君、太清神寶君為道教三寶，尊為最高之神。然因道教以學道、修道、行道為本，故又有其所本之本要旨尊為三寶者：（1）學道者以玉清元始天尊為道寶尊，上清靈寶天尊為經寶尊，太清道德天尊為師寶尊，作為皈奉道法之'道、經、師'三寶。（2）修道者，以人身之'精、氣、神'為修養性命，作出世功夫之三寶。（3）行道者，以'慈、儉、讓'為立身行道，作入世功夫之三寶。"六朝道經中的"三寶"即玉清天寶君、上清靈寶君、太清神寶君，是因為三位天尊名號都帶有"寶"字。

【條品】《大詞典》有兩個義項：①條例，章程。②鑒別評定。

道經中，"條品"的意義不同，它是動詞性的，指制定條例章程：

《玄都律文》："律曰：生男上廚，生女中廚，增口益財，求官保護，延口歲中，無他上廚之例。求度厄難，遠行求遷官，廚中之例。求治疾病，消縣官口舌，牢獄繫閉，下廚之例。故略條品法律科格如

此。"（3—459c）①

【心腹】《大詞典》有五個義項：①心與腹。②比喻要害部位。③親信。在身邊參與機密的人物。④指機要重任。⑤衷情，真意。

道經中的"心腹"是另一種引申用法，指人的內心、思想觀念：

> 《玄都律文》："不肯改更心腹，必為罪不除。"（3—458b）
> 《正一法文太上外錄儀》："責躬自咎，殺身無補，雀鼠願活，冒乞更造之恩，誓浣心腹，希重蘇之澤，改往修來，不敢以前為比。"（32—213a）

這個意義跟"衷情，真意"接近，但是，"衷情，真意"的含義是積極的，而道經中的用例，卻用於消極的方面。"改更心腹""浣心腹"都是洗心革面的意思。

【嚴敬】《大詞典》釋為"尊敬，敬重"，引例：

> 《漢書·五行志上》："王者即位，必郊祀天地……慎其齊戒，致其嚴敬。"
> 《舊唐書·孝友傳·裴守真》："甄陶化育，莫匪神功，豈於樂舞，別申嚴敬。"
> 《警世通言·趙太祖千里送京娘》："自此京娘愈加嚴敬公子，公子亦愈加憐憫京娘。"

在道經中，它表示個人的行事態度嚴肅恭敬，而不是對別人的尊重：

> 《玄都律文》："雞鳴皆起，嚴敬整容，冠帶朝拜。"（3—461a）②

---

① 其他文獻中也有同類用法，如《宋書·武帝紀》："政道未著，俗弊尚深，豪侈兼併，貧弱困窘，存闕衣裳，沒無斂槥，朕甚傷之。其明敕守宰，勤加存恤。賵贈之科，速為條品。"
② 其他文獻中也有同類用法，如唐穆宗《景陵禮成優勞德音》："洎內外庶官，嚴敬協心，克修典禮。"

【嚴淨】《大詞典》有二音二義:

一為"異常潔淨,非常清澄",引:

> 清吳偉業《過錦樹林玉京道人墓》詩序:"〔玉京道人〕所居湘簾棐几嚴淨無纖塵。"
>
> 冰心《寄小讀者》九:"窗外嚴淨的天空裏,疏星炯炯。"

一為"莊嚴清淨","嚴"通"儼",引:

> 唐玄奘《大唐西域記·迦畢試國》:"窣堵波、僧伽藍崇高弘敞,廣博嚴淨。"

這兩個意義,分別表示環境或氣氛,在道經中,"嚴淨"被用來形容儀表外觀整齊端正:

> 《玄都律文》:"誓不罵詈為一藥,為人嚴淨為一藥。"(3—458a)
>
> 《洞玄靈寶鐘磬威儀經》:"長鐘竟,嚴淨威儀,復與梵音,齊發庠雅。"(9—866c)
>
> 《洞真太上太霄琅書》卷七:"或併合眾經,須嚴淨如法,小大相容,不限度數。"(33—686c)

【彰顯】《大詞典》有兩個意思,"昭著的事實"和"顯赫",分別引:

> 《逸周書·克殷》:"殷末孫受德,迷先成湯之明,侮滅神祇不祀,昏暴商邑百姓,其彰顯聞於昊天上帝。"
>
> 明顏廣烈《〈顏氏家訓〉序》:"自是而後,歷宋而元,仕籍雖不乏,而彰顯不逮前,豈非《家訓》失傳之故歟?"

但道經中的用例跟上舉兩個意義都不同,表示顯揚、誇耀的意思:

《玄都律文》："好相引用為一藥，不自彰顯為一藥。"（3—457c）①

【輒便】《大詞典》釋為"隨即"，引例：

《百喻經·破五通仙眼喻》："有一愚臣，輒便往至，挑仙人雙眼，持來白王。"

《水滸傳》第八二回："新降之人，未效功勞，不可輒便加爵。可待日後征討，建立功勳，量加官賞。"

而在道經中，"輒便"指不按規章行事，有隨意、任意的意思：

《玄都律文》："男官女官主者，尋奉道之民各有根本，而比者眾官互略受他戶，寔由主者之過，不能以科法化喻，輒便領受。"（3—460a）

《玄都律文》："男官女官主者，受法籙治職之號，譬如王位。至於選補，皆由天臺，而頃者眾官輒便私相拜署。"（3—460c）

## 二　參考《玄都律文》用例中的含義，《漢語大詞典》的某些條目義項可作調整。包括以下幾種情況

1. 釋義過寬可分立。

【論評】《大詞典》釋為"評論"，引例：

晉葛洪《抱朴子·自敘》："未嘗論評人物之優劣，不喜訶譴人交之好惡。"

清顧炎武《子德李子聞余在難特走燕中告急諸友人復馳至濟南省視於其行也作詩贈之》："橐饘勤問遺，寢息共論評。"

郭沫若《民族的傑作》："要論評魯迅，我自己怕是最不適當的一個人。"

---

① 在其他文獻中也有同類用法，如《三國志·魏書·高貴鄉公紀》注引高貴鄉公自敘："昔帝王之生，或有禎祥，蓋所以彰顯神異也。"

342 | 下篇 基於佛道文獻的詞匯語法研究

在道經中，"論評"被視為負面行為，相當於"說人長短"：

> 《玄都律文》："論評誹議是一病。"（3—458c）

上引《抱朴子》例與此同，葛洪也是道教中人。道教不主張對別人說長道短，"論評"屬不良行為，而在後來的大眾用語中，"論評"相當於評價，是一種傾向於正面的行為，對行為者還有很高的要求。

【申述】《大詞典》釋為"詳細說明，訴說"，引：

> 《宋書·殷琰傳》："柳倫來奔，具相申述。"
> 《通典·選舉六》："若舉用後續知過謬，具狀申述及自按劾者，請勿論。"
> 鄒韜奮《勁兒多好》："在閘北抗日激戰之時，記者就有好幾位朋友僅以身免，家產蕩然，見面時多含淚申述，祇須於民族有裨，個人犧牲不足道。"

在道經中，"申述"的對像是神尊，是一種下對上的行為，相當於說"詳細上報"：

> 《玄都律文》："男官女官主者道民，年初保家口，或病痛百事，至心立願，皆質其醮誓，主者依承狀申述。蒙恩，限滿則輸，即為言功報勞。"（3—460b）

上引《通典》一例，也是上報的意思，與此同。

【宴處】《大詞典》釋為"安居，閒居"，引下三例：

> 《意林》卷一引《韓非子·八奸》："託宴處之娛，乘醉飽之時，求其所欲，則必聽也。"
> 魏王粲《贈處士孫文始》詩："遷於荊楚，在漳之湄；在漳之湄，亦剋宴處。"
> 唐薛用弱《集異記·鄭絪拜相》："鄭公歸心釋門，宴處常在

禪室。"

在道經中，"宴處"與"深居"並舉，表示隱逸、不涉世事：

《玄都律文》："但深居宴處，功名不顯，謂之微。"（3—456a）
《洞玄靈寶千真科》："出家之人，單景獨宿，與物不群，割愛遺榮，超然宴處。"（34—372c）

反觀《大詞典》所引三例，《韓非子》例與釋義切合，表示休閒消遣，而另兩例中的"宴處"都有閒靜避世的意思，跟道經用例同，當另立一義項。

2. 釋義偏窄應放寬。

【非禍】《大詞典》釋為"非常的災禍。指殺身或死亡"，引例：

宋孫光憲《北夢瑣言》卷七："〔李浣〕文學淵奧，迥出輩流，然恃才躁進，竟罹非禍。"
元施惠《幽閨記·兄弟彈冠》："多應是疾病亡，遭非禍。"

但在道經中，"非禍"雖然也指災禍，但不是死亡：

《玄都律文》："人有六十惡，數得非禍。"（3—456b）
《洞真上清太微帝君步天綱飛紀金簡玉字上經》："若卒急及非禍疾病，皆登時可步，不須待吉日也。"（33—445a）

"非禍"可以"數得"，不能用死亡來理解，因為一個生命祇能死一次。"非禍"應該指橫禍，其中"非"是反常、意外的意思。非正常死亡是一種橫禍，但橫禍不一定都造成死亡，這樣理解《大詞典》所舉兩例，也是恰當的。

【科格】《大詞典》釋為"關於徵發賦役的規章"，引例：

《陳書·宣帝紀》："燧烽未息，役賦兼勞，文吏姦貪，妄動科格。"

道經中的所指稍寬，泛指各種涉及財物管理的規章：

《玄都律文》："律曰：生男上廚，生女中廚，增口益財，求官保護，延口歲中，無他上廚之例。求度厄難，遠行求遷官廚中之例，求治疾病，消縣官口舌，牢獄繫閉，下廚之例。故略條品法律科格如此。"（3—459c）

《正一法文太上外錄儀》："某以晚生，遭化日淺，未解逆順，今當自責，出若干某物，以自拔贖，備錄科格。"（32—215b）

【主吏】《大詞典》釋為"秦漢郡縣地方官的屬吏"，引例：

《史記·高祖本紀》："沛中豪桀吏聞令有重客，皆往賀。蕭何為主吏，主進。"裴駰集解引孟康曰："主吏，功曹也。"清洪頤煊《讀書叢錄·都吏》："漢制太守屬官……內事考課遷除，皆功曹主之，故稱主吏。"

"主吏"在《玄都律文》中多有使用：

《玄都律文》："違律，罰筭四百日，主吏坐謫。"（3—456c）
《玄都律文》："律曰：救災除難，不如防之易，治病療疾，不如修之吉。若事父母師長以孝道，事君以忠敬，朋友以篤信。違律者，罰筭一紀，主吏坐其病到身。"（3—458b）

"主吏"跟"主者"相仿，不是職務名稱，而是泛指主管某項事務的吏員。

另外，《大詞典》有些詞目的多個義項區分太細，可以合併：

【割截】《大詞典》有三個義項並各引一例，分舉如下：

①割斷；截斷。《南史·江淹傳》："夜夢一人自稱張景陽，謂曰：'前以一匹錦相寄，今可見還。'淹探懷中得數尺與之，此人大恚曰：'那得割截都盡！'"

②謂從中截取。清嚴有禧《漱華隨筆·五經中額》："其間淹通博洽者，固不乏人，而浮誇躁進之徒，剽竊擬題，購求坊刻，割截成篇。"

③制克。漢王充《論衡·譴告》："凡物能相割截者，必異性者也；能相奉成者，必同氣者也。"

在道經中看到的用例，跟（1）、（2）義項都有點關係，但又不完全一致：

《玄都律文》："米一斛具使令二斗達天師治。其米不至天師，主者受割截之罪。"（3—460b）

《太上洞玄靈寶三元玉京玄都大獻經》："或有貪人中間割截功德物，一時雖得潤己，報罪如影隨形，死墮餓鬼之中。"（6—271b）

這是指克扣截留。道經中還有另外的"割截"用例：

《太上金書玉牒寶章儀》："恐日惡時凶，所啟不達，謬悮顛倒，言句差錯，乞仙官直使十二書佐主為修治長毫利筆，逐行調治，龍劍書刀，尋文割截。剩者為割，錯字為易，勿令漏沒。"（18—322a）

這是指修改文字，刪除贅餘的話語。綜合以上各例，可以認為，"割截"是指從一個整體中，截取或截除部分，即"截取"。

3. 釋義不確需修改。

【揭厲】《大詞典》釋為"高舉而揚厲之"，引例：

唐芮挺章《〈國秀集〉序》："及源流浸廣，風雲極致，雖發詞遣句，未協風騷，而披林擷秀，揭厲良多。"

唐杜甫《八哀詩·贈秘書監江夏李公邕》："哀贈竟蕭條，恩波延揭厲。"楊倫箋注："延揭厲，言國恩之及，尚待高揭而揚厲之。"

"揭厲"一詞《大詞典》採用楊倫的解釋，半文半白，不好懂。在道經中，它被用來表示"讚揚鼓勵"的意思，這樣的理解，也適用於上列兩例：

《玄都律文》："宣揚布化，賞善罰惡，相與揭厲，精加檢察，使功勤必獲其德。"（3—461c）

【論訴】《大詞典》釋為"論辯申訴"，引例：

《宋書·王藻傳》："前後嬰此，其人雖衆，然皆患彰退邇，事隔天朝，故吞言咽理，無敢論訴。"

《資治通鑒·唐僖宗光啟元年》："夏，四月，令孜自兼兩池榷鹽使，收其利以贍軍。重榮上章論訴不已。"胡三省注："論，盧昆翻，説也，辯也。"

《宋史·刑法志三》："崇緒特以田業為馮強佔，親母衣食不給，所以論訴。"

"論"有爭辯的意思，"訴"有控訴、指責的意思，"論訴"指的是矛盾雙方有理（或自以為有理）的一方提出指控：

《玄都律文》："起居有節為一藥，不論訴人為一藥。"（3—457c）

《太上洞神淵祝咒治病口章》："牽引天地，論訴神祇，稱怨理直，得恩忘義，不賽神祇。歿命之後，淪墜三塗，受其考對。"（32—730a）

有理而不與人紛爭，也是修道的一個重要方面，因此被稱為藥。

大多數的道經在以往的歷史語言研究中未得到應有的注意，因此，未納入歷史詞典編纂的材料範圍，由此造成了一些缺憾。《玄都律文》僅八千字，但是，其中僅《大詞典》已經涉及而未明釋的詞語就有數十例，這些詞語中，大多具有較高通用性。加上那些《大詞典》未收錄以及《大詞典》書證稍晚或太晚的詞語，道經材料對於漢語歷史詞匯研究的價值，自不待言。

（原載《漢語史研究集刊》第十三輯，巴蜀書社 2010 年版，第261—274 頁）

# 論道教典籍語料在漢語詞匯歷史研究中的價值

（與周作明合作）

　　對於歷史語言研究來說，現存的文獻材料祇保存了當時語言應用實例的極其稀少的部分，因此，任何保存至今的有個性的語言材料，都是彌足珍貴的。

　　萌生於中國傳統文化的道教，在兩千年的中華民族精神生活中，產生過重要的影響，成為中華傳統文化的重要組成部分。道教在發展過程中，積累了大量的文獻典籍，這些典籍成為中華文化遺產的重要組成部分，它們不僅記錄了中華民族思想上的變遷，也在不同程度上反映了歷代漢語的發展變化，是漢語歷史研究中不可忽視的材料。結合早期（漢代和六朝）的道典，從漢語詞匯歷史研究的角度來分析，這些材料的價值體現在以下幾個方面：①

## 一　參證

　　有些古代詞語的用例，在一般文獻中不多見，但道教文獻中卻有保存，可資佐證。比如，對數詞"億"的理解，古代有十萬為億和萬萬為億的：

　　　　《禮記·內則》"降眾德於眾兆民"孔穎達疏：演算法，億之數有
　　　　大小二法。其小數以十為等，十萬為億，十億為兆也；其大數以萬為

---

　　① 本文主要使用漢代和六朝道典材料展開討論。所引用的道典，《太平經》是漢代文獻，有整理本，據俞理明《太平經正讀》，巴蜀書社 2002 年版；其他六朝道典未有整理本，且多不明作者，引文主要據北京文物、上海書店、天津古籍出版社 1988 年影印的 36 冊明《道藏》本，篇名後的數字表示冊數和頁碼，如 "1/533" 指此句在此版《道藏》第 1 冊，第 533 頁。下類此。

等，萬至萬，是萬萬為億也。

可是，在《逸周書·世俘》中卻有這麼一個用例：

馘魔億有十萬七千七百七十九。

其中的"億"用十萬或萬萬來理解都不合適，張永言、向熹等先生編的《簡明古漢語詞典》① 釋為"百萬"，於義為妥。不過，"億"作百萬理解，未見於古代訓解，一般文獻中也找不到旁證，所以《漢語大字典》和《漢語大詞典》都沒有這一義項。在《太平經》中我們看到了兩個很好的佐證：

今一大里有百戶，有百井；一鄉有千戶，有千井；一縣有萬戶，有萬井；一郡有十萬戶，有十萬井；一州有億戶，有億井。（《太平經》卷四十九）

夫一人教導如此百愚人；百人俱歸，各教萬人；萬人俱教，已化億人；億人俱教，教無極矣。（《太平經》卷六十七）

"億"在古代的這個意義，通過《太平經》這兩個用例的佐證，可以確認無誤。

另外，《太平經》中表示"何等"義的"等"、表示"適才"義的"這"，等等，都是這些字詞釋義的重要佐證。② 《太平經》中一些"者"的用例，為現代漢語"的"的來源提供了重要的線索。③

## 二　辨義

有些詞義的解釋，由於材料本身的語境限制，可能會有偏頗，道典中

---

① 張永言、向熹等先生編：《簡明古漢語詞典》，四川人民出版社1986年版。
② 參見俞理明《道教典籍〈太平經〉中的漢代字例和字義》，《宗教學研究》1997年第1期。
③ 參見俞理明《〈太平經〉中的"者"和現代漢語"的"的來源》，《漢語史研究集刊》第四輯，巴蜀書社2001年版，第9頁；《從東漢以前的文獻看"者"介入定中之間的過程》，《中國語文》2005年第1期。

較為充實的材料和不同的語境，可以幫助我們開闊眼界，明辨意義。

比如"斷落"一詞，《漢語大詞典》釋為"截斷而落下"，引《後漢書·西羌傳論》"頭顱斷落於萬丈之山，支革判解於重崖之上"，隨文理解，似乎很準確。但通過六朝道典中豐富的用例，可以看到這個解釋的局限：

> 上招朱皇，五苦廓開，死根斷落，日魂同飛，超逸十界，上升玉階。（《上清大洞真經》1/533）
>
> 又陰咒曰：天氣已清，人化已生，得生上天，九變受形，五苦三途，斷落死名，超度窮魂。（《洞真上清青要紫書金根眾經》33/430）
>
> 並乞丐除散，削滅罪名，斷落死根，度人天關，得在東華。（《洞真上清開天關三圖七星移度經》33/454）
>
> 聖君以七星移度，太帝所寶，告盟見授，使斷落六宮死名，填塞東北鬼戶。（《洞真上清開天關三圖七星移度經》33/457）

這些用例中的"斷落"，準確的意義是"斬斷""除去"，"斷落"兩個語素的意義是相同的，因為"落"有"斷絕""除去"義：

> 首罪於太陰，修生於太陽，落死籍於北帝，求仙錄於五星。（《洞真上清開天關三圖七星移度經》33/454）
>
> 便祝曰：……上校玄記，白簡之名。勒注元錄，落死刻生。西龜結篇，保仙華青。（《上清玉帝七聖玄紀回天九霄經》34/64）
>
> 慨然有擯落榮華，兼濟物我之志。（南朝宋謝靈運《曇隆法師誄》）

"落"的這個意義有較強的再組能力，可以構成"落除""滅落""黜落"等：

> 有淫慾之心，勿以行上真之道也，昨見清虛宮正落除此輩人名。（南朝梁陶弘景《真誥》20/498）
>
> 凡粗有衣食者，莫不互相因依，競行奸貨，落除卑注，更書新籍。（《通典》卷三）

帝魂照無阿，常鎮兆生門，伏屍滅落，保魄寧魂，玄母回光，奉帝玉仙。(《上清大洞真經》1/546)

俾水帝以削罪，攝海靈以通源，則罪籍滅落於九府，生錄刻注於三清。(《洞真太上九赤班符五帝內真經》33/518)

巨獸百丈，吐威攝精。揮劍逐邪，鹹落魔靈。神兵所咒，千祅滅形。(《上清太上黃素四十四方經》34/77)

太微天帝君金虎玉精真符，乃太元上景自然金章之內音也。以役命金仙，封山召靈。威震六天，鹹落萬神。(《洞真太微金虎真符》33/572)

"上朝"一詞，《漢語大詞典》釋為"臣子到朝廷覲見君王，奏事議政"，理解為動賓關係的不及物動詞，"朝"是名詞性的。在道典中"上朝"可理解為狀中關係的偏正結構，"朝"是動詞性的，可以帶賓語：

卻遏萬邪，禍害滅平，上朝天皇，還老反嬰。太帝有制，百神敬聽。(《洞真太一帝君太丹隱書洞真玄經》33/532)

若必升天，當思月中夫人駕十飛龍，乘我流零，西朝六領，遂謁帝堂，精根運思，上朝玉皇。(《八景玉錄》34/147)

這個意義，其實史傳中也早有使用：

上朝太后，太后以丞相言告上。(《史記·韓長孺列傳》)
於是上朝東宮。(《漢書·爰盎晁錯傳》)

後代的道典中，還有對它的訓釋，可見"上朝"的這個意義應該引起注意：

"上朝金闕"注：上朝者，謁也，瞻仰也。(元徐道齡《太上玄靈北斗本命延生真經注》17/25)

## 三　訂誤

有些詞語的釋義，存在着不同的看法，孰是孰非，還有待辨明。道典中的材料能幫助我們分析歧見，作出正確的判斷。在《文選·陳琳〈檄吳將校部曲文〉》有這麼一句：

> 年月朔日子，尚書令或告江東諸將校部曲及孫權宗親中外。

對其中的“子”字，李周翰注曰：“子，發檄時也。”顧炎武不同意李注：

> 漢人未有稱夜半為子時者，誤矣。古人文字，年月之下必系以朔，必言朔之第幾日，而又系之干支，故曰朔日子也。如魯相瑛《孔子廟碑》云：“元嘉三年三月丙子朔，廿七日壬寅”，又云“永興元年六月甲辰朔，十八日辛酉”。（《日知錄·年月朔日子》）

這裡有兩種理解，顧炎武把李氏的“子，發檄時”中的“子”理解為“子時”，而否定李注。認為應該指“子日”，即這一天按干支推算，應該是一個“子日”。《漢語大詞典》“日子”條下，同時引用了李周翰和顧炎武的意見，但釋為“某日”，形成了第三種認識。

這裡有幾個問題，後出的顧氏或《漢語大詞典》的解釋是否準確？顧氏釋作“子日”，是確定的一天；《漢語大詞典》說是“某日”，即不確定的一天。確切的意思是什麼？與此相關，“日子”的內部，真的是偏正結構嗎？另外，顧氏對李注的理解是否準確，“發檄時”到底是什麼意思？需要認真考察。六朝的道典中，有一批“日子”的用例，通過這些材料，這個問題可以有一個比較好的解答。

> 太上九元青氣班符，常以立春春分之日分，平旦朱書青紙上，東向服之，行事訖，朱書符桐板上，記某年某月某日子、某郡縣某鄉里、某岳先生某、年若干歲、某月生。（《洞真太上九赤班符五帝內真經》33/526）

度大盟投金龍玉魚劄文曰：某年月朔某日子、某岳先生某甲、年若干歲、某月生、命屬某斗某帝君。(《洞真太上八素真經占候入定妙訣》33/490)

其中的"某日子"可以理解為"某個日子"，但其中的"日子"不能理解為"（某日的）子時"，也不能理解為"某日"。道典中還有材料證明，"日子"不是一個偏正關係的詞，而是並列關係的詞組，因為"某日子"也可以說成"某日某子"：

某年月朔某日某子、某郡某鄉、某岳先生王甲、年若干、某帝子、屬某岳，以符刺埋著五嶽。(《洞真太上紫度炎光神玄變經》33/558—559)

可見，"日"與"子"是兩個概念，所以即使理解成"某個日子"也不是"某一天"而是"某一天某一子"的意思；而一天衹有一個子時，因此"某子"也不能解作"某日的子時"。在這裡，"年、月、日、子"是一組遞相包容、具有種屬關係的概念，在結構上是並列的。

"某日子""某日某子"也可以說成"某日時""某日某時"，"子"與"時"對應，"子"即為"時"：

某年某月某日時奏。右紫筆書銀簡上，令長一尺二寸，合文焚之。(《上清三元玉檢三元布經》6/223)

後錄書之如法：某圖號年太歲，某月朔日時，某州郡縣鄉里男女官姓名年若干歲字某月日生，納音某帝子。(《上清河圖內玄經》33/820)

某號某年太歲某某月日時糞土臣妾某州縣鄉里某人姓名，先身乘條，慶染來質，輪轉九天，流祚不絕。(《白羽黑翻靈飛玉符》2/177)

凡齋啟告，先治辭牒，不可闇慢，率略千真，為牒之宜，先稱某國號某年太歲某月朔某日某時某州郡縣鄉里某位男女官祭酒道士先生真人元君夫人。(《太霄琅書瓊文帝章訣》2/865)

在有些文獻中，同一位置上的"子"和"時"，在上下文中可以互換：

維某號某年太歲某月日子某州郡縣鄉里男女生姓名年若干歲某月日時生，今齋儀信謁。（《三景寶籙》34/101 中）

受符百日，當置五寸桐板五枚，書符各着一板上，又書剌各一枚，記某年月朔某日某子某郡某鄉某岳先生王甲年若干某帝子，屬某岳以符剌埋着五嶽，臨埋時叩齒三十六通，祝曰：上啟三元……（《洞真太上紫度炎光神玄變經》33/558—559。此段文字在下文（33/576）中重出，其中把"某子"變為"某時"，其他各字都相同。）

可見，"某子"即"某時"，指一天中的某個時辰，參照道典用例，我們可以看出，李周翰注的"發檄時"並不是指"子時"，而是一日十二時的"時"，表示的是"時辰"的意義，顧氏誤解了李周翰，進而把"日子"解作"子日"也是不當的，應以李注為是。李周翰"子，發檄時也"一注，它的準確理解是"子，時辰。指發檄文的時辰"。

古代一天分十二個時辰，人們分別用十二地支來表示。"子"處在十二地支之首，於是將"子"一般化、普遍化，代指各地支，稱一晝夜中的任何一個時辰。時有十二，而祇稱"子"，正如干支有六十，而僅稱"甲子"。

## 四　考源

在語詞的訓釋中，有時需要對語源有充分的瞭解和正確認識。道教在傳佈中，一些出自道教的用語，隨着道教對全民的影響，散佈到全民領域，因而，一些在儒典類的文獻中出現的新詞新義，需要從道教典籍中尋找材料，以求正確的解釋。

隋唐以後，科舉考試盛行，出現了一個專門用詞"拔解"。它通常認為是科舉用詞。《漢語大詞典》釋為"唐宋科舉制，應進士第，不經外府考試，而直接送禮部考試的謂之'拔解'"，引唐李肇《唐國史補》卷下例為證。這個詞在後代文獻中也常見，如：

其子滈，進士，在父未罷相前，拔解及第。（宋王讜《唐語林》卷七）

梁開平元年七月，敕："近年舉人，當秋薦之時，不親試者號為

'拔解'，今後宜止絕。"（《舊五代史·選舉志》）

梁乾化中，邵王友誨鎮陝，易簡舉進士，詣府拔解，友誨贈錢二十萬。明年遂擢第，復隱華山。（《宋史·王易簡傳》）

"拔解"一詞，在六朝道典中已經出現。道教追求長生升仙，而修行者想要成仙飛升，必須首先通過日常的善行，消除、解脫前世的罪根及塵世的穢累。這一過程，在道教中稱為"拔解"：

高晨昞雲輿，運我升飛輧，拔解億世基，同歡萬劫程。（《上清大洞真經》1/548）

攜提高上元，俯仰要五靈，拔解七葉根，與我保華嬰。（《上清太上玉清隱書滅魔神慧高玄真經》33/754）

飛登碧落庭，飄飄入三便，拔解五苦根，返胎生七玄，朽骨皆升飛，同入虛無煙。（《洞真玉清隱書經》33/777）

古人把由"布衣"或"白衣"的平民身份，轉變為官員，叫作"釋褐"，頗有脫胎換骨的意味，與道教的升仙可相比附。科舉是士人改變平民身份的一個途徑，士人在基層的科舉選拔中，不通過考試，而是由地方官府根據平時的考察，推薦到禮部參加考試。把這一由民向官轉化的過程與道教由俗向仙轉化的過程相比擬，士子受推薦赴京考試與道教修行在升仙之前"拔解"這一過程很相似，因此用來喻指。

古代官場上，職位迅速地升遷可稱為"超淩"，《漢語大詞典》釋為"超升於他人之上"，引宋歐陽修《永州萬石亭》詩"超淩驟拔擢，過盛輒傷摧"一例為證。"超淩"先見於六朝道典，與職位無關：

默微咒曰：七真生帝景，八氣運常寧，上招日中童，圓珠映我形，徊風混幽府，歸妙大洞經，拔出地戶難，超淩逸九天。（《上清大洞真經》1/530）

始學便修三道之要，黃氣陽精丹書紫字之法，便得超淩三清，登青華之宮，更受上品妙經。（《上清黃氣陽精三道順行經》1/831）

龍翰躍玉質，羽服翠紫輧，超淩六領臺，紛紛落鳳城，攜提神霄